大爱菇乡

——庆元慈善故事——

毛茂丰　主编

中国文史出版社

《大爱菇乡：庆元慈善故事》编辑委员会

序

慈善是一盏灯，温暖别人，照亮自己。

当我在《大爱菇乡：庆元慈善故事》里读到这句话时，我的内心突然被这句纯朴而真挚的话语深深触动，一种强烈的同理心和认同感油然而生。

很多时候，我们总是把慈善简单地理解为富对穷的施舍，有对无的给予，多对少的接济，强对弱的帮扶，是一种单向的、一维的行为。其实不然，真正的慈善，不仅是一种施舍、给予、接济、帮扶，也是一种获得、获益和提升。因为，我们在帮助他人的过程中，也给自己带来了内心的愉悦和幸福；在给予他人温暖和关怀的时候，也学会了感恩和珍惜。

在这个物质丰富的年代，我们或许更容易被金钱和名利所诱惑，忽略了心灵深处的那份纯真与善良。然而，本书那些感人的慈善故事告诉我们，真正的幸福并不在于一个人拥有多少财富，而在于一个人能否用爱心去温暖他人，用善良去点亮世界。

庆元是一个充满历史底蕴的地方，不仅有着秀美的山水、丰富的历史文化，更有着深厚的人文关怀和急公好义的传统。在这里，慈善不仅仅是许多人的一种行为习惯，更是一种深入骨髓的精神追求。

本书汇集了一系列感人至深的慈善故事，它们来自不同的领域，跨越了时空的界限，但共同的主题都是爱心和奉献。

本书开篇《大爱菇乡因你而暖》，真实地记录了庆元遭遇“6·18”特大洪灾爱心接力的感人场面。在大灾大难面前，一场“爱心接力”在菇乡大地上迅速拉开，使灾民在灾中有“家”可去，灾后有家可归，感动并温暖了无数人，彰显了菇乡大地大爱无疆的精神风范。而这样的大爱，并非仅仅局限在大灾大难面前，更多的则是体现在人民群众的日常生活中，落实在普普通通的日子里。《菇乡孩子看世界》《爱润菇乡》《一个善念汇聚起爱的海洋》等故事，就是庆元慈善适应时代发展，真真切切为困难群体排忧解难的真实写照。

爱心是人类情感中最为珍贵、最为温暖、最为美好的一部分，无论是对于亲人、朋友，还是素不相识的陌生人，一份爱心总能带来无尽的感动和力量。在《爱心无价》篇章里，一篇篇鲜活的慈善故事，既生动地反映了成功人士情系桑梓、感恩故土，努力构筑大爱菇乡慈善大厦的感人事迹；也真实地记录了平凡人的不平凡故事。这些故事，让人感动和难忘；这些故事的主人公，令人敬佩和赞叹。

在《我与慈善》篇章中，作者以亲身的经历和体会，道出了我与慈善的内心情感。他们以不同的形式参与慈善，以不同的视角领悟慈善，以不同感受书写慈善，因为这一切都是他们亲力亲为，因此他们的这种情感就显得尤为真实，也更加亲切感人。

从古至今，庆元人民始终以善为本，以爱为魂，用他们的实际行动诠释着慈善的真谛。读一读本书《善行古范》篇章，你对庆元的慈善传统，就会有一个基本的、真实的、具体的认识。

每一个故事，如同一颗璀璨的明珠，牢牢地串起了大爱菇乡的人间大爱。热情讴歌和赞美这种人间大爱，让慈善之光普照大地，让生活充满阳光。《慈善诗韵》就是以诗词歌赋的形式，热情讴歌和赞美大爱菇乡，热情讴歌和赞美慈善之光。

阅读这些故事，我们不难发现，慈善并不遥远，它就在我们身边，只要我们愿意伸出援手，就能点燃希望之火，照亮他人的人生之路。让我们一起跟随这些故事，去感受那份来自心灵的温暖和力量，让慈爱之心在我们的生活中生根发芽，绽放出最美的花朵。

慈善是一盏灯，温暖别人，照亮自己。就让《大爱菇乡：庆元慈善故事》成为你人生旅途中的一盏明灯，引你走向更加美好、充满爱心的未来。

宫蒲光

2024年7月22日

目　录

大爱无疆

爱心无价

我与慈善

善行古范

慈善诗韵

大爱无疆

DAAI WUJIANG

大爱是无私的付出，真情的关怀，超越个人利益的奉献，它如同无垠的海洋，深邃而广阔，容纳世间万物，温暖每一个生命。

大爱菇乡　因你而暖

——“6·18”特大暴雨慈善爱心募捐温暖这座城

◎吴明标

2022年6月18日，庆元县遭遇了自有气象记录以来最大降雨的袭击，这场特大暴雨洪灾，让我县损失巨大。各级党委政府、各部门闻“汛”而动，第一时间拉紧“防汛防线”，启动救灾应急预案，让每一位灾民在灾中有“家”可去，灾后有家可归。同时，一场“爱心接力”在菇乡的大地上筑起了“大爱之城”，感动并温暖所有人。

截至2022年7月13日下午5时，全县累计接受社会各界捐赠款物合计1000余万元，其中县慈善总会“6·18”特大暴雨赈灾捐赠专户860.09万元，县红十字会物资价值35.54万元，相关乡镇（街道）收到定向捐款、捐物近200万元。

这场特大暴雨，虽然留下了伤痛，却也留下了许多可歌可泣的动人故事。这些故事背后，凝聚着无数人的奉献与爱心……

有一种速度　叫责任担当

在全县人民众志成城防汛救灾之际，我县第一时间发出号召，以实际行动勇担社会责任，为防汛救灾奉献力量、传递爱心、弘扬正能量。

得知家乡遭遇特大暴雨，6月18日当天，在义乌创业的庆元人李健，第一时间从自己超市的所有门店自费筹集了50箱八宝粥、100箱方便面、

300 箱矿泉水，驾车于第二天下午赶到庆元，他希望将救灾物资尽快送到受灾群众手中。

汇聚力量，有难一起扛，有灾一起抗！为了帮助被暴雨灾害袭击后的困难群众筹集应急生活物资，6 月 19 日 0 时 35 分，庆元第一时间，在网上成立首个“线上抗洪救灾”基金——庆元“6・18”特大暴雨洪灾紧急救援爱心基金。

“你一点爱，我一点爱，互帮互助传关爱。”19 日 0 时 40 分，收到了首笔 100 元的慈善捐款。你 50、我 100、他 200……一场爱的“接力”在菇乡大地的不眠之夜持续进行。

“人虽在外，但心系家乡。”网友“荷地人在深圳”通过网络平台，捐款 1000 元，希望家乡能挺过这一关。

6 月 27 日，两位爱心人士还以匿名的方式线上分别捐款 10000 元、5000 元。截至 7 月 12 日，3060 人参与募捐活动，共为我县筹集紧急救援爱心基金 48.39 万元。

“在得知庆元的灾情之后，商会连夜组织了捐赠活动，会员纷纷响应，一个晚上就收到 10 多万元的善款！”宁波北仑庆元商会在收到捐款捐物之后，披星戴月，于 19 日下午赶到庆元，送来钱物。

“万众一心抗大灾、众志成城渡难关。”6 月 20 日，我县“6・18”特大暴雨赈灾捐赠暨慈善一日捐活动启动，活动倡议参加活动的每一位公民自愿捐赠一日收入。“一日捐”活动参与 8182 人次，收到捐款 167.74 万元。

全县党员干部，以爱心和善行践行责任担当，以力所能及的方式为受灾同胞提供援助，帮助受灾的父老乡亲渡过难关、重建家园。

有一种温度　叫人间有爱

“这 500 元钱是我在西班牙的亲人捐的，这 5000 元是我自己捐的。”

中国好人蒋增美，将自己近三个月的“养老金”捐到了县慈善总会。

“尽自己的一点绵薄之力，希望更多的人参与到灾后重建中来。”第七届庆元县道德模范的方仙凤、毛传火，分别捐款10000元、11800元。

得知庆元发生灾情，景宁退休医生周冠华也拿出了1000元钱，助力庆元灾后自救，这是他自上年为官塘乡横坑村受灾群众送去11000元后的第二次捐款。

“虽然我也是受灾户，但他比我更困难，我要帮帮他！”这次洪灾“番茄哥”吴兴军损失达300多万元，当他看到菜农吴传土因受灾生活困难时，自己还掏出1000元钱定向捐给他，并在自己繁忙的灾后重建中抽出时间带上米、油、面条等去吴传土家慰问。

在上海创业的左溪青年柳智慧，受疫情影响已经“失业”三个多月了，但她了解到灾情后，仍然坚持拿出自己的生活费，捐了1000元钱。

“每个小孩捐5万，压岁钱不够的家长凑，我们要引导孩子从小就要做一个有爱心的人。”乡贤吴松贵的三个小孩和弟弟的两个小孩，决定将他们自己多年积攒下来的压岁钱捐出来，帮助那些受灾的困难群众。

一批批物资，一笔笔捐款，如涓涓细流，为我县送来了温暖的关怀，让人由衷感叹：洪水无情，人间有爱！

有一种浓度　叫山海相融

一方有难，八方支援。在庆元最困难的关键时刻，四面八方都向我县伸出援助之手，倾心倾力真情帮助大家渡过难关、重建家园。

第一时间筹集大米，援助庆元抗灾。作为和丽水对口合作城市吉林省梅河口市，跨越2400公里，带着浓浓的情谊，向我县捐赠10000斤大米。

省慈善联合总会专项划拨救助金30万元、市慈善总会专项划拨救助金35万元、宁波市海曙区慈善总会捐赠25万元；杭州钢铁集团有限公司捐赠

100万元；中国能源建设集团浙江省电力设计院有限公司捐赠20万元；嘉兴市嘉善县向庆元县五大堡乡捐赠25万元;宁波市海曙区定向捐赠45万元;庆元县工商联下属商会爱心捐赠资金24.57万元，物品12.6万元。

大家纷纷慨慷解囊、伸出援手，第一时间将物资、善款送到庆元，助力庆元防汛救灾和灾后重建工作。

值得一提的是，为助力庆元灾后重建和企业复工复产，国际竹藤组织向庆元捐赠20万元，并向庆元县人民政府发出慰问信，对经受“6·18”特大暴雨的庆元人民致以最诚挚问候。

深情相融、守望相助，正是有了大家浓浓的情谊，增强了菇乡人战胜困难的信心和勇气。

有一种力度　叫凝聚人心

在“6·18”特大洪灾中，屏都小学受灾严重。学校一楼水位高达1.6米，食堂、教室、图书室等都被水淹，直接经济损失达515万元。

屏都小学灾情传开后，来自上海、杭州、宁波、丽水等地多个单位和爱心人士，纷纷伸出援助之手，各种各样的物资从各地汇集到校园，将一本本承载着梦想与希望的崭新图书送到了屏都小学。

“图书室原来3万册图书全部被水毁，但灾后10天时间，我们就收到爱心捐赠书籍5万多册。”屏都小学校长叶定平非常感谢大家的慷慨解囊，并表示将在今后的教学中铭记这些爱心，让学生们从小在心中埋下“爱心种子”，长大后开花、结果，代代接力传承下去。

“就不要采访我了，这只是我们在外创业的人，为家乡做点力所能及的事情！”85后乡贤吴城的企业为庆元灾后重建捐赠了200万元，这也是此次赈灾捐赠收到的最大一笔爱心捐款，当媒体记者想对其进行专访的时候，吴城谢绝了。

受国际环境和疫情影响，这几年铅笔行业在艰难中向前发展，但在灾后第一时间，庆元铅笔协会仍然“组团献爱心”，浙江久灵笔刷有限公司、浙江鸿星文具有限公司、浙江安益新材料有限公司、浙江欧迪实业有限公司等 16 家企业共捐赠了 100.5 万元现金，将全部用于我县抗洪救灾工作。

“这些年来，大家一直积极践行企业的社会责任，坚持做有温度的铅笔企业。山河无恙，人间皆安，这是所有铅笔人的心愿。”县铅笔行业协会会长沈世正说，灾难面前，只要大家齐心协力、共聚爱心，庆元就一定能战胜灾情、重建家园。

慈善爱心捐款不是数字，而是一个个带着温度的故事，它让我们感受到了人间有爱，而这样的暖人故事还在持续上演——

为了不辜负每一颗爱心，用好每一分“爱心款”，6 月 22 日，县慈善总会发出《关于切实加强庆元县“6·18”特大暴雨赈灾捐赠专户慈善款使用管理的通知》，对慈善款分配、慈善款使用范围、慈善款补助标准、慈善款审批流程、慈善款使用监督检查等进行了明确规定，让每一分善款都公开透明地用到该用的地方。

菇乡孩子看世界

◎卡　拉

2023 年 6 月 25 日，县教育局、县慈善总会、团县委等部门联合在腾讯公益浙江专场启动“菇乡孩子看世界”项目，仅用了 6 天时间，就完成网络众筹 51.9 万元爱心款。这次网络公益众筹，也成为庆元金额最大、参与人数最多、众筹时间最短的公益众筹。

一个心愿　走出山门看世界

“菇乡孩子看世界”是一项让品学兼优、困难家庭孩子走出山门开阔眼界、增长心智、启航梦想的项目。

首期，360 名菇乡孩子将走出大山，走入城市，开拓视野，了解课本以外的知识。

未来两年，利用学生暑假和寒假，分批次组织小学、初中、高中等品学兼优、家庭困难的学生，以“跟着语文课本去旅行”“大山孩子去看海”“走进大学看风景”“奇妙的博物馆”等为主题，赴杭州、金华、宁波、绍兴等地，帮助他们开启公益游学梦想，圆一个看外面世界的心愿。

“十佳活动”　共筑大爱菇乡

在 2023 年助力“两个先行”浙江慈善专场活动中，庆元县慈善总会发动专场项目，包括“菇乡孩子看世界”“助困境儿童走出困境”两个慈善项目。

两个项目累计众筹爱心款项 363.9 万元，占丽水市该次专场活动 90% 以上份额。其中，我县发起的“助困境儿童走出困境”在全省 82 个公益项目总榜中排名第 7；“菇乡孩子看世界”排名第 14。两个公益慈善项目累计众筹资金跻身全省前三，成为山区 26 县唯一上榜县。

“百团助力”　一起小慈大善

腾讯公益全网共有 102 个团队（个人），发动一起捐，其中我县教育系统 48 个，社会及个人团队 54 个。庆中、职中、二中、三中……实验小学、江滨小学……县中心幼儿园、实验幼儿园……分天组团，成为爱心捐款的主力团。

爱心人士吴春富个人捐了 1088 元，他还在线上发动一起捐，携手小伙伴们为该活动捐出 177 笔，共 8299 元。爱心人士周正旺在朋友圈说，“不去看世界，哪来世界观？给孩子最好的礼物就是让他看到希望和梦想”，他发动 49 人为项目筹款 2924 元。

为了圆梦菇乡孩子看世界，这是一场线上以爱心之名的“百团助力”，在线上和伙伴们一起努力的同时,线下也在开展活动,倡议更多的人参与进来。

“积小善，成大爱”，活动呼吁社会各界爱心人士，以自愿、小额为原则献出爱心、捐出善款。

“千万配捐”　放大您的爱心

“放慢你的脚步，放大您的爱心，请大家的爱心在每天 10 点准时出发！”在“菇乡孩子看世界”微信工作群里，县慈善总会工作人员经常提醒大家别错过腾讯公益的配捐活动。

政策助力，让爱温暖前行！腾讯公益慈善基金会对公众捐赠部分给予总额为 1000 万元的配捐资金。除此之外，浙江省慈善联合总会出资 1500 万元，用于对在活动中筹款表现突出的慈善总会给予定向支持。

每天早上 10 点开始，每笔 1 元以上的捐赠都有机会获得随机金额配捐，当日计划配捐资金配完即止。我县仅“菇乡孩子看世界”公益项目就累计获得腾讯公益 66103 元配捐。

“万人接力”　传递爱的温度

截至 2023 年 6 月 30 日 20：00 时，共有 16924 人次参与了有效的网络众筹。该公益项目，是目前庆元网络慈善众筹参与人数最多的项目。

教师队伍“一日捐”和倡导学生“1 元捐”，占该项目众筹的 80% 左右，这项活动在全县校园内外掀起了“小慈大善”的高潮，是一次全县性的“慈善文化”大课堂和大实践。

爱心人士毛爱莲，吃早餐时听说有这么一个活动，马上捐出了 1000 元；83 岁的吴锡朋老人得知活动后也委托朋友线上捐助 1000 元……1 元、10 元、100 元、200 元……在腾讯公益平台上，详细记录每一位爱心人士的善举，不断汇聚各界的力量，扩大慈善“朋友圈”，凝聚慈善“向心力”。

这次网络众筹，既提高了我县互联网 + 慈善能力水平，也是一次轻松做公益理念的倡导和实践，更为菇乡孩子看世界打通了一条切实可行的通道。

把最美的春天送给最美的人

◎庆融媒

2020年4月3日下午，我市援鄂医疗队首批回家的“白衣勇士”们在结束14天集中隔离休养回到丽水后，第一时间就收到了由4486名爱心网友众筹的“庆元公筷”礼包。随着全省2018名援鄂医务工作者的陆续“回家”，他们也将收到这份来自庆元的专属暖心礼物。

3天众筹10万元　小城庆元用心传递感恩

疫情发生以来，全国大力倡导“公筷行动”，打好“舌尖上的防护战”，健康文明的用餐文化深入人心。

3月23日，庆元县委宣传部、县慈善总会在腾讯公益网络平台联合发起了“爱心公筷助力抗疫——庆元在行动”，该活动以推广公筷，致敬英雄行动，通过网络众筹的形式，爱心募捐10万元，为我省2018名援鄂医务工作者赠送“庆元公筷”礼包。

“向奋战在湖北抗疫一线的广大浙江援鄂勇士致敬！”活动发出后，得到广大网友的热情支持。一时间，“爱心公筷助力抗疫”募捐倡议刷爆了庆元人的朋友圈。

你1元，我5元，他100元，广大网众积极响应，不到三天时间，就收到了来自全国各地4486份公众捐款，共计99846元。

7 天完成生产 “庆元公筷”为爱加快速度

庆元作为中国筷子生产基地，是筷子产能集聚地、品牌集中地、品质制高地、技术领先地，年产筷子 28 亿双，可绕地球 40 圈。

“庆元公筷”礼包内包含一副庆元公筷、一副公勺套装、一副家庭分类竹筷、两块分类竹砧板，市场价 146.6 元，外加两张庆元 4A 级景区的门票。

3 月 23 日，浙江艾米家居接到这份“特殊”的订单后，就延缓了其他订单的生产，专门腾出时间精心设计打造这份“礼包”。

“庆元公筷”礼包专门设计了一个独立包装，内容除了战疫一线的卡通英雄以外，还融入了生态、廊桥、香菇等庆元元素。

艾米家居从接到任务到完成包装设计、专属筷子生产、完成礼盒包装，仅用了 7 天时间。赶制这个订单，不仅刷新了艾米家居产品生产的最快速度，也是艾米家居全体员工参与的一次爱心传递。因为，为了完成这份特殊的订单，艾米家居全体员工不但加班加点，而且企业给每个礼包至少补贴了 50 元。

24 小时直达 暖心礼包致敬“白衣勇士”

4 月 2 日是我省首批援鄂医疗队回浙后，结束 14 天隔离休养“出关回家”的日子。

为了让这封感谢信和暖心的礼包能够在第一时间送到“白衣勇士”们手中，4 月 1 日清晨，带着全体庆元人民的一封《写给浙江省援鄂医疗队全体医务工作者的感谢信》，项目负责人毛茂丰一行 5 人和一辆载满 2018 份爱心礼包的货车从庆元发出，开往省城杭州。

到达目的地后，随行的“爱心公筷”项目工作人员立即充当搬运工，从货车上卸下 2018 份共计 400 余箱礼包后，集中搬运到位于 7 楼的省阳光教育基金会办公楼。从傍晚 5 点多，一直搬运到晚上 9 点多，他们忙得连晚饭也顾不上吃。

“你们的行动不仅温暖了我们可敬可爱的白衣天使，而且也深深地感动了我们。使用公筷，筷筷有爱；善行爱心，温暖如春。你们把最美的春天送给了最美的人，感谢你们！”看到这群忘我地无私奉献的庆元人，浙江省阳光教育基金会秘书长陈九兰动情地说。

爱润菇乡

——庆元104个村级慈善爱心基金，幸福温暖的分享者和传播者

◎庆融媒

2019年暑期，左溪镇青竹村10多位品学兼优的学子，除了领到青竹村慈善爱心基金统一发放的奖学金外，还额外收到了一笔由村慈善爱心基金理事会副会长毛时敏个人成立的奖学基金。毛时敏奖学基金每年以该村奖学标准的50%发放给该村品学兼优的学子，并与村慈善爱心基金实行同步申请、同步审批、同步发放。

同期，我县百个村级慈善爱心基金和青竹村一样，通过各类活动，掀起了慈善爱心奖学助学新热潮。

2012年，青竹村先行先试，创立全县首个村级慈善爱心基金，开启了一条村级全新的慈善公益之路。6年来，星星之火，以燎原之势，照亮菇乡大地，温暖千家万户，104个行政村近10万菇乡群众凝聚菇乡大爱，成了一幕幕善举的见证者和参与者，更成为幸福的分享者和传播者……

陌上花开　万紫千红

一块长寿牌匾、一个红包、一顿温馨聚餐、一份爱心礼物、一条暖冬棉被……每年重阳节和春节，是青竹村慈善爱心基金代表回村“探亲”的日子，也成了留守老人期待和暖心的日子。2012年9月26日，这个由村民自愿“众筹”的非营利性社会公益组织——青竹村慈善爱心基金成立。

通过广泛的宣传，群众达成了共识，在短短3个月的慈善公益“众筹”中，参与捐款人数1820人次，占全村总人数95%，募捐资金51.29万元。

“村级慈善爱心基金”其本质是农村（社区）民间的互助互帮慈善爱心组织，通过实行“一级法人、三级管理、全民募捐、普惠村民”的原则进行管理，基金主要用于本村（社区）尊老敬老、奖学助学、扶贫帮困及其他慈善公益事业等。作为我县首个村级慈善爱心基金，这一颗慈善的“种子”为我县开拓农村慈善领域提供了重要经验。紧跟其后，斋郎村、濛淤村、姚村村等也先后成立“村级慈善爱心基金”。随着点上的成功和面上的推广，该项工作得到庆元县委、县人民政府的高度重视。2014年，庆元县人民政府办公室出台了《关于印发庆元县开展村级慈善爱心基金工程竞赛活动实施意见的通知》，提出了启动实施100个行政村级慈善爱心基金的工作目标。此后，全县各村积极开展创建工作，慈善之花簇拥绽放。2018年初，县委书记蓝伶俐就乡村振兴工作提出了“八大行动”的工作要求。在乡村善治大行动中，她指出，“要鼓励和支持村级慈善组织创成100个村级慈善爱心基金，有序开展尊老、奖学、帮困活动”。同年，将“创建百村慈善爱心基金，以精神文明建设为发力点，推动乡村振兴”写入了政府工作报告。这一年，我县以创建百村慈善爱心基金为目标，齐心协力，不折不扣地推动工作落实，完成28个村的村级慈善爱心基金创建工作，累计村数达104个，基金总额达1000多万元。19个乡镇（街道）实现了全覆盖。其中，淤上乡、五大堡乡实现行政村全覆盖，全县少数民族村实现全覆盖。

敬人之老　抚人之幼

村级慈善爱心基金设立之初，主要开展尊老敬老、奖学助学活动。有的村基金基数比较大，开展的慈善爱心活动就更为丰富；也有的村通过其他形式让老百姓有更多的获得感、幸福感。

"能和村里的人说说话，聊聊心里事，比过年还开心。"生活在社会福利院的百山祖三堆村85岁五保老人吴式冯，最幸福的事莫过于得到村里人的惦记和慰问。在一次慈善爱心敬老活动中，三堆村干部得知老人生病需要护理时，一条为老人"众筹"护理费的倡议在村里的微信群传开。你50元，我100元……村民们纷纷献爱心，一个小时不到，就为老人筹到了5480元护理费，将"小三堆、有大爱"的精神渗透到每一个人心里。

村级慈善爱心基金通过开展敬老、奖学、帮困、探亲等活动，群众的获得感与幸福感不断增强。在活动中，有些村的慈善爱心人士还解囊相助，捐钱捐物，让慈善爱心活动锦上添花，一次又一次温暖了受助者，感动了广大村民。截至2018年底，全县村级慈善爱心基金累计开展敬老活动390次，敬老27600余人次，发放敬老款197.3万元；累计开展奖学活动185次，奖学1150余人次，发放奖学款128.65万元；累计开展帮困活动136次，助困1200余人次，发放帮困款69.55万元。6年来，累计受助人数达3万人次。

人人慈善　户户参与

2013年，百山祖镇斋郎村慈善爱心基金成立。基金成立当天，生活在杭州、丽水、温州、龙泉和庆元的乡亲相继集聚，共同为基金的资金助力。这一年，斋郎村筹集本金达到了41.8万元。6年来，该村累计利用基金利息26.83万元开展敬老、奖学、帮困活动，其中，敬老371人次，发放9.14万元，开展奖学54人次，发放7.48万元，帮困48人次，发放10.21万元。2017年，利用基金年会的时间，300多名村民从四面八方赶回斋郎，为"慈善斋郎"再发力，现场捐赠资金11.65万元。

"我遭遇灾难时，得到了大家的关怀帮助，现在，我也想尽自己的一点心意。这600多元是我的一点爱心。"在募捐现场，有一名特殊的群众，她就是残疾人吴火菊。2008年，吴火菊为了火海救人，自己家被烧为灰烬。她的事迹感动了无数人，也得到了社会各界的赞誉，先后被评为浙江“十大最感动您的民工”“浙江省自强模范”。600元，对于身患重病并残疾的吴火菊来说，需要几十个日夜加班做“来料加工”，但为了将慈善爱心不断传递，她觉得自己再累、再辛苦也要尽一份心意。

在104个村级慈善爱心基金中，很多村的捐款人数都达到90%以上，基本实现了户户参与捐赠、人人知晓村级慈善爱心基金。此外，在创建过程中，爱心人士不断涌现，创建了黄田姚村蔡焕镜慈善爱心基金、左溪青竹毛永宝慈善爱心基金等个人冠名基金13个。在104个村级慈善基金中，近5万人参与了基金募集，村级慈善基金本金总额达1000多万元。

春风化雨　爱润菇乡

村级慈善爱心基金不仅是发展农村慈善爱心事业，更重要的是通过村级慈善基金的建立，集聚一批懂感恩、讲诚信、有责任、勇担当的慈善爱心人士，让他们积极参与到家乡乡村振兴行动中来。

2018年12月，正是荷地镇小城镇环境综合整治“迎考”的日子，荷地村全体村民为了美化家乡，全员出动，自发义务参与到小城镇环境综合整治工作中。过去两年来，我县各地开展了小城镇环境综合整治，依托慈善基金活动为载体，政策解读、纠纷处理、乡风文明等工作同步进行，群众成了环境建设的参与者和主力军。2006年，荷地镇石木下村遭遇超强台风“桑美”的正面袭击，村民生命财产遭受极大损失。灾后，村民大多已异地搬迁。但老村虽然没了，村民崇德向善的力量还在。2018年，在全体村民的积极努力下，石木下村慈善爱心基金成立，慈善基金成为凝聚石木下村民人心的重要纽带。

6年来，庆元县积极探索村级慈善途径，凝聚“向善”正能量，将村级慈善爱心基金打造成慈善品牌项目。2014年，庆元建立村级慈善爱心基金被省委宣传部列为村级文化礼堂建设操作手册推广案例。左溪镇青竹村、百山祖镇斋郎村、屏都街道菊水村荣获省级“慈善村”称号。

爱润菇乡，善济庆元。在全县创建村级慈善爱心基金的浓厚氛围下，农村优秀基层干部、道德模范、身边好人、技术人才、乡贤等积极参与，为乡风文明和乡村振兴注入了新的活力，促进了“产业兴旺、生态宜居、乡风文明、治理有效、生活富裕”的社会主义新农村建设，也加快了我县农村全面建成小康社会进程。

一部书一座城一群人

◎庆融媒

2019年9月，在腾讯公益“99公益日”期间，由浙江省慈善之星毛茂丰、教育部·中央电视台“最美教师团队”代表顾大朋、浙江省优秀阅读推广人周大彬在腾讯公益联合发起的为庆元典藏《四库全书》公益活动重磅上线。四天后，在73个小时的时间里，10176人次的参与，360000多元的公益捐款（含腾讯公益基金会配捐），参与人数、众筹金额、众筹速度不仅刷新了庆元网络众筹新的纪录，也让小城庆元以最高的崇学向善热度来拥抱这部旷世巨著。

“擦肩而过”的“邂逅”

在抗日战争年代，为了让文澜阁的《四库全书》和一批珍贵的历史古籍不受灭顶之灾，浙江图书馆开启了长达数年的西迁之路。

1942年到1946年，浙江图书馆的许多古籍善本曾经保存在庆元。然而，作为浙图的镇馆之宝文澜阁《四库全书》，曾辗转于庆元、龙泉交界，短暂停留后移藏贵州，与庆元擦肩而过。

历史留下的遗憾，能不能在今天弥补？庆元许多有识之士真切地希望庆元能够拥有一部《四库全书》，再续文化前缘，引领菇乡崇学向善。

崇学尚学的“期遇”

众筹《四库全书》并不是一件容易的事，毕竟36万元书款不是小数目。为此，在腾讯公益活动发起前，发起人创建了一个名为“庆元众筹《四库全书》”的微信群。一批热心网友和爱心人士积极加入群聊，纷纷为众筹《四库全书》献计献策。

“这是528元钱，为我县典藏全书出点微薄之力！”微信群刚刚建立，了解众筹活动的基本情况后，市民吴宽林觉得这个活动非常有意义，于是活动还没有正式启动就向发起人捐助了首笔众筹款。

200、600、500……一时间，微信里群里爱心涌动，微信群成立不到一天时间，就募集了15000元购书款。

为了让活动能够推广开来，让更多的人参与进来，庆元农商银行还积极推出了“转发一次，认捐一元”和“一起捐”公益活动，累计筹集购书款3万多元。

在“99公益日”活动期间，浙江鸿星也发起了“全员参与”活动，1073次的爱心募捐，筹得了2万多元购书款。

许多庆元市民也纷纷加入捐款活动。吴式求老先生从他微薄的退休工资中拿出999元，亲自送到发起人手中；退休老师尹伟红在9月10日教师节这一天，捐助了100元，为自己送上教师节最好的礼物；庆元脊髓损伤者希望之家的四名重度截瘫残障人士，也加入了众筹队伍，他们仅用了半个小时不到的时间就筹集购书款1100多元；乡贤程龙、吴传根，企业家沈从仁分别捐助了11199元、11111元、10090元。

最让人感动的是盲人按摩师胡存树的捐助，他听到这项募捐活动后，非要委托朋友向发起人送去200元捐款。他说：“虽然我眼睛看不见，但能够为大家多读书、读好书出一点点力，我心里也会感到很高兴。”

在这次众筹活动中，各乡镇、商会、爱心人士等纷纷出力。共有246人发起了“一起捐”，10007人次参与“一起捐”活动，整个众筹活动累计参与人数达10498多人次。个人捐助500元以上达到121人，发起“一起捐”1000元以上46人，捐款总额达360000多元（含腾讯公益基金会配捐）。

书款有了着落，庆元与《四库全书》曾经的“擦肩而过”，将很快就能够“久别重逢”。

阅读链接——

关于《四库全书》

《四库全书》由纪晓岚担当总编纂，是4600人耗时十年的心血之作，共10亿字，著录书籍3503种，79309卷，荟萃了清乾隆中期以前的中国历代主要典籍，是迄今为止世界上卷帙最为浩大的丛书，分经、史、子、集四部，故名四库，记录了中华民族的辉煌历史和灿烂文化，有着深厚的文化蕴涵和独特的文物文献价值。为了传承和保护这一巨著，当年乾隆皇帝下令，手工抄写了7部《四库全书》，分别保存在包括文澜阁在内的七座藏书阁里。

在七部藏书之中，文源阁、文宗阁和文汇阁本已荡然无存，只有文渊阁、文津阁、文溯阁和文澜阁本传世至今。其中文渊阁本今藏台湾省，文津阁本今藏北京图书馆，文溯阁本今藏甘肃省图书馆。文澜阁本在战火中历经磨难，几经补抄，基本补齐，今藏浙江图书馆。

早在2006年，时任浙江省委书记习近平曾专门批示，文澜阁本的《四库全书》博大精深、内容丰富，将其影印出版，这是文化建设的一件大事，对我省开展的文化研究工程具有重要意义。

为了保护文澜阁《四库全书》，经过多年的努力，文澜阁《四库全书》影印本由杭州出版社于2015年完成出版，全书共1559册，大16开本，印张73313，定价60万元/套，重约3.1吨，共183箱，全球限发行300套。

在爱心人士的联系协调下，将原价 60 万元 / 套的文澜阁《四库全书》以 36 万元的价格购入，圆了庆元人民收藏传承的梦想。

届时，这部《四库全书》将有望入藏未来的孔庙广场、书院或者文化中心，供市民免费阅读。

一个善念汇聚起爱的海洋

◎庆融媒

据统计，我县有 70 岁以上的留守老人 2258 人，其中独居老人占多数，他们大多生活在“空巢村”，居住条件也比较落后。由于山区交通不便，再加上年事已高，购买生活必需品成了许多留守老人的难题。

2016 年 9 月初，浙江省第四届“慈善之星”毛茂丰心中涌起一个善念，想为家乡 1000 个留守老人送上重阳节的温暖和祝福。于是，他和一批爱心人士积极谋划，并得到了腾讯公益的支持。活动通过前期的策划、审核，于 9 月 14 日正式上线。此次“为留守老人送 1000 个暖心包”活动，是我县首次与腾讯公益联合举办的爱心公益活动，其目的就是利用腾讯公益慈善平台，让更多人关注留守老人，通过“乐捐”“一起捐”等方式，在“重阳节”为我县山区的 1000 名 70 岁以上的困难留守老人送去一份包括洗衣液、牙膏、牙刷、沐浴露、毛巾、竹砧板、筷子等价值 262.4 元(爱心特供价 123.9 元)的生活必需品。

爱心活动很快就得到了广大网友的积极响应，并快速刷爆朋友圈。很多网友纷纷转发、倡议、参与众筹，形成了爱心助力接力。

截至 23 日上午 7 时，共收到来自浙江、福建、云南、新疆、北京、上海等多个省(市)以及香港、台湾等地区的 5237 名热心微友的爱心支持，其中 3631 名网友通过发起“一起捐”，让全国的网友一起见证了这场关爱留守老人的尊老、敬老、助老的善举。据了解，此次众筹暖心包活动，腾讯公益给予众筹时间是90天，项目团队预计的时间是一个月左右，但在广大网友和爱心人士的大力推动和支持下，仅用了10天不到的时间就完成了目标额的筹集。如此的高热度和传播力，使全社会数量庞大却零散分布的爱心个人，用最简便的方式参与公益，并迅速汇聚形成了一个网络可见的正能量群体，这在腾讯公益5129个敬老爱老项目中也是一个成功的案例。

一份份爱心，不仅仅是物质上的帮助，更是精神上的桥梁、大爱的传递。自“千个留守老人暖心包”活动启动起来，每一份爱心捐助，都是爱的汇聚，大家用仁心善举谱写一曲曲大爱无疆的颂歌，一个个感人至深的募捐故事。

一路小跑来捐钱

“银行卡没有绑定，只能用土办法！”9月14日下午3时，“千个留守老人暖心包”正式上线众筹时间还不到20分钟，县宣讲名师工作室导师吴永德通过微信朋友圈第一时间了解活动后，就匆匆放下手头工作，一路小跑来到毛茂丰的办公室，捐了200元钱。吴永德说，留守老人是一个容易被大家淡忘的群体，希望这样的活动能激发出人们对他们的关爱和关注。

单笔捐出6666元

网友山鹰出生于农村，每次回家看到留守老人坚守大山感触很深，为此在这次活动中，他单笔捐出了6666元。“这个世界的改变不是一个人做了很多，而是大多数人做了一点点。”在腾讯公益平台上，网友山鹰还发起了“一起捐”，共众筹资金9191元。

“剩下的我兜底”

活动启动以来，浙江九川竹木有限公司负责人周松珍就给予活动很大支持。竹砧板和环保筷作为留守老人“暖心包”的生活必备品，他以“爱心特供价”销售。除了向企业员工发动众筹以外，他也多次为该活动募捐。他在离总目标还有5000多元差距时，就提出由其“兜底”募捐。最后，他以一笔“1000元”和一笔“1906元”捐款，为总目标129900元画上了一个圆满的句号。

组团助力“暖心包”

“暖心包的众筹，不仅仅是关注山区的留守老人，更是一次大爱的传递。”庆元义工作为执行团队，在众筹过程中积极奔走，组团助力“暖心包”筹集。

叶积钦、陈德松、林肖、叶长武、姚任云、叶明贵等几十位义工，除了自己献出爱心，每天还在微信朋友圈中，关注、宣传活动的动态，让更多的有心人参与到活动中来。

两个爱心活动叠加

在“暖心包”发放过程中，庆元义工会同庆元县人民医院，送医下乡，送服务进村，为留守老人们送去暖心服务。

庆元义工通过“关爱留守老人服务”，免费为老人提供理发以及证件照的拍摄及打印等服务。

庆元县人民医院结合“一人一村”健康促进大行动和“健康树”志愿者服务，组织医疗志愿服务队，为山区老人提供量血压、测血糖、心电图检查以及慢性病防治和用药宣教等服务，解决留守老人看病难之忧，为他们送上温暖和关爱。

登高百山　向善笃行

◎叶昌用

巍巍群山，林木葳蕤，蜿蜒道路，直通云霄。百山祖东麓有一个村庄名为斋郎，海拔1250多米，村庄群山环抱，层林叠嶂，村口瀑布飞泻、卓峰耸立，村内古树苍天，流水潺潺，村头狮山望日，梨岗瞻月，风光旖旎而自然天成。斋郎村曾经是原斋郎乡政府所在地，1992年撤乡并入百山祖乡，2013年与合湖乡合并更名为百山祖镇。斋郎村共有260余户，1000多人口。斋郎人民历来乐善好施、邻里互爱、尊老爱幼、崇尚耕读。2013年，斋郎村创立村级慈善爱心基金，全面开展奖学、敬老、济困等活动，荣获了省级慈善村称号，成功承办全市村级慈善工作站建设现场会。

斋郎是浙江省海拔最高的行政村，仿佛云天外的大山深处的世外桃源。斋郎村民十分重视子女教育，为了送子女就读更好的学校，越来越多的人搬迁到了县城，甚至搬迁到丽水、温州、杭州等城市，部分青年学子毕业后留在了大城市里工作，村庄里的人越来越少，老人和困难群众成了留守人员，尤为需要社会的关注和关心。

因大量村民外迁而带来的空心村问题，是山区县一个新的课题。如何改变空心村立德树人、老有所养等问题，2013年5月1日，叶时林、叶隆安、叶飞、叶光胜、叶时富等斋郎村在外乡贤聚集召开会议，着手斋郎村慈善爱心基金筹备工作，建议成立慈善爱心基金，分头组织骨干到村民在外较集聚的杭州、丽水、乐清、庆元等地各片动员捐赠。会后，理事会向村民发放《故乡情 慈善心 幸福梦》捐赠倡议书，到6月11日召开成立大会，仅40天，共收到捐款42.8万元。截至2023年底，基金总额达到63万元。斋郎村持续坚持和坚守，利用40余万元完成奖学222人次，敬老2600多人次，扶贫济困300多人次。十一年慈善之践行，促使该村“民心齐、村风正、村庄美”，“慈善之花”盛开在百山祖的大山深处，就像杜鹃花一样红遍了整个山脉。

红色基因　代代相传

“雾锁苍山山锁雾，战神曾经扬威处。”斋郎村是一个红色村庄，共和国大将粟裕与刘英曾带领中国工农红军挺进师在这里与国民党军队打了一个大胜仗。“斋郎战斗，是我军挺进浙闽边后的关键性一仗。”1935年4月28日，中国工农红军挺进师在斋郎与国民党反动派打仗，这一仗以少胜多、以弱胜强，以500多工农红军击溃了3000多的敌军队伍。村里留下了很多挺进师的故事，比如“两只红军碗”“一罐银圆”“爷爷是个老红军”等故事家喻户晓。

“红色基因”是斋郎的村魂与根脉，如何代代相传又是一个常议之题。村慈善爱心基金的成立，每年开展奖助学活动，给“红色根脉”的传承带来了契机。2013年8月，“新生第一课”在斋郎村开展第一次奖学活动中开课，活动中将大学新生及其家长带领到斋郎战斗纪念碑和战斗旧址指挥部讲解红色故事。在党史学习和浙西南革命精神的熏陶和引领下，斋郎村一批批学子学习和传承了自强不息、艰苦奋斗的革命精神，在历年的高考中都以优异的成绩回报家乡。

2001年，丽水市文科状元、北京大学学生叶秋玲工作后曾写道：“斋郎的红色基因就是在这样不经意间融入我们的血液，那种不畏艰难困苦的韧性、舍生取义的牺牲精神，都在代代相传的故事中，在祖父辈的言传身教中，成为我们一代代斋郎人不断前进、不忘初心的精神内核，也是指引我人生道路的不灭灯塔。”

北京大学数学博士叶时炜回想家乡的往事时说：“‘新生第一课’是我求学之路上最生动、最难忘的一课。红军精神是吃苦精神，是坚持不懈的精神。而我对这种敢吃苦、能吃苦的精神的理解是要保持单纯的内心，从而能享受到吃苦过程中的幸福。”

北京航空大学研究生叶桢回忆家乡时指出，“尽管走得离家乡越来越远，但‘新生第一课’在我的学习、工作与生活中仍发挥着巨大的影响。其中最重要的两个方面，莫过于对家国社会的使命感，以及对艰苦奋斗的不懈坚持。”

红色基因在新时代焕发出璀璨的光芒。多年来，通过“新生第一课”解读浙西南革命精神内涵、瞻仰革命先烈、重温革命事迹、了解“斋郎军旅小镇”项目建设，观看《“斋郎战斗”纪录片》等系列活动，让党史学习成为步入大学前“必修课”。自 2013 年奖学以来，斋郎村持继坚持 11 年共奖励大学生 222 人次，其中博士研究生 2 人次，硕士研究生 19 人次，本科生 107 人次，专科生 94 人次。

寓教于景　润物有声

十年树木，百年树人。10 多年来，斋郎村慈善爱心基金坚持每年开展奖助学活动，并年年在村里举行，一次也没有落下，一次也没有简化。会长叶时林说：“村子里的人虽然越来越少，但那里就是我们的家和根，奖学活动放到村子里会更有意义、更有成效、更有记忆。”

春山葳蕤，万色千声中，树木贡献出一个个乐章，在崇山峻岭间谱成一曲众色喧哗的交响乐。斋郎村是一个有着一千多年历史的古村落，是一个很美很美的地方。

清光绪《叶氏家谱》明确记载着斋郎八景。这八景翔实地记录了斋郎村周边的美丽自然风光，分别为卓笔尖峰、太平新社、柳杉云拥、瀑布珠飞、三井蟠龙、百山拜祖、梨岗瞻月、竹涧清荫。这八景都有一首诗记录了景点的景色和底蕴。

在斋郎村十周年奖学之际，村慈善爱心基金理事会商议，如何将斋郎美景与奖学活动有机结合，同时也是让学子们牢记与宣传美丽斋郎的一举措。2023 年 8 月 20 日，这一天，来受奖的优秀学子特别多。十年在历史的长河中并不算长，但在立德树人的时段里，刚好可以算是一个小周期。因为是十周年奖学活动，村两委和慈善爱心基金理事会也特别重视此次活动。这一年，有 16 个大学生，其中 5 位是硕士研究生，在斋郎奖学算得上是大年份。有两个家庭是“双门学士”，一家是毛卫民家，女儿毛梦菲是浙江大学硕士研究生，儿子毛建洲则考上宁波职业技术学院；另一家是叶隆赠家，大女儿叶芳蓉考上吉林外国语大学硕士研究生，小女儿叶临微考上浙江理工大学。这一次基金理事租用了一辆大巴车接送学子回村受奖，这是基金理事会考虑到好多家长没有车，也出于安全考虑，同时希望有更多的学子回家乡受奖。

在奖学仪式上，为考上大专的学子颁发“柳杉云拥”奖杯，“柳杉云拥”中有诗云：“当是奇材依灌莽，难将甲子问苍穹。”希望学子再接再厉，继续前行。给考上本科的学子颁发“卓笔尖峰”奖杯，“卓笔尖峰”中有诗云：“谈天作纸书云物，借树挥毫对雨师。”希望学子像“山外高峰笔一枝”的卓笔峰一样妙笔写春秋，实现人生的更大价值。给考上硕士研究生的颁发“百山拜祖”奖杯，“百山拜祖”中有诗云：“落雁峄头太华巅，百山有祖亦同然。”希望学子像百山祖一样，虽非最高峰，但要努力成为最优秀的自己，能够自信自立自强。浙江大学研究生学子毛梦菲领奖时感慨地说：“斋郎的山山水水养育了我，青春的列车终将启航，我们也即将从这里奔向更广阔的世界。”斋郎的山水文化和风俗民情将成为斋郎学子步入社会的重要人生底色。

吾老及老　日日敬老

斋郎村慈善爱心基金成立之后。2013 年重阳节，斋郎村慈善爱心基金开展了首次重阳敬老活动，组织老人聚餐，给老人发放食用油、饼干、西洋参等礼物。2014 年，村慈善爱心基金定下规矩，给 70 周岁以上老人发 200 元，80 周岁以上老人发 300 元的“健康红包”，90 岁以上老人发 500 元“长寿红包”，并给 90 岁以上老人发“长寿之星”匾额。2023 年，给百岁老人叶箎光颁发了“百岁寿星”匾额以及 5000 元红包。百岁寿星叶箎光膝下 40 多名子孙参加送匾仪式，场面盛大，氛围浓厚，轰动了周边村庄。十年来，敬老活动不仅给村里老人物质慰问，而且十分注重精神上的关怀，如走访老人等等。村慈善爱心基金理事会坚持每年到孤寡老人家中走访慰问。

“重阳敬老，有你有我；全村敬老，齐乐融融。”几年来，斋郎村重阳敬老活动都会动员乡贤主动参与。从 2014 年重阳节开始，每年重阳聚餐都是由乡贤出资请老人吃饭的，到了 2022 年，县道德模范叶阳光全家总动员烧饭给所有在村的老人和在村里的村民吃，大家齐聚一堂，全村总动员、全民共参与。随后村里很多村民主动提出要进行轮庄。目前很多村民向基金理事会提出了申请，重阳敬老活动自愿者安排到十年以后。叶星光老人的子女一直在外面打工，他的子女很感恩基金理事会能在老家提供用餐服务，给老人家解决了一个人在老家的烧饭问题。他们主动提出，2023 年的重阳节一定要由他们家子女儿媳发起烧饭给全村老人吃，以此感恩党、感恩家乡、感恩基金。爱出者爱返，福往者福来，这次重阳活动，在村的村民都来了，摆了 40 余桌。

解决留守老人吃饭难问题，自村慈善工作站成立以来，一直是工作站的一项重要议事，也是会长叶时林几年来的一个心愿。2022 年 10 月，经多方努力，一方面争取市慈善总会创新项目资金，另一方面通过发动爱心捐款，新建了斋郎爱心食堂并在村级慈善爱心基金成立十周年之际正式开火用餐。目前固定就餐的老人就有 20 余人，同时，村民回村办事，交点费用也可以在爱心食堂就餐，既温暖了老人，也方便了临时回村的村民。

“这里的人民为共和国的建立付出过生命，也理应沐浴共同富裕、幸福生活的春风。”2023年以来，斋郎村从重阳敬老到日日敬老转变，越来越多的子女经常回家和父母团聚，陪伴父母，敬老蔚然成风。目前，斋郎村百岁以上老人2人，90岁以上老人11人，80岁以上老人16人，70岁以上老人75人，斋郎成为庆元县乃至丽水市远近闻名的长寿村，这也与尊老敬老的美好传统是分不开的。

陌上桑绿　善行斋郎

斋郎村是宁静的，它在青山绿水间默默传承着红色的基因；斋郎村是热烈的，它用不畏艰难的坚韧、舍生取义的精神，教会一代代中国人不忘初心，勇立潮头。2013年成立斋郎村慈善爱心基金，2022年成立村级慈善工作站，是庆元最早的村级慈善爱心基金之一，也是首批省级示范慈善工作站。10余年来，村慈善爱心基金和爱心食堂基金共募集款项80余万元，开展敬老活动2600多人次，开设爱心食堂，从重阳敬老实现日日敬老，济困300人次，为很多重病家庭解决了一些实际困难，同时，还激发广大乡贤参与美丽乡村建设的热情，塑造了良好的村风民俗。斋郎村慈善爱心基金长达10余年的践行，为斋郎营造了良好的敬老和重教的环境和氛围，也为大家树立了榜样，展示善良、智慧、知行合一的力量。

庆元是浙西南革命根据地的战略地、初始地、决胜地。斋郎是“关键性一仗”的发生地方，斋郎战斗之后，挺进师主力乘胜迅速挺进浙西南腹地，掀起了浙西南革命高潮。先烈们给我们留下一个“红色斋郎”，先辈们给我们留下一个“绿色斋郎”“古色斋郎”，吾辈将不忘初心，砥砺前行，“三色永存”，不断创新，勇攀高峰，创造一个“善行斋郎”。

爱的味道

◎蔡晓涵

“家里的氛围轻松了很多，减轻了很大的负担，现在可以安安心心地学习了。”随着新学期的开学，庆元二中学生萱萱（化名）终于见到了久违的老师和同学。与此同时，她还收到了一份特殊的“礼物”——由爱心人士提供的本学期伙食费用。

2023 年 9 月 10 日，由县教育局发起的爱心助餐活动火爆了朋友圈，仅用短短 2 天时间，就募集了 200 名学生一学期的伙食费用。

“我妈一个人要承担我和我哥上学的费用，家里负担很大。”萱萱告诉笔者，自己来自单亲家庭，家中还有一个哥哥正在上大学，母亲负担着整个家庭的开支，常常一人连打好几份工。

庆元县教育局在大量家访中发现，有许多学生像萱萱一样，存在着父母离异，靠单亲打工维持家计；学生本人身患疾病，父母收入微薄；父母均有残疾，孩子只能由亲属抚养等不同情况。他们因为家庭变故等原因，未纳入低保低边却又事实存在困境。

“开展这次资助征集活动是为解决贫困学生在校的餐费，在经济上保障贫困生能顺利并安心完成学业，促进他们健康成长，在精神上帮助他们树立‘自信、自立、自强’的顽强意识，为今后能够更好地服务社会打下坚实基础。”县教育局教育科科长叶定平说。

据了解，本次活动捐款分900元、1500元、2600元三个档次，涵盖小学、初中、高中三个学段，爱心人士通过点对点捐助的模式，可以自行选择资助其中一个学段的学生1名，且只能捐助1名。

截至2023年9月11日，共有209名爱心人士参与捐款，共募集安心善款近30万元，捐助者有年仅20出头的在校大学生，有远在北京年逾古稀的大学教授，更有远居海外的华侨。

在活动页面下，不少网友的留言让人倍受感动，网友"Spring安"表示："作为教师，我渴望你能吃饱穿暖，我希望你感受社会的善良，我衷心祝愿你茁壮成长、强国路上有你的加持。这个教师节，我们在行动。"

"助人自助，我只是为学生身心健康成长尽一点自己的绵薄之力，希望这些同学们能够用自己的知识本领去报效祖国。"爱心人士吴先生在本次活动中捐助了一名学生的伙食费用，他表示，通过这样的活动，能够让全社会关注到这部分"夹心层"学生，在全社会形成尊师重教的良好氛围，也能不断改善学生营养膳食平衡，从小在学生的心中播下传递爱心的种子。

用慈善之手聚社会合力，托举学生美好明天，从物质补充、福利对接到精神陪伴、关爱学生身心健康成长，孩子们的心更"亮"了，更有信心与底气走向未来。

"现在的目标是考上庆中提前批，未来考上大学之后找一份好工作，帮妈妈减轻负担，如果有能力的话，我也想捐助一些像我一样的人，把这份爱心传递下去。"萱萱更加坚定自己未来的目标。

"感谢社会各界的关心和给予的爱心支持，吃上'爱心餐'的孩子们，他们一定能够用心去感受这份爱的味道，更加努力学习；我们也一定会铭记这份来自社会的爱心，更加努力办好教育，让每一个孩子都不落下，共同为他们撑起一片晴朗的天空。"县教育局教育科科长叶定平说。

乡村理发师

◎吴少云

缘　起

老胡三个多月没有理发了。

那些天，他每天都要在镜子里看着自己发呆。一脸深深的皱纹，加上这长过耳朵的一头白发，60 多岁的自己，倒像个七八十岁的老大爷了。唉！曾几何时，自己总骂孙子留一头长发像个小山贼，如今自己这个样子，也像个老山贼了。他清楚地记得，上一次理发还是在三个月前，去 60 多公里外的县城办事时理的。县城那么远，总不能仅仅为了剃个头特地去一趟吧。他后悔，早知这么长时间找不到人理发，当初就该理个光头，光头耐长嘛！

左溪镇地处庆元县东部，大部分村庄地处深山之中。因为整村搬迁及年轻人外出打工，留在村里的人越来越少，而且留下的大多都是超过 60 岁的老年人。这些老人更愿意留在生活了一辈子的村里，养几只鸡鸭，种一点蔬菜，挖几只竹笋，以自己力所能及的方式养活自己。他们体谅儿女们的不易，不想给他们添麻烦。

不想给子女添麻烦，他们自己就时不时会遇上一些麻烦。找不到人理发，就是一件不大不小的麻烦事。头发留得实在长了，每天都感到头上的麻烦了，有时他们也会狠狠心，坐车去县城理一次发。但更多的时候，他们还是习惯熬，让头发一点一点地长，因为他们舍不得花几十上百元跑一趟县城，仅仅为了理一次头发。还有一些老人，他们难得外出，一上车就头晕，甚至一上车就呕吐。

其实，理发难并不是老胡一个人的事，而是所有生活在左溪镇的留守老人的共同困难。左溪村从鼎盛时期的 4 家理发店，到最后一家阿琴理发店在 2020 年关门之后，理发难就成为左溪一带留守老人的现实困难。尽管县志愿者协会等爱心组织每年都会组织开展义剪服务活动，但因次数有限、路程遥远、居住分散等原因，很难满足留守老人理发的实际需要。

2021 年 12 月，庆元县慈善总会会长毛茂丰到左溪镇开展慈善工作调研。当他看到村里几个老人的头发都特别长时，就问他们这是为什么？老人们说，人少头少，赚不到钱，理发店早关门了，没地方剃头呢。

没地方剃头？毛会长意识到，没地方剃头虽然算不上什么紧急问题，但却是偏远山区留守老人一个非常现实的问题。县慈善总会能不能为留守老人理发难的事情做点什么呢？像之前一样组织志愿者服务的方式肯定不行，因为服务的次数有限，很难满足老人们的需要。如何建立长效机制，解决留守老人理发难问题，毛会长当即就与左溪镇领导开展了深入细致的探讨。

行　动

经过前期的调查摸底、资源整合、队伍组建、技术培训等工作，2022 年 1 月 13 日，左溪镇举行了“流动爱心理发站”开设暨“乡村理发师”聘用仪式，一支由“中国好人”、印柘村副主任、中国邮政庆元分公司左溪邮政支局投递员胡常康，富宇家庭农场主、退伍创业青年胡光宇，丽水市人大代表、高枧湖村党支部书记吴敏，左溪镇“80”“90”干部范良选等镇村干部 20 多人的乡村理发师队伍组建完成。当日，刚刚上岗的乡村理发师们就为留守老人开展了一次义剪活动。

“三个多月没有理发了，去掉一头的累赘，头一下就轻松了。”左溪村的老胡看着镜子里一下变年轻的自己，笑得合不拢嘴。

2022 年 1 月 26 日，农历腊月廿四，正值小年之时，左溪村的大樟树下，乡村理发师正式上岗，闻讯而来的村民们陆续来到大樟树下，一边等待理发，一边夸赞这些年轻的义务理发师们。

老陈回忆起 20 世纪八九十年代大樟树下的情景。

那时，左溪村正儿八经的理发店就有 4 家。当然，这些理发店做的大多都是年轻人的生意，赚的是年轻人的钱，我们这些上了年纪的人是不去那些理发店的，因为我们理发的理由非常简单——只想把一点一点在头上长起来的累赘去掉。因此，我们更愿意把自己的头交给村里的理发师傅。那时，村里的理发师傅并不是靠理发为生，他们大多是利用生产队休息日，或者早晚的空隙时间，抽空为村民们理发，赚个油盐酱醋钱。早年理发，大人一般 6 元一年，小孩一般 3 元一年。后来稍加了价钱，但也就是大人每年 12 元，小孩每年 6 元。虽然便宜，但还是有些人家到了过年也付不起剃头钱。

“现在更好了，理发也不用花钱。”老陈开心地说。

左溪镇“流动爱心理发站”成立以来，乡村理发师们采取定点理发和上门服务等方式，在全镇 8 个非搬迁村开展了“爱心义剪”，已为全镇留守老人免费理发 3 次。

留守老人们说，我们头上的事，终于有着落了。

推　广

留守老人理发难，左溪镇并不是个例，这种情况在庆元各地都有不同程度的存在，尤其在东部乡镇更加突出。

左溪“流动爱心理发站”成立并取得良好的效果之后，县慈善总会紧紧抓住左溪镇的典型，一方面认真总结左溪的成功经验，另一方面着手起草庆元县“乡村理发师”慈善项目操作规程，利用县慈善总会这个平台，争取各乡镇的积极支持，努力把“流动爱心理发站”在全县范围内推而广之，让“乡村理发师”惠及更多留守老人。

庆元乡村理发师队伍建设，主要从人员组织、人员聘用、人员培训三个方面着手，人员以当地乡村干部为主，根据组织安排与自愿参与相结合的原则，由乡镇确定乡村理发师人选，由慈善总会统一组织理发技术培训，发给乡村理发师聘书，在当地开展为留守老人义务理发活动。剪刀、电推剪、吹风机、剃须刀、围布、理发工具箱等理发工具，由慈善总会列入统一采购计划，根据需要分发各乡镇保管使用。乡村理发师根据各村不同情况开展义剪活动，一般要求每月为留守老人理一次头发。对一些行动不便的留守老人，要做到上门服务。同时，结合春节、中秋节、重阳节等传统节日，组织开展义剪活动。

“乡村理发师慈善项目，看起来是件小事情，但做起来却不简单，形成长效机制，长期坚持下去更不容易。靠一时的热情不行，靠几个人的热心也不行，还得有一套严格的管理制度才行。”左溪镇负责该项工作的干部深有感触地说。

2022 年 4 月 1 日，庆元县乡村理发师项目推进会召开。荷地镇、左溪镇、百山祖镇、贤良镇、五大堡乡、岭头乡、张村乡、举水乡、龙溪乡、江根乡、官塘乡等庆元县东部 11 个乡镇相关领导参加会议。

庆元县慈善总会副会长叶时林介绍说，在这次会议上，左溪镇介绍了工作经验，各乡镇根据各地实际对建立“流动爱心理发站”工作提出了具体意见建议。县慈善总会从打造共同富裕示范区山区范例，进一步深化庆元县乡镇技能型政府建设的高度出发，对乡村理发师慈善项目的推广，乡村理发师慈善项目操作规程的完善，提出了具体的工作步骤、方法、目标和要求。

典型带动，及时推广，这是趁热打铁。而召开会议，既是组织导向，也是组织推动。这次会议之后，东部的乡镇都行动起来了。张村乡、官塘乡已组织开展义剪活动，其他乡镇也积极整合资源、组建队伍，积极筹备成立“流动爱心理发站”。县慈善总会计划在今年年底前，乡村理发师慈善项目向全县有需要的乡镇全面推开。

“我希望乡村理发师成为服务山区留守老人的免费理发师，我更希望‘乡村理发师’成为庆元的一个慈善品牌。”毛茂丰会长微笑着说道。

显然，庆元这次“乡村理发师”推进会效果非常明显。

小村庄里的大慈善

——江根乡山林岘村慈善爱心基金发展纪略

◎吴清泉

江根乡山林岘村是个美丽的省界村，海拔 1200 米，双苗尖风景区翘首可见；这是个革命根据地村，1945 年福建省委游击队曾在这里活动过；这是个偏僻的小山村，村里至今未通公路。全村 10 幢房子，户籍人口不足百人。至今村里只剩孤零零的一户人家还在默默坚守着，小村微缩成了“独户村”。

村子很小，村民也四处分散居住，但从小在村里长大的人们对村子的眷恋之情依然还在。大家商议着每年清明节一起回家参加祭祖活动。每年大家掏腰包，300、500 的攒在一起，用于活动开支。2016 年开始每次集资都在 8000 元左右，扣除开支还有较多结余。从 2018 年开始，利用结余资金，村里给老人发放敬老金，每人二三百元。2020 年开始给考上大学的学生发放奖学金，专科 500 元，本科 1500 元。此举让曾经缺衣少食、备受苦难的老人们感到幸福和快乐，让年轻一代更加懂得感恩和珍惜，也唤醒了散居各地的乡亲们的故土情结。

聚沙成塔，集腋成裘。虽然村小人少力薄，但小集体也可以形成大力量。七年来，通过村民出资、集体经济收入、社会捐款累计捐集资金 12 万元，除了清明节开支，还发放敬老金 70 人次，共计 1.8 万元，发放大学生奖学金 8 人次，总计 7000 元。虽然受益人员不多，发放款项数额也不大，但老人们感受到了晚辈的尊重和爱心，学生们感受到了长辈的激励和关心，他们都体会到了热心村民带来的融融暖意。

2021年11月1日，村慈善基金在县慈善总会公众号上线，县慈善总会会长毛茂丰带头捐款99.9元，吴清泉捐了666.66元，半天就筹集了1850元。第二天3322元，第三天1228元，五天就达到了7239元。在实现了5000元目标之后，村里又定下了冲击1万元目标。11月21日，再次发动捐款，第一天就增加捐款2082元，第二天就达到了1万元预定目标。此举把村里的基金逐步纳入了县慈善总会的统一管理，使得资金管理更加安全规范，也便于接受社会各界捐款，而且每一笔捐款都可随时查询，也有利于全社会监督。

此次捐款共有94人次参与，其中三分之二为本村村民。有部分家庭全家老老小小或多或少都捐了款。村里的青年人，很多虽然没在村里长大，但也都纷纷参与捐款，其中还有在上学的学生。青年人也参与进来，说明他们的家乡意识和责任意识增强了。江根乡党委书记赵赟和乡长吴至飞也积极支持村里的慈善事业，江根乡贤吴俊两次捐款支持，还有许多亲戚朋友也积极参与捐款。大家的爱心支持，使得筹款活动得以顺利进行，并取得了可喜成果。

毛茂丰会长，他曾亲力亲为，大力助推筹款活动开展，一个月里三次打电话来了解捐款情况，对可喜进展表示祝贺与鼓励。在宁波工作的胡晓荣说："我老家是第三洋村，深知一个小村要做公益事业实属不易。"他说出了小村人的心声。小村庄资源缺，人员少，做啥事都力不从心，需要比别人付出更大的努力。

2022年，为了达到县慈善总会的最低支助标准，村里又发起基金捐款活动。9月14日发出捐款倡议，10月9日实现目标，前后历时26天。累计参与107人次，累计捐款3.45万元。加上村里原有款项余额3.64万元，基金总额达到7.1万元，顺利达到县慈善总会的最低支助标准。从此村里的基金有了稳定的支持，可以做更多的公益事业，为村民带来更多福祉。

7万元基金的数额原本不算多，但对于小村来说就得另当别论了。村里没有资产雄厚的大老板，甚至连小打小闹的小商人也不多，更多的还是以打工为生的工人，筹集渠道十分有限。其实每年清明节活动，每家也只是拿三五百元，全部凑在一起也就七八千元，此次集资数额是往年捐款总额的4倍。更何况2021年4月清明节大家凑过钱，当年11月又捐过款。在疫情严重的形势下，2022年又发动捐款活动，这对大家的意愿多少有一些影响，捐款的压力还是有些大。

活动组织者发出了倡议书，还给村民发微信、打电话，动员大家支持家乡的慈善事业。发起人吴清泉、吴江锋、吴家法带头各捐出3000元，到第四天就捐了1.2万元。10月1日达到了2.4万元，距离目标还有1万元。10月7日，村里又发起第二轮动员，恳请条件好一点的村民继续支持村里的慈善事业，同时向村里外嫁的姐妹们也发出了捐助倡议。仅两天时间就完成了5000元募捐款，10月9日顺利达到预定目标。

2016年清明节共同祭祖以来，村里的宗亲间婚丧喜事走动越来越多，彼此的关系也越来越密切，甚至比以前在村里的时候还要亲密。特别是村里搞起慈善基金之后，大家一起孝敬老人，奖励后辈，村里尊老爱幼的风气日渐浓厚，整个村子的凝聚力越来越强，外人对小村的看法也发生了很大改变，认为村里的年轻一辈“后生可畏”。

小村虽小，但却是我们成长的摇篮，高山铸就了我们坚韧的品格，山泉养育了我们慈爱的情怀，一条条山路引导我们一步步走向山外，走向成功。拥有共同出生地，流淌着共同血脉，虽然大家分散各地，但心已然越走越近。一条红丝线永远维系着山里走出来的乡亲，无论到何时，无论居何地，情难隔断，心永相连。

村里来了“小缝小补”义工服务队

◎吴慧萍　刘　洋　童晓峰

2022 年 7 月 24 日上午，庆元“山区夕阳红行动”——“小缝小补”义工服务队开进了薰山下村。

“各位村民，庆元县慈善总会义工分会服务队，来村里为大家免费修锅换柄、缝衣补裤、补鞋修伞、理发，大家快来……”随着村干部吴一武的吆喝声响起，村民纷纷奔走相告，不到几分钟，大家带着家里破损的锅、伞、鞋等物品，排起了长队。

群众需求在哪里，义工服务就到哪里。2022 年，浙江省慈善联合总会围绕全面打造“善行浙江”目标，推出“山区夕阳红行动”项目，为省内 26 个加快发展县的老年人群体提供更多切实的帮扶。庆元县慈善总会迅速行动，义工分会立即成立了“山区夕阳红”服务队，明确目标，积极帮扶，“小缝小补”体现“大民生”。

鞋底磨损、开胶，衣裤长短不合适，雨伞断了一节伞骨，家里锅柄坏了，这些都没地方修补……这些小事，时常困扰着留守老人。

上午 10 点 30 分，这是乡村农家惯常准备午饭的时间。走进松源街道薰山下村，家住村文化礼堂边上的村民叶秀姿正在屋外收拾蔬菜。村里的老人都节俭，只见叶秀姿家老式脸盆上尽是补丁，简易水池边，红色水瓢也缺了一角。

“这些物件都是常用的，有点破了扔掉又可惜，要是有人来帮忙修补，我还可以继续使用呢。”叶秀姿说，现在村里每家都只有两个老人，互相照看着，村里也不再热闹了，以前隔两三天就能见到的小商贩、手艺人，而今很少来村里了。

沿溪而建的一户村民家，虽是木屋却清爽整洁，看得出主人的勤快，倒是在屋内一角落里摆着两个断了柄的锅和破裂凉拖鞋，显得格格不入。“近几年都没人来修了，偶尔一把雨伞、一个锅坏掉，我们进城修也很麻烦，只好先存放起来。”村民吴善妫说，这些都用了很久舍不得丢，要是有人来修补下就又“复活”了。

老式补鞋机、修鞋工具箱，这是义工们的家伙什。在很多人看来，修补就是在瑕疵处“打补丁”，但义工们却将修补做到了极致。村民的鞋面与鞋底脱胶了，就用锥针一针一针地纳好；磨损严重的鞋底，先用挫刀挫，再补上一块皮子。“非常谢谢你们，帮我补了三双鞋，我又可以穿着它到山上劳作了。”一位老人抱着鞋子心满意足地离开。

在薰坑自然村文化礼堂外的空地上，破损的洒水壶、铁锅、雨伞、脸盆、塑料水桶等，摆得满满当当。今年 68 岁的义工毛时龙，原本就是县城小有名气的补锅匠，只见他动作娴熟地敲敲补补，不时又是焊接……“这师傅补锅技术真好，锅补好了又可以继续使用，真是太感谢了！”村民们说。

义工叶青姿是位裁缝，今天她特地从家里带来一台老式缝纫机。她刚落座，村民张秋月就把需要缝补的衣服递到她面前。“这裤子是我女儿买给我的，长了些……”只见叶青姿快速安上缝纫机针，手转动着轮子，脚配合着手轻轻踩着踏板……一阵熟练的飞针走线后，张秋月比量着裤子开心地回家了。

对于行动不便的村民，义工服务队主动上门服务。“黎大爷，我们上门来给您补鞋了。”黎进炳夫妇身患重病，行动不是很方便，一双老旧棉拖鞋破了，也没空去修补。只见义工周炉生抬来了补鞋机，拿着鞋子左右翻看，上手修补……同行的队员还为他们修剪指甲、测量血压等。

人间烟火气，最抚凡人心。“小缝小补”是城市、乡村“烟火气”的一部分，百姓需要接地气的生活服务。庆元县慈善总会义工分会会长叶积钦说，在省市慈善总会的关心支持下，山区夕阳红行动已开展7个多月，先后到13乡镇（街道）的73个村开展义剪、家政服务等18009人次。此次在原补鞋修伞基础上增加了缝衣补裤、修锅换柄项目，受到村民们欢迎。今后，他们将持续开展“小缝小补”进乡村活动，进一步方便百姓生活。

乡村守望者

◎陈化诚

2021 年 3 月，庆元县慈善总会组织了一次拍摄活动，拍摄对象是乡村留守老人，目的是用镜头真实地记录和反映留守老人的生存现状，让更多的人关注和关心他们。我是此次活动的摄影师之一，拍照对我而言只是举手之劳，但是对于大山深处散落的老人们却是另一种惊喜。

29 日，晨间的薄雾散去，经过杉树湾的“洗礼”，我们来到第一个村，岭头乡岗后垟村，这个村正如它的名字，在山岗后面的一块平垟上。入村后我们径直来到村庄中心地，这个村很安静，能在温暖的午后听见虫鸣。村依偎在山边，公路将其环绕。村中心是个人工池塘，房子以池塘中心，错落有致地延伸开来。“岗后洋村贤康街 26 号”，从门牌上我能看见它曾经的繁华，一般东部的村庄很少有街道，但这个村里确实有一条不长但是较宽的街道。

岗后垟以种香菇而闻名，同行的摄影师们都对这个村的菇民记忆犹新。村中最年长的老人叫叶余地。今年 93 岁。他在 11 岁时便到福建尤溪种菇，到 80 岁才回乡，如果将一个人比喻成一本书的话，那么叶余地老人肯定是本武林秘籍，而这本秘籍的名字就叫香菇功夫。

解放前的社会没有现在太平，菇民外出种菇时常能碰见匪徒猛兽。为了自保，村里会邀请功夫师傅传授功夫。叶余地老人的香菇功夫便是在儿时作为“旁听生”所学。在尤溪种菇时，老人曾经被三个劫匪挟持，由于练过香菇功夫，老人身手矫健，在劫匪放松警惕时击倒两人，乘其不备逃回老家。如今 93 岁高龄的叶余地老人不仅能够清晰地背诵出香菇功夫拳法和棍法的口诀，还为我们比画了一套拳法。从他的拳路中我并没有看到眼花缭乱的招式，更多的是见招拆招的实用手法。而功夫作为“江湖”的代名词，其实是前人在极端生存环境下演变出的自卫手段。随着太平盛世的到来，这个代名词也随着远去的历史成了老人口中的一段过往。

离开岗后垟，我们继续往岭头前行。东部是人口流失相对严重地区。沿途依然矗立着许多村庄，村庄周围的田地里山花正艳，坍塌墙头的青草郁郁葱葱。绕过官局桥，我便知道岭头快到了。

岭头进村前要经过一方水田。此时的水田犹如一块块天然的镜子，天空和山川被装到镜子里，蔚蓝和翠青交融在一起，形成了一幅清新的画卷。我望着空空如也的水田冥想，深怕又入一个留守老村，但是此时圈圈圆圆的水韵，打破了我的思绪。老农耕作的景象映入我的眼帘，农人弯着腰将原来培育好的秧苗一捆一捆地收起装上车，转移到另外的水田中，再等距将秧苗插入水田里。我已不知多久没有看过躬耕的画面，泥土的气息瞬间激发了我对乡村的感情。

老一代的农民都有共同的特点，充满皱纹的脸颊上渗透着汗水，着装都不约而同的出现蓝色与绿色。他们的手是干瘪的，但是充满着力量，佝偻着身子，话语间不时露出质朴又满足的微笑。我们提出给他们拍照，他们是拒绝的，不是不想拍，而是觉得自己不够正式，对于我们而言其实最原始的耕作画面就是最理想的拍摄对象。

随着快门的此起彼伏，我们记录下了每个老人的耕作情形，拍完我们才发现这群老人中夹藏着一个中年人，这个中年人身材不高，穿着迷彩服，脸颊上都是泥水，细问下原来这个中年人是承包这片水田的老板，他在这承包水田种植已经好多年了。我们开玩笑说“当老板也不容易啊，还要亲自下地种田”。旁边一位老大爷笑着说道：“是啊，多亏有人承包土地种田，不然我们也没有收入，土地又都荒了。”老人的眼中闪烁着光芒。这时一阵春风吹来，成片的秧苗在风中舞动，空气中夹杂着野花香的香气，阳光泄在水田里波光粼粼，处处洋溢着复苏的气息。

拍完躬耕的老人，我们碰到了一个驻村干部，她叫吴利琴，我一直非常敬佩驻村干部。他们把青春都挥洒在陌生的土地上，看它开花，护它结果。到村里开展工作，有驻村干部帮忙，工作基本就算完成一半了。她熟络地带我们走进一位老人家，老人得知我们要给他拍照，非常不好意思的让我们先拍别人，因为他要换件得体的衣服，我们说可以等他，他却说没那么快，他要好好装扮一下。离开这位老人家，我们分成四组，在吴利琴的安排下，我们很快完成了拍摄任务。

最后一位名叫胡远生的老人，是位老党员，低保户，家境特殊，有两个儿子，一个生活勉强能过得去，一个智力有轻微问题，因工伤导致腿受伤了丧失劳动能力，只能靠低保金生活。之前民政局开展留守老人拍照活动这位老人没有拍上，这次，老人脱去了带有补丁的外套，穿上了一件西装。西装是银色的，可以看出是好久以前的流行款式，款式虽然旧，但是衣服非常新。衣服被架在身子上，枯枝般的手穿过袖子显得特别宽松。穿上西装后老人不由自主地理了理头发，捋了捋衣领，抻了抻衣袖，抬起头，精神地站在自家门前，当我们按下快门时，老人腼腆得笑了，这是孩子般的微笑。

拍完胡远生老人，我们准备返程，吴利琴突然想起最开始那位老人。我们想着天色已晚，老人应该在吃饭了吧，我们试探性地路过老人家门，没想到老人还坐在门口等着，他换了一件T恤，外面配了一件夹克，他自己选好了拍照的位置让我们拍摄。拍完照，我们和老人闲聊起来。这家老人条件挺好，子女都在外地，想叫他们一起生活。但老人还是和老伴住在老家，住在县城条件虽好，但是他们觉得住乡下更习惯，毕竟是在自己家里。

返程时已至黄昏，我坐在车内，看夕阳的余光在山林间穿行，山村晚风在我耳边呼啸，留守老人们的影像留在我的相机里，也留在了我的心里。山区犹如一个图书馆，老人是图书馆里的藏书，他们留在山里看花开花落，云卷云舒，听鸟语蝉鸣，躬耕陇亩，守望田园，继续着他们平淡的日子。

留守更多的是出于无奈，而守望更多的是一种自愿。对于留守老人而言，我更愿意他们是乡村的守望者。

点滴微光可成星海

——庆元县义工协会的暖心事迹

◎吴倩倩

在菇乡大地上，总有一抹耀眼的中国红时常穿梭于街头巷尾、偏远乡村。他们用爱点亮庆元，用心践行奉献精神，他们共同拥有一个美丽的名字——义工。

2012 年，义工协会作为庆元慈善总会下的一个分会，仅 20 余名会员。2014 年，庆元县义工协会正式在县民政局注册。如今，会员已达 1500 余人。这里集聚了一群来自各行各业的爱心人士，有公职人员、企业老板、工人、家庭主妇等等。他们用自己的业余时间，只为付出、不计报酬，在助学、敬老、帮困、环保等领域发挥着自己的光和热，得到了社会各界的广泛肯定。

一

山区老人久违的微笑，是对义工们最好的肯定。一张照片，对于普通人来说，也许再正常不过，可对于庆元东部地区的老人，却非常珍贵。随着东部人口的不断外迁，年轻人大多外出打工，或是陪伴子女到县城上学，许多村庄老年人比例在 60% 以上。而前往东部的山路曲折蜿蜒，且最远的乡镇距离县城长达 3 小时的车程，老人们外出十分不便。他们带着相机、照片冲洗机器等，一次又一次前往不同的乡镇，为老人们拍照，并且当场冲印，塑封好照片送给老人们。老人们拿着照片仔细端详，布满褶子的张张面孔，露出了幸福的笑容。从 2014 年到 2023 年年底，这项活动共开展 25 次，拍摄了 1000 多个留守老人。

二

一声声暖心的“红叔叔”“红阿姨”成了义工们的代称，他们用爱践行自己的公益初心。一开始，东部学校的孩子们在领取到爱心书包、校服、体育用品等物品时，低头含蓄的眼神里，总有些不自信。但每一次爱的交流，让心与心之间的距离更近了，他们主动与孩子互动，阵阵欢笑中，孩子们慢慢放下恐惧，变得越来越开朗。

2015 年，由浙江省妇女儿童会发起的关怀“1+1+1”成长关爱项目在庆元开展试点，目的在于搭建一个“帮扶对象 + 义工 + 关怀家”三方共同参与的精准帮扶平台。县义工协会开启了一场火热的招募仪式。“我参加”一声声果断的答复中带着满腔的热情；一个个经验丰富，充满激情和热爱的红马甲再次穿梭在乡间小道。入户走访、汇总、筛选。从 2015 年起，他们先后确定了 55 位 16 岁以下的留守儿童为帮扶对象，和孩子们“一对一”建立起了为期三年的结对关系，并提供 1500 元 / 人 / 年的资助费用。他们常借助联欢会、儿童节等日子，为孩子们做蛋糕，准备礼物，陪孩子们玩耍，实现从物质的输送到心灵的陪伴。

2010 年，在五大堡乡杨楼村，燃起了一场无情的大火，一个本可以逃出火海的母亲，发现自己的孩子仍在房中。她毅然决然地返回火势不断蔓延的屋内，想要救出她唯一的孩子。由于房子为木质结构，火苗疯狂地咆哮、跳窜，这时木制楼梯已被大火烧毁，这也阻断了母子俩仅有的出路。绝望中的母亲发现，离火势较远的一扇小窗，是与外界接触的唯一通道。她抱着孩子冲向窗边，使劲地推着窗户，可是窗户的木框死死地嵌在泥墙中，中间又有非常结实的钢筋挡着，凭她的力气根本无法打开窗户。她让孩子站在窗台上，用自己的身体遮挡着不断逼近的大火，并拼命朝窗外呼救。当村里人爬上木梯把手伸进木窗，紧紧抓住孩子的小手的一刹那，后背几乎被烧焦的她，瞬间倒入了熊熊烈火之中。她用自己年轻的生命，赢得让孩子最后被成功救出的时间。而这场大火，孩子不仅没了母亲，还失去了左耳和左手，脸部也被大面积烧伤。在多重打击之下，曾经活泼开朗的孩子，自此以后，变得沉默寡言、自卑内向。

“1+1+1”成长关爱项目启动以来，通过村里上报的名录，他们开始逐户走访，发现了这个命运多舛的孩子。“第一次见到这个孩子的时候，我就发现他很自卑，不说话。我们叫他，他也不回答。他的头上总是戴着一顶迷彩帽，低着头，不与人亲近。他一直躲在角落里，背对着我们。”沈从兰是初次参与走访的人之一。

“他特别瘦，他的爷爷告诉我们，已经做了40多次手术，身上一块块好的肉，都割下补到烧伤的地方了。因为忍受不了手术的疼痛，孩子一度请求放弃生命。”听了爷爷的述说，沈大姐的眼角泛着泪花。她走到孩子面前，亲切地问：“孩子，我能抱抱你吗？”当拥抱孩子的那一刻，蓄满眼眶的泪水，早已模糊了她的双眼。

回去后，孩子的状态令沈大姐很是担忧。她心想：“这样下去该如何是好，如果孩子依旧走不出这段黑暗的人生，那么他该如何面对今后的生活？”看了手机日历，沈大姐心想：“马上就是国庆节，我可以把他接回家中住一周，给他烧点好吃的，再慢慢开导开导他。”她立即给孩子的姑妈打了电话，说明了她的想法，并请求将孩子接到家中同住一周。

初到沈大姐家，孩子依旧戴着帽子，低着头，躲在无人的角落里。为了让孩子开心，沈大姐日日出门买菜，并邀请曾经一同前往孩子家中的几个义工朋友一起吃饭。她想：“人多热闹，或许孩子的心情能舒畅一点。”她买来孩子想看的书，陪他一起看电视，或是骑着电动车带着他出去兜风。为了拉近与孩子的距离，她故意打开手机游戏问："小吴，看看这个游戏你会不会玩？"几天的相处，孩子内心自卑的坚冰开始融化。"阿姨，这么简单的游戏你都不会？"孩子终于开口交流，沈大姐的心头一下子涌上丝丝暖意。

沈大姐深知解开孩子的心结，并不是一天两天就可以的，这需要一个过程。第二个周末，沈大姐再次买了菜，张罗着义工们一同前往孩子爷爷家中，烧饭、做菜，陪孩子一起吃饭，一起说话。此后，只要有时间，沈大姐便会去看孩子，从日常穿着到心灵的疏导，一晃就是六七年。

"现在已经会给我们泡茶了。"沈大姐满脸欣慰。"我们一直鼓励他学习一些生活技能，看到他现在的状态，真的很开心。"2023 年，沈大姐前往月山村参加志愿服务，由于时间紧迫，加上统一出行，她特意联系让孩子站到路边给她看一眼。孩子早早就等在那儿，车子驶过时，孩子与沈大姐不约而同地相互挥手示意。看到这情景，沈大姐的内心感到特别快乐。

现如今，孩子已是一名初中生了，他成绩优异又勤奋上进，性格也开朗了许多。我想，这离不开沈大姐以及其他义工无微不至的关爱。

三

志愿服务是社会文明进步的重要标志。当下，这已成了菇乡人民最时髦的选择。这种向善的力量，在他们的手中不断传递。炎炎夏日，在许多商家门口，贴着"免费茶水"的茶桶端放在小桌子上，旁边放了许多一次性纸杯。这是他们发起的"杯水之心、清凉一夏"活动，为的是给环卫工人提供免费茶水，以缓解难耐的酷暑。一批又一批商家纷纷响应，首批参加活动的就有 16 个。

他们总是善于关注身旁的事。"我能为您做点什么？"似乎是每个义工深入骨髓的一种思想意识。2016 年，义工吴兵在散步时发现一个正在钓鱼的孩子。他看了看手机上的日期和时间，心想："此时这孩子应该在学校呀！"

带着满腹疑惑，他主动上前询问孩子的情况。后来得知，孩子已经 9 岁，可其父亲身患残疾，家庭收入微薄，送孩子上学的意识并不强。同时因孩子的户口不在庆元，教育局未登记他的个人信息。因此，孩子没有与同龄孩子一同上学。得知情况的吴兵，立即在义工群里发起了呼吁，霎时间，衣物、食品、学费、联系学校等事项都被一一认领。都说“众人拾柴火焰高”，最终，“钓鱼的孩子”顺利进入坑西小学读书。在爱的关怀下，孩子带着感恩之心也投入了志愿服务工作中，他将爱继续传递。

四

像沈从兰、叶贵明、吴兵这样的人，仅是他们整个团队呈现的一个缩影。他们通过各种渠道，联系和关注需要帮助的留守老人、儿童、残疾人等群体，千方百计为他们提供服务和帮助。他们在各自擅长和不擅长的领域不断深耕，不断学习新技能，理发、摄影、救护知识、乡村导游、礼仪文化、传统文化等等，以便能够提供更好的服务。

不仅如此，他们还是菇城的守卫者。在“保护母亲河”“排查污水源”“共建义工林”“环保清洁”，以及“国家卫生环境创建”“吴三公朝圣大典”“国际廊桥越野赛”等大大小小的活动中，总少不了他们忙碌的身影。至 2023 年，他们的足迹已遍布 19 个乡镇（街道）117 个行政村，行程达 4600 多公里，累计为 2.6 万人开展了各项帮助和服务。

此外，他们还不断拓展新的服务领域。他们在原有“科普义工小分队”“消费维权义工小分队”的基础上，增加了“石榴红义工小分队”和“星少年义工小分队”，他们让每一项服务都更精准、更精细、更完善。

义工们一起走过了 10 多个春秋，他们已然成了菇城大地上的另一张金名片，他们的名字虽未被一一记住，但点滴微光可成星海，他们的爱一直熠熠生辉，照亮着越来越多人的生活。

志做公益事　愿当追梦人

——记庆元县志愿者协会

◎钟映芬

一座城市，因为有爱，更加温暖。在庆元县，活跃着一群人，他们用自己的行动，助力创建文明县城，为构建美丽菇乡贡献自己的力量；用实际行动发扬新时代志愿服务精神，传递文明新风，努力成为这座城市最美的名片……

元生元爱　伴你精彩

“范姐，这是我参加集体生日会的蛋糕，我想和你一起分享。”一个皮肤黝黑、眼睛大大的女孩端着一块蛋糕，走到志愿者范姐面前，她就是庆元县志愿者协会“元生元爱”项目的服务对象之一。女孩名叫小君，她的妈妈从柬埔寨嫁到中国来，生下小君姐弟俩没几年，在一次回柬埔寨娘家探亲后，就杳无音信。小君的爸爸为了维持一家人的生活，常年在外打工，小君姐弟俩只能跟随奶奶生活。志愿者第一次到小君家时，看见小君一家居住在古老的木板房里，房间内异常昏暗，堆满杂物的房间里只有一张床，没有一件像样的家具，更找不到一个可以供孩子学习、写作业的地方。姐弟俩特别怕生，志愿者与小君打招呼，她也是腼腆地躲在奶奶背后。

了解到小君的家庭情况后，志愿者协会就为她制定了救助方案。随着项目的实施，小君的居住环境得到了改善，墙壁粉刷了，房间明亮了，整个家庭环境焕然一新。小君不但有了一张独立睡觉的床，再也不用和奶奶、弟弟挤在一起睡，而且还有了一张学习的书桌。姐弟俩还有了一群“志愿者妈妈”，“志愿者妈妈”们会定期来家里，有时教姐弟俩收拾物品、整理房间，有时鼓励姐弟俩好好学习，天天向上，以积极乐观的心态克服学习和生活中的一切困难。久而久之，小君和这些“志愿者妈妈”们已经渐渐亲近了，还会主动找志愿者聊天。

像小君这样的涉外单亲家庭子女，庆元全县有230多个。这些孩子生活上缺少照顾，行为上缺少管教，学习上缺人辅导，心理上缺乏引导，与别的孩子比较，他们的成长之路显得更为艰难。为帮助这些孩子摆脱困境，庆元县志愿者协会成立了“元生元爱”服务项目。主要通过“改造环境”“爱心陪伴”“学习辅导”“心理疏导”等一系列志愿服务，让这群特殊的孩子走出生活的困境，能够在健康、快乐、平等、和谐的环境下成长。当初那个曾经躲在奶奶背后的小君姑娘，已经逐渐扫除心灵的阴霾，变得阳光、自信，还会主动和志愿者们聊天，看着小君灿烂天真的笑容，整洁的房间，墙上的奖状……志愿者们深深感受到这项志愿服务的意义。

此外，协会“焕新乐园”项目通过为低保、低边等困难家庭儿童改造生活环境、提供陪伴服务，最终帮助其重塑生活自信以及提升困难家庭综合发展能力。截至今年，项目累计完成190户改造，有效阻断贫困代际传递。

愈见未来　无限精彩

“小鹿灯”是庆元县志愿者协会对青少年的另一个救助项目。主要是为0—18周岁身患疾病的困难家庭儿童提供医疗救助，协助患儿解决在寻医、治疗过程中的“信息困境、就医困境、经济困境”。目前，庆元县志愿者协会通过“小鹿灯”项目已经救助了26人，发放救助金576062.04元。

小伦就是“小鹿灯”项目的受益人。小伦于2021年被查出患上白血病，

2022年5月通过手术，换上其父亲的造血干细胞，虽然已经康复，但仍需定期复查。为了治疗小伦的病，全家已经倾尽所有，还欠了亲戚朋友一大笔钱。一次偶然的机会，得知了“小鹿灯”项目可以申请救助金，小伦父亲立即通过小鹿灯后台提交申请，县志愿者协会受理申请后立即安排志愿者进行对接，了解详细信息，协助他们申报，并将整理好的相关资料邮寄至浙江省青少年发展基金会审核。很快就通过了审核，获得了救助。

2023年3月13日上午，共青团庆元县委、庆元县人民医院、庆元县志愿者协会的工作人员到小伦家进行回访和义诊。“小伦，以后有能力了，也要将这份爱心传递下去，尽自己最大能力帮助需要帮助的人！”小伦的母亲说道。2023年3月21日上午，小伦一家还给庆元县志愿者协会送来一面“救助一个孩子，点亮一个家庭”的锦旗，表达一家人的感激之情。

爱心助学　撑起晴空

协会还依托“圆梦助学”“双百计划”“向阳而生”“彩虹计划”“童心向阳”“微笑一帮一”等助学项目，资助我县低保、低边等困难家庭学子，通过发放助学金、爱心物资，组织集体生日会、消防互动体验、特警体验等形式的帮助，让贫困学生感受到浓浓的关爱，从而激发他们面对生活的勇气和信心。

此外，“明天书屋”“小候鸟·图书角”“庆元公益小天使”“五防教育”“解忧计划”，都是庆元县志愿者协会针对青少年的志愿服务项目。

“每一颗种子都有自己的春天，每一个孩子都有自己的未来”，播下一米阳光，撑起一片晴空，孩子们的健康成长，是志愿者们的心愿。

敬老助残　为您安家

“感谢你们，帮我家里电线拉了，安全多了。”隆宫乡91岁的吴春梅老人拉着志愿者的手说。吴奶奶是庆元县志愿者协会“为您安个家”项目的救助对象。在我县农村，还存在不少像吴奶奶这样生活居住环境较差的空巢老人，或是独居老人。老人们蜗居在年久失修、破旧不堪的旧房子里，缺乏最基本的卫浴水电等生活设施。庆元县志愿者协会引入“为您安个家”项目，为60周岁以上生活困难的孤寡空巢残疾失独老人，通过改善居住环境，提供生活帮扶，定期看望陪伴等方式予以关爱。目前已经为80户老人改善了居住环境，并给予生活上的帮扶和心灵上的呵护，使他们居有所安，心有所安。

庆元县残疾人托养中心是协会多年来一直坚持服务的对象，协会从2015年起定期到托养中心开展志愿服务。每到传统节日，志愿者们都会给这些朋友送去传统小吃，如粽子、立夏羹、月饼、腊八粥、水饺、面条等，志愿者们给这些残疾朋友洗头、理发、剪指甲、测量血压，听他们诉说心里话，为他们表演节目……让他们感受来自社会的关爱。协会连续几年坚持服务，托养中心的朋友已经把志愿者当作亲人，每次看到志愿者们到来，他们都显得特别高兴，总是一个个亲切地迎上去，拉着志愿者的手笑得合不拢嘴。

关爱青少年和关爱老人、残疾人只是庆元县志愿者协会的一部分服务项目。协会已组建了十支特色志愿服务队，致力于各类公益事业，形成了37个子项目，组织开展了5600多人次服务活动，服务总时数达19万多小时，直接受益7万多人次。

中国香菇城，因为有了志愿红而充满了温情，因为有了红马甲更加美丽动人。“红马甲”们不为鲜花，不为掌声，只为无私奉献，积极担起一份社会责任，谱写一篇大爱无疆的乐章。

跨越山海　庆元绽放“聚心之花”

◎包敦远　朱　力

在浙江省的秀山丽水间，一项温暖的公益活动正如火如荼地展开。作为共同富裕先行示范区，浙江省积极推动区域协调发展，致力于缩小城乡差距。在这一背景下，2013年8月29日，浙江省聚心企业家助学公益促进会（下称“聚心公益”）与庆元县慈善总会携手，启动了为期十年的助学专项基金，为庆元县的孩子们送去知识与希望。

结对帮扶，点亮困境学子的未来

聚心公益的志愿者们在庆元县的青山绿水间，迈着坚定的步伐，走访了一个又一个困境学生的家庭。他们的故事，像一串串珍珠，串联起希望与温暖的链条。

小轩，一个三年级的小学生，家境贫寒却怀揣着对知识的渴望。当志愿者们走进他的家，被眼前简陋的屋檐和斑驳的墙壁所震撼，但更为小轩眼中透露出的坚定与希望所感动。在聚心公益的资助下，小轩不仅得到了学习和生活的帮助，更在志愿者们的关爱与鼓励下，点燃了对未来的憧憬。

“我也想像你们一样，用知识改变我自己，改变我的家。”小轩的话，如同清晨的阳光，温暖而明亮。这是聚心公益结对帮扶计划的一个缩影，通过实地走访和持续资助，他们已经成功结对41名困境学子，此次走访还将新增50个名额，直到孩子们高中毕业。他们不仅为孩子们提供了物质上的帮助，更为他们铺设了一条通往未来的道路。

“妈妈课堂”，引领家庭教育新篇章

在庆元县的一间教室里，一场特别的“妈妈课堂”正在进行。这里，妈妈们不仅学习如何更好地与孩子沟通，还在专家的指导下，探索如何为孩子营造一个充满爱与支持的成长环境。

聚心公益顾委会主席、心理学博士刘光耀的主讲，让在场的妈妈们深受启发。他用生动的案例和深入浅出的讲解，揭示了积极家庭教育的力量。一位妈妈的眼泪，成为了这场讲座最深刻的注脚。她对过去教育方式的反思，对未来改变的期待，都凝聚在这深情的泪水中。

“妈妈课堂”不仅是一堂课，更是一次心灵的触碰和梦想的播种。它让妈妈们意识到自己在孩子成长过程中的重要作用，学会了如何用科学的方法引导孩子探索世界。在这里，家庭教育不再是盲目的摸索，而是一门可以学习和实践的艺术。

像这样的课堂，聚心公益已经在线上和线下不同的方式组织开展了11课时，深受家长的欢迎，魏女士就是一位深受影响的家长。“女儿初二了，可能是青春期的原因，特别叛逆，很多时候我们母女之间都很难顺利地沟通，但听了老师讲的情绪管理课，让我学会了新的沟通方式。”魏女士说，他和女儿现在的关系有了很大的积极变化，这是自己感到十分意外的收获。

产业入户，助力困境家庭走向共同富裕

庆元县的部分家庭，因地理位置偏远和资源匮乏而长期处于困境之中。为了帮助他们从根本上改善生活状况，聚心公益发起了一项创新的帮扶计划——产业入户。

农产品代销和送产业上门是该计划的两大支柱。聚心公益通过建立线上

平台与合作，帮助困境家庭销售独特的农产品，打开更广阔的市场，提高他们的产品附加值。同时，引入适合当地发展的产业项目，如来料加工等，为这些家庭提供技术支持和培训服务，确保他们能够掌握相关技能，有效地运营这些产业。

当聚心公益的志愿者们来到李女士家，听说有产业入户的计划时，她简直不敢相信自己的耳朵。“还有这么好的事情，我当然愿意啦！就算让我到杭州去学习两个月再回来做来料加工也没问题，我还愿意多带几个人一起学。”李女士对此表达了她迫切的期待与希望。

这一创新帮扶计划，不仅能为困境家庭带来经济上的改善，还将为他们的未来开辟新的可能性。随着收入的提高和生活状况的改善，这些家庭将能够更好地投入孩子的教育和未来的发展中，确保不因各种特殊情况再返贫，实现稳中增收，共同致富。

随着聚心公益在庆元县的助学项目不断深入，我们看到了这片土地上正在发生的积极变化。从孩子们的渴望学习的眼神到妈妈们在“妈妈课堂”中的收获，再到产业入户带来的经济改善，每一个小小的进步都是向着共同富裕目标迈进的一大步。在这里，公益之花正在绽放，而庆元县的故事还在继续书写着温暖与希望的篇章。

慈心系桑梓　善行暖人心

——庆元县青竹村慈善工作纪实

◎毛昌成

青竹村坐落于庆元县东部双苗尖山麓，是大山深处的世外桃源。自古以来，一直秉承忠孝并举、耕读传家和积德累善的理念。青竹村慈善爱心基金，从成立到取得明显成效，是理事会一班人无私奉献和不懈努力的结果。

缘起与启动

随着集镇化步伐的不断加大，为了送子女就读更好的学校，青竹村越来越多的人进城务工和创业，搬迁到了县城乃至全国各地居住，加上部分青年学子毕业后留在大城市工作，因而带来的空心村问题日益严重。

在新的历史条件下，如何关爱留守老人和儿童？如何激发众乡亲热爱家乡、建设家乡的热情？如何找到一个凝聚乡亲力量的有效载体？

2012 年 5 月间，时任县慈善总会副会长毛茂丰提出了建立青竹村级慈善爱心基金的设想，这个设想得到毛昌成、胡显钦的赞同，他们遂与毛守勋、胡绍兴、胡显应、毛夏平、毛永宝、毛时洪、毛可强、胡显成等一起商议。大家一致认为，成立村级爱心基金意义重大。

2012 年 6 月召开筹备会议，会议明确了成立青竹村慈善爱心基金的目的是开展敬老和奖学活动。其意义有三：一发扬尊老敬老的优良传统，以弘扬忠孝并举、尚善若水的传统美德；二激励青竹村的学子们更加勤奋学习、刻苦钻研、学业有成；三凝聚亲情，构建团结、幸福、和谐的青竹村。

会后，立即成立了青竹村爱心基金理事筹备组，并进行工作分工：由毛茂丰负责协调指挥，毛昌成负责起草《基金章程》《管理办法》《敬老实施细则》《奖学实施细则》等文件（草案），胡显钦负责管理财务开设账户，胡绍兴、毛守勋、毛夏平等其他人员分片宣传发动。

因大量村民外迁，给宣传发动工作带来很大困难，然而，理事会一帮人齐心协力，积极谋划，按青竹乡亲在各地相对集中居住地，分成庆元县城、青竹老家、杭州、丽水、温州、宁波等片区，进行分片发动。

毛茂铃长辈不顾年高，每次亲临工作例会，并鼓励动员家人毛志平、毛丽源、毛林军积极参与爱心基金工作。毛茂丰自费赴丽水、杭州参加片区动员会，毛守勋、胡绍兴老同志和毛夏平同志先后几次自费前往丽水、宁波等地参加片区宣传发动，并多次与毛昌舜、胡继达、毛守国、胡光兴、胡显成、毛昌民等同志走街串巷，进村入户发动宣传。

年轻人充分发挥特长，毛待平先后建立起“美丽青竹”公众号和“青竹·我的家”微信群，毛永宝、毛可强、毛宁波、毛林军等利用现代化通讯手段，发放宣传资料，广泛发动村民参与村级慈善事业。

基金的经费来源为：一是面向本村村民、青竹籍乡贤及其他爱心人士募集；二是由村集体经济资金划拨。基金的使用：以利息的形式有效、规范、持续地用于本村尊老敬老、助学奖学、扶贫济困及其他公益慈善事业。

组织与实施

2012 年 9 月 26 日，正式成立庆元县青竹村慈善爱心基金。县政府副县长叶伟玲、县慈善总会会长吴远龙、镇政府领导、村爱心基金理事会成员，村民代表共 200 多人参加了成立大会。

大会选举产生了以毛茂铃、毛时薛、胡显平为名誉会长，毛茂丰为会长，毛守勋、胡绍兴、毛夏平、毛永宝、毛时洪、胡显应、胡开标、毛时荣、毛林军为副会长（2014年之后增选毛时敏、毛丽源、毛仁满为副会长），毛昌成为秘书长，胡显钦为财务长，毛志平、毛昌方、毛可森、毛可斌、胡显远、毛和明、胡显成、毛可强、毛宁波、胡 飞、毛守川、胡显金、毛时灿、胡林斌为成员的青竹村慈善爱心基金第一届会理事会和监事会，使村慈善爱心事业发展有了组织保障。

青竹慈善爱心基金每年至少举行五次理事会议，即在每年奖学、敬老活动之前分别召开筹备会，活动后召开小结会，年终召开工作总结和新年度工作部署会。

理事会、监事会等组织机构，主要职责是主持和监督慈善爱心基金的日常工作及相关事务，并按照基金章程进行科学有效管理。

同时，严格监管、促进阳光运行，建立和完善动态管理机制，监事会进行全程监督，监事长和监事会成员由德高望重、公道正派的个人和捐赠数额较大的个人担任。慈善机构对章程、办法、细则、工作计划、救助计划的执行情况，对拨付、使用情况，对基金重大事项及方案审核进行监督。建立了村民数据库和各片区义工小分队。使青竹村慈善爱心工作有序进行，稳步推进。

为了使管理办法更具操作性，理事会秘书组的同志充分利用专业知识和发挥职业特长，在执行过程中，不断修订完善《基金章程》《资金管理办法》《敬老实施细则》《奖学实施细则》等文件，对基金管理、敬老、奖学的对象条件，申报、审核程序等作出更加详细的规定，使各项规章制度更加合情合理合法，要求更加明确，操作更加便捷。

县慈善总会在“村级慈善基金”筹办过程中充当“好保姆”角色，指导和服务创建工作。

发展与完善

“村级慈善爱心基金”是功在一时，利在千秋的善事。因此，在村级慈善爱心基金发展过程中，众多乡贤用爱心践行信念，用善心播种福田，让慈善的种子在青竹这块多情的土地上生根、开花、结果 。

2014 年 9 月 26 日，庆元青竹永宝慈善爱心基金成立。毛永宝出资 20 万元为本金，主要用于帮扶青竹村残疾人。这是庆元县第一个以个人名义冠名的助残慈善基金。

2019 年 7 月，青竹村慈善爱心基金理事会副会长毛时敏成立了《青竹毛时敏奖学基金》，该基金在青竹村慈善爱心基金的统一管理下运行，奖学金额于每年 8 月 10 日前打入村慈善爱心基金对公账户，用于奖励青竹村品学兼优的学子。奖学的对象和范围、申报条件参照《青竹村慈善爱心基金奖学实施细则（试行）》执行，奖励的标准为青竹村慈善爱心基金奖学标准的 50%。毛时敏奖学基金与村慈善爱心基金实行同步申请、同步审批、同步发放。毛时敏奖学基金从 2019 年 7 月 1 日起施行。

从 2020 年开始，青竹村爱心人士毛时敏，每年定向向青竹村爱心基金捐赠敬老活动经费 10000 元，有力地推动了青竹慈善事业的发展。

为教育广大村民热爱祖国，热爱人民军队，鼓励有志青年参军入伍，基金理事会于2023年7月专门制订了《青竹村慈善爱心基金拥军奖励实施细则》，有效地激发了青年崇尚军人、保家卫国、献身国防事业的热情。

2023 年，再次对青竹村慈善爱心基金《章程》《资金管理办法》《敬老实施细则》《奖学实施细则》的有关条款进一步修改和完善，为青竹村慈善爱心事业再上新台阶，提供更有力的保障。

效果与荣誉

青竹村级慈善爱心基金，是庆元县农村基层慈善事业规范操作的第一村。

在整个活动中进一步聚人心、树正气、谋幸福，加快慈善事业步入全民慈善、基层慈善、民间慈善发展新阶段。

青竹村慈善爱心基金自 2012 年成立以来，本金从 25.8 万元增加到 66.6 万元，从 2013 年起到 2023 年，每年开展奖学和敬老活动。十一年来，共奖励优秀学子 201 人，其中博士研究生 2 人，硕士研究生 8 人，本科生 74 人，专科生 75 人，重点高中生 42 人，共发放奖学金 305700 元（其中青竹村爱心基金奖励 250700 元，毛时敏爱心基金奖励 55000 元）。

青竹村慈善爱心基金对 70 周岁以上老人开展敬老活动，十一年里共计慰问老人 1319 人次，共发放敬老金 112930 元。历年来购买发放了早餐饼干、雨伞、西洋参水、本土猪肉、热水瓶等累计 3960 余件（份），在重阳节还请老人一起吃饭等活动，活动合计支出 90264.45 元。共用于敬老活动基金支出 203194.455 元（其中青竹村爱心基金支出 160194.45 元、毛时敏爱心基金支出 43000 元）。

另外，部分爱心人士为老人捐赠发放了毛毯、鞋子、围巾、黄粿、保健品、竹筷子等物品 1300 余份。2018 年 2 月 10 日，在青竹村开展暖冬行动 1 次，慰问留守人员 108 人次，发放本地猪肉、大米、围巾、保温杯、竹林筷子、四季优美随便果等慰问品 370 多份，合计价值 9492.25 元。

在大家的共同努力下，青竹村慈善爱心事业不断优化发展，稳步推进，得到省市县的充分肯定，同时成为庆元县村级慈善工作的示范和样板。

2014 年 3 月，青竹村在全省“万村慈善帮扶基金工程竞赛活动”中获得省级首批“慈善村”称号，成为庆元县首次获得省级“慈善村”称号的村（社区）之一。

2014 年 3 月，青竹村慈善爱心基金《章程》《资金管理办法》《敬老实施细则》《奖学实施细则》及（工作流程）等文件，被县慈善总会汇编成操作手册，作为样板全县推广。

2014年10月，毛茂铃、胡绍兴、毛守勋、毛永宝、毛时洪、毛时荣、毛夏平、毛时敏、毛林军、胡显钦被评为青竹十大慈善之星。

2014年11月13日，青竹村慈善爱心基金理事会会长毛茂丰获浙江省第四届“十大慈善之星”荣誉称号。

2016年8月，庆元县四个慈善先进集体和十位慈善工作先进个人受到县里表彰。青竹村被评为先进集体，毛昌成、毛永宝被评为先进个人受到表彰。

2019年，由上海市慈善基金会、江苏省慈善总会、浙江省慈善联合总会、安徽省慈善和社会福利协会共同发起、联合举办的首届“长三角慈善之星”评选活动，青竹村慈善爱心基金理事会会长毛茂丰荣获首届“长三角慈善之星”称号。

青竹慈善像一片照射在冬日的阳光，使留守老人和儿童感到人间的温暖；像一泓出现在沙漠里的泉水，使莘莘学子看到努力读书的美好希望；像一首优美动听的歌谣，使残疾、困厄、孤苦无依的人获得心灵的慰藉。

爱心无价

AIXIN WUJIA

爱心是人性中最美好的一部分，当我们将自己的一份爱心传递给更多的人时，我们就为这个世界增添了更多的温暖和希望。

事业慈善相辉映

——记我县乡贤、浙大迪迅创始人吴善东

◎王吉萍　黄立鹏

近日，从大潮奔涌的钱塘江畔，传来了浙大迪迅生物工程有限公司为“全国乡村春晚第一乡”举水乡优秀学子建立慈善助学基金，为民造福的好消息。

为响应家乡庆元县“大爱菇乡·善行庆元”慈善品牌建设，杭州浙大迪迅生物基因工程有限公司董事长吴善东发起“浙大迪迅”教育基金。该基金拟支持庆元县慈善总会设立的十大慈善品牌项目之一“百村崇学”项目。通过这个基金奖励家乡举水乡品学兼优的学生顺利完成学业，为家乡发掘人才、培养人才、储备人才。该基金面向举水乡当年考上本科的大学生或者研究生给予资助奖励，给予全日制本科大学生奖励1000元/人，给予全日制硕士研究生奖励2000元/人，全日制博士研究生奖励3000元/人，捐赠上限为每年5万元，时间为10年。

“从不轻易放弃学习与奋斗是我一生的目标。”这是我县乡贤、浙大迪迅创始人吴善东经常与员工共勉的一句话。吴善东通过自身努力学习，不懈打拼，从我县一个偏远山村走出来，在人生事业的奋斗舞台上收获了令人惊叹的成功，为自己实现梦想铺开一条出彩的轨迹和喜人的前程。

吴善东博士、教授，国家“万人计划”领军人才，浙江省“万人计划”领军人才，杭州市首批“万人计划” 领军人才，杭州浙大迪迅生物基因工程有限公司董事长。

吴善东博士在浙江大学过敏研究中心从事过敏诊断试剂研发和成果转化，他于 2004 年 1 月创立杭州浙大迪迅生物基因工程有限公司，主要从事生物制品、过敏诊断和治疗机制等产品的研发。公司现有教授 8 名（其中国家“万人计划”领军人才 1 名、浙江省海外高层次人才引进计划浙江省特聘专家 1 名），公司拥有浙江省重点科技创新团队、浙江省呼吸疾病诊治及研究重点实验室、浙江省高新技术企业研究开发中心、过敏诊断省级国际科技合作基地四个省级研发创新平台，是国家高新技术企业，2022 年获“浙江省专精特新中小企业”，2023 年获工信部专精特新“小巨人”企业，是浙江大学过敏研究中心成果转化及中试研发基地。

至2023年，公司已承担41项国家省市科研课题，发表国内外论文60余篇，其中 SCI 收录文章 19 篇。拥有核心自主知识产权 66 项，其中国内外发明专利 23 项；至今获得 21 个产品（243 种过敏原）NMPA 注册证书和 109 个 CE 证书，2014 年参与 12 项“常见过敏原抗体国家标准物质”制定。公司获得国家科技进步奖二等奖 1 项，教育部科技进步奖一等奖 1 项，浙江省科技进步一等奖 1 项。浙江省科技进步奖二、三等奖 5 项。

在浙大迪迅公司的发展壮大历程中，吴善东作为领头雁，发挥了核心作用。2004 年至今，他主持和参与 41 项国家、省、市科研课题，发表论文 60 余篇，获得授权专利 57 项，其中国内外发明专利 23 项。

吴善东秉持积极进取、谦虚谨慎的科学态度，凭借优异骄人的科研成果，2009 年获浙江省科技进步奖三等奖 1 项，2012 年获浙江省科技进步奖三等奖 1 项，2012 年获教育部科技进步奖一等奖 1 项，2013 年获国家科技进步奖二等奖 1 项，2014 年获浙江省科技进步奖一等奖 1 项。

吴善东还带领浙大迪迅公司积极开拓海外市场。2015 年 6 月 20—27 日比利时国王及王后对中国进行国事访问，吴善东受到比利时国王菲利普及王后玛蒂尔德接见并签署中比两国的项目合作协议，成功收购比利时 Zentech

S.A. 公司“过敏原总 IgE 和过敏原特异性抗体 IgE 检测试剂盒”500 多种系列产品。

功成不忘家乡情，回馈桑梓赤子心。事业有所成就后，吴善东不忘家乡，怀着一颗赤子之心回报家乡。2014 年 11 月，吴善东被聘为丽水市“引才大使”。多年来，在助力家乡人才引进、乡村建设、招商引资方面给予支持，牵线促进浙江中医药大学与庆元县合作发展中草药种植，助力庆元乡村振兴事业高质量发展，增加山村农民群众收入。2016 年，有孝念远祖先宗之诚意，更为远近游客提供憩息赏玩之便利，吴善东与亲友捐款 20 余万元，在“杉树王”所在的举水乡落岭村莲花山兴建善孝亭，与前来游览诸君共勉，常怀善孝，致善致孝，光大善孝，愿善孝之德成就人间大美。2005 年至 2015 年间，吴善东和族叔吴美根、吴美祥三人先后分别资助落岭村 10 名考上一本大学的学生，鼓励这些大学生发愤图强，学有所成，将来更好报效祖国。他深情寄语家乡学子：“生活是一场漫长的征途，而你才开启了你人生的几小步，生活的困难是暂时的，希望你们在未来的日子里，坚定必胜的信念，脚踏实地，立鸿鹄之志，怀桑梓之念，开创你们学业的辉煌与未来人生。”

爱心孕育希望

◎荷地镇慈善分会

从荷地镇石洋村走出去的胡开国，现在是北京合力永兴科技有限公司董事长。作为在外创业的乡贤，他虽然身在异乡，但长期热心家乡的社会公益事业，心里始终牵挂着家乡的老人、家乡的教育，尽己所能为家乡托起一片蓝天，用爱心孕育希望。

善举成就未来　爱心孕育希望

胡开国在北京从事的是颇具科技含量的工业及矿用监控行业。他的公司是一家集防爆工业监控产品的技术开发、生产和销售为一体的专业性科技公司，也是海康威视与浙江大华的优秀供应商，同时承接了中国建设银行部分区域的系统集成项目。产品广泛应用于石油、化工、军工、航天、航海、交通等领域，以及中石油、中石化的大庆油田、胜利油田、辽河油田等油田及各矿区项目。他依托高校强大的研发队伍，不断推陈出新，“逐鹿”防爆工业电视监控市场，2022 年公司年产值已达 3.7 亿。

笃定信念，怀抱志向走南闯北

“要努力地挖掘自己、激发潜能，准确定位，凭着我们农村人的纯朴真诚吃苦耐劳，你的爆发力与潜能可能会连自己都不敢想像。”胡开国作为一名从荷地走出去的“山里娃”，以自己的亲身经历印证了这个道理。

1974年出生的胡开国，年纪不大，经历却十分丰富。一直向往外面精彩世界的他，初中毕业后，就萌生从商创业的念头，决定告别脸朝黄土背朝天的务农生活，到外面闯荡。胡开国虽然学历不高，但善于学习，勇于开拓，大胆实践，走出了一条自己创业的路子。随着生意越做越大，足迹遍布了湖南、湖北、广州、深圳等各大城市。

克服逆境，卧薪尝胆再挂云帆

事业的发展并不都是一帆风顺，总会遇到困难和挫折。1997年爆发的金融危机，让胡开国重重地摔了一跤，不仅多年的经营成果付之东流，还欠下了近20万元的债务。1999年，不甘就此颓废的胡开国，立下了“死也要再出去拼一次”的信念，筹措了600元路费，一路向北来到了北京。初到北京，举目无亲。他为了省钱，住在又潮又脏又暗的地下室，经历酷暑严寒的考验，承受生意场上各种打击，但这些都没能击垮他。历经了4个月，横跨了6个省，他终于叩开了电子监控行业市场大门。之后的几年，从合资创业到独立单干，他不断开拓市场，电子监控业务遍布全国各地，终于成就了今天的事业。

不忘初心，传承执着回馈家乡

胡开国的成功在家乡引起了不小的轰动。他的传奇故事激励着家人，激励着胡处洋的乡亲。事业蒸蒸日上的同时，他并没有忘记儿时立下的改变家乡的理想，积极致力于家乡的发展。2006年，胡处洋村因台风“桑美”受灾严重，胡开国以实际行动帮助胡处洋的乡亲们，为他们带去关怀。他以个人名义向荷地镇捐款1万元，又挨个向受灾的乡亲们发放慰问金，帮助他们渡过难关。近年来，他又先后投资20余万元，帮助家乡发展公益事业，修路，修桥，帮贫助困，哪里有需要，哪里就有他的援手。2013年起，每年春节期间，他向全村40多位70岁以上老人每人发放500元过节红包，为老人们送去节日祝福，为他们的晚年生活增添温暖。2021年11月，捐赠20万元成立“胡开国奖学助学基金”，用于奖励优秀学生、资助贫困学生。

2022年8月26日，胡开国奖学助学基金在石洋村党群服务中心举行首次奖学金发放仪式，共发放奖学金24700元。19名优秀学子中，硕士研究生3人，重点本科2人，普通本科7人，专科4人，省重点高中3人。发放仪式上，胡开国通过视频深情寄语家乡学子，希望学子们努力学习早日成才，做好爱心接力，成为家乡的反哺者。

“我感动于胡先生情系桑梓，心怀故里，积极支家乡教育事业的善德善举；喜悦于他的慷慨解囊，使并不宽裕的家庭能够减轻一部分经济负担，同时我也深受鼓舞。我深知，获得胡开国奖学助学金不仅仅是一种荣誉，更是一种责任，它给予我们勤奋努力、不断前进的动力，也让我们学会感恩和珍惜。”硕士研究生吴伟琴作为学生代表发表感言，表示要记住恩情，刻苦学习，提高本领，报效祖国，反哺家乡。

胡开国说：“做企业，要有感恩之心。我希望把公司做得更大更强，为社会创造更多的就业机会，并力所能及地做一些回报家乡的事情。”

反哺家乡助振兴

◎隆宫乡慈善分会

2023年4月26日上午，“何英女士爱心救护车”捐赠仪式在市民广场举行。何英向庆元县捐赠3辆救护车用于提升医疗急救水平，这也是时隔2年后，何英再次向家乡捐款捐物，3年来先后捐款、捐物共计500余万元，引起了社会各界的广泛关注和热议。

何英，隆宫乡隆宫村林源自然村人，现为广东爱依服商贸有限公司负责人。该企业是一家集研发、生产、销售于一体的多元化生态发展公司，总部团队超过1500人，线下店铺遍布全国各地，店铺规模已超过5000家。

助力项目建设　引领共同富裕

“无论离家乡有多么遥远，个人成就有多么辉煌，都要记得是家乡的绿水青山和勤劳善良养育了自己，不能忘本，一定要感恩。”这是何英女士经常挂在嘴边的一句话。饮水思源，何英女士常年在外经商，但心系家乡建设，时刻关注家乡发展，积极投身庆元教育、医疗、助困等慈善公益事业。

当何英女士得知家乡要成立属于自己的强村公司后，非常支持，并拿出90万元善款作为全乡9个行政村的集体经济发展入股资金，投到庆元县竹之乡集体经济发展有限公司里，产生的收益由这9个行政村共享。

又得知林源白茶厂政策处理的相关费用一时半刻落实不下来，何英女士即刻协调善款用于项目的用地征收。现在该茶厂已完成厂房建设，全力招商中，不仅为群众在家门口卖茶叶创造了条件，而且还能在家门口为20多名群众提供就业机会。

在外不忘乡亲　助力圆梦通路

林源自然村与隆宫乡政府直线距离仅3.4公里，全村人口近500人。在隆宫至林源的通村公路还没有开通之前，村民进城、进乡必须跨越福建省铁山镇、岭腰乡和本县安南乡，开车至少要耗时1.5小时。2020年，隆宫至林源通村公路开通，让村民告别隔山望乡跨省进城困境，时间缩短到开车40分钟就可以到达。但因资金不足，道路没有硬化，雨天出行仍十分不便。

这条通村公路是林源村脱贫致富的关键道路，在林源村长大的何英深知这条路对乡亲、对林源村的意义。得知2023年该条道路要进行硬化，但有部分政策处理尚未完成时，何英一方面积极协助乡村组织开展项目政策处理，另一方面则慷慨解囊，捐资支付部分政策处理费用。同时，还捐资修建了一个候车亭和一个名叫"合和亭"的景观亭。"小时候，我读书的路上，路边的亭子为我和同学们遮风挡雨，新建这两个亭子，也是希望在路边等车和上山劳作的乡亲能有个避雨的地方。"何英说道。

关爱"一老一小"　守护"朝夕美好"

"老吾老，以及人之老，幼吾幼，以及人之幼"，何英时时关注着家乡老人和孩子情况，她捐资20万元，分别注入林源村慈善爱心基金和隆宫教育发展基金各10万元。其中，林源村爱心慈善基金，用于该村的尊老敬老、奖学助学、扶贫济困等慈善公益活动。

捐赠急救设施　守护生命安全

庆元县辖19个乡镇，最偏远乡村距县城达90公里，因很多地段路况不好，开车时长两三个小时。为提升偏远山区村民患病或遭遇意外的救助水平，减少因救治不及时而留下的种种遗憾，今年 4 月份，何英女士又分别向庆元县人民医院、庆元县中医院和隆宫乡卫生院捐赠高端救护车各一辆，总价值近 300 万元。同时，还为救护车配备除颤监护一体机、转运呼吸机、区域网络心电图机等先进的车载仪器。

何英心系桑梓，反哺家乡，用实际行动履行着她自己“不能忘本，一定要感恩”的承诺。

“笔尖”有温度　公益有担当

——记热心公益、勇担社会责任的“浙江好人”沈世正

◎兰伟香

走进位于庆元县竹口镇浙江久灵笔刷有限公司的办公大楼，董事长沈世正正伏案办公。1951 年出生的沈世正，是庆元县铅笔协会会长、全国铅笔专业委员会委员。曾先后荣获庆元县首届人才突出贡献奖、浙江省优秀企业家、丽水市慈善贡献奖、丽水好人、浙江好人等荣誉。

沈世正是庆元县最早研发、生产和销售铅笔的企业家之一，引领久灵公司承担社会责任，助力公益事业，已累计为社会捐款 300 多万元。

作为一名有着 30 多年党龄的老党员，沈世正一直致力于乡村公益事业，用自己的实际行动默默地践行着共产党人的初心和使命。

“把员工当成自己的家人看待”

在久灵 350 多名员工中，超过 20 年以上的员工占到企业的三分之一，10 年以上的员工占到二分之一。

“久灵就像是我们的家，沈总就像是我们的长辈。”员工曾丽娟这样说，“他从不摆老板的‘谱’，只要一有空就到车间了解生产情况”；“他总是想职工之所想、急职工之所急，热心帮助员工解决困难”……正因如此，公司职工在危急时刻第一时间都会想到他。

2018 年 4 月 3 日凌晨 2 点，一阵急促的电话铃声惊醒了睡梦中的沈世正。

“沈总，不好了！玲玲突然喊肚子疼，好像快生了……”听到电话那头焦急的求助声，沈世正顿时清醒了许多。原来，公司一名怀孕9个多月的员工玲玲突然临盆，但玲玲的丈夫在外地务工，而一起住在宿舍的同事都没有车。

情况危急，时间就是生命。沈世正放下电话，急忙赶到了公司宿舍。此时的玲玲早已疼得满头大汗，手捂着肚子说不出话来。

叫救护车显然是来不及了。沈世正二话没说，赶紧与同宿舍的同事一起把玲玲扶上自己的车，一路急驰，赶到县里的医院。

在医院，他一直等到玲玲的家人赶来。因为送院及时，玲玲顺利产下一个男婴。玲玲母子平安后，沈世正才匆匆离开，此时天边已泛起了鱼肚白。沈世正来不及休息，又急忙赶到公司，因为公司上午还有一份订单等着他拍板签字。

沈世正经常说：“企业就是员工的家，企业家就是员工的‘娘家人’。”他是这样说的，也是这样做的。

“我愿意成为家乡建设的助力者”

在竹口镇三坑村文化礼堂里，许多外出回村的村民在文化礼堂内话家常。说起沈世正，村民都会竖起大拇指夸道：“世正是村里的大好人，不但自掏腰包几十万元关心村里的老年群体，而且还积极发动企业老板朋友圈捐资捐物。”

沈世正总是以自己的力量推动着家乡竹口镇的建设和慈善事业发展。

2014年，竹口的乡贤倡议重建阜梁桥，但最大的难度就是资金筹措。沈世正得知以后，不但主动参与筹备，而且带头捐资10.6万元，同时，积极发动各企业捐款。

2018年3月8日，沈世正当选为竹口乡村振兴发展促进会、竹口镇乡贤联谊会的首届会长，负责竹口乡村振兴发展基金的筹措与使用。基金设立当天，沈世正即以个人名义捐赠爱心公益基金10万元。基金成立4年以来，致力于竹口教育卫生事业发展，已累计投入70余万元，用于奖励竹口教育工作者、医务人员和学生等。

“我愿意成为家乡建设的助力者。”沈世正说，“老师教得好的、学生学得好的，都有奖励，我们还会认真去抓、认真去奖，推动竹口教育事业发展得越来越好。”4年来，竹口乡村振兴基金重奖教育63万元。在乡村振兴发展促进会的助力下，竹口中学中考重点高中上线人数实现从“0”到“20”的突破。

多年来，沈世正一直致力于乡村慈善事业，先后向结对村集体捐助公益经费15万元，助力农村基础设施建设，支持乡村春晚等文化活动开展。连续3年为竹口镇、黄田镇老年协会赞助活动经费，让老人们老有所得，老有所乐。面对镇上村里的困难户、孤寡老人，他都会慷慨解囊，热心帮扶。年届古稀的他，还拿出自己积攒了十年的退休金，给竹口镇11个行政村70岁以上的老人捐赠爱心棉被，累计发放棉被800余套，价值20余万元。

“回报社会是我应该承担的社会责任”

在久灵企业文化长廊中，有一条“回报社会，造福于民”的标语十分引人注目。沈世正常说：“企业的发展，离不开党和国家的政策，离不开社会各界的支持，更离不开员工的辛勤付出！我为大家做一点力所能及的事，是一个企业家应该承担的社会责任。”

2022年6月18日，庆元县遭遇了自有气象记录以来最大降雨的袭击，这场特大暴雨洪灾，让庆元县损失巨大。一场“爱心接力”在菇乡的大地上筑起了“大爱之城”，感动并温暖所有人。

灾后第一时间，沈世正发动庆元铅笔协会“组团献爱心”，浙江久灵笔刷有限公司、浙江鸿星文具有限公司、浙江安益新材料有限公司、浙江欧迪实业有限公司等16家企业共捐赠了100.5万元现金，全部用于庆元县抗洪救灾工作。

这样的捐赠数不胜数

2003年的庆元竹坪“3·26”特大火灾，沈世正带领庆元铅笔行业企业家捐赠大米、食用油等物资3吨。

2006年“8·10”超级台风“桑美”，沈世正率领庆元铅笔行业企业家为灾民捐款50万元。

2008年汶川地震，久灵公司捐款10万元，沈世正个人捐款2万元。

2020年，新冠疫情暴发，在沈世正的带领下，庆元铅笔行业为疫情防控捐款100多万元，其中久灵公司30万元。

沈世正还深入云南大山深处为困难学生献爱心。将自己公司生产的优质铅笔送给西部欠发达地区的孩子们。走进西部山区小学见到孩子们时，他的眼睛湿润了，当场代表庆元企业家们表态，他们要长期大力支持公益事业，帮助这些需要帮助的孩子。

一笔笔数据，体现的是沈世正的社会责任感，彰显的是沈世正的拳拳爱心。

乐善好施　小城大爱

◎吴锦妫

7月27日晚上，我县2024届高考优秀学子分享会在大济慎修堂举行，三位优秀学子分享了他们的学习心得与成长历程，他们的家长也讲述了在陪伴孩子成长过程中的故事。

高考时节，几家欢喜几家愁，优秀的孩子肯定有其优秀的一面，因而这样的分享会很受孩子们及家长的青睐，大家都想从他们身上得到一些启发。100多人把慎修堂挤得水泄不通，为了让更多人得到学习的机会，今年还采取了现场直播的形式，周正旺更忙了，忙前跑后，汗水悄悄浸湿了后背。

自从慎修堂开放以来，这样的高考分享会已经成功举办了3年，菇乡的许许多多学子都深受启发。每年的分享会，周正旺还会自掏腰包给每位优秀学子精心准备鲜花和红包，出钱又出力，他总是乐此不疲，毫无怨言。

3年前，周正旺看到高考上榜的消息，他灵机一动，心想何不邀请高考优秀学子前来开个讲座，让家乡更多学子受益呢？于是，他与教育局副局长叶其森取得联系，叶其森非常赞同这个想法。周正旺开始联系当年的优秀高考学子周宜君，周宜君一听，也非常乐意将自己的学习经验拿出来分享，一切都水到渠成，第一次备受瞩目的高考优秀学子分享会成功开启了。榜样的力量总是无穷的，一双双渴望学习的眼睛总是浮现在周正旺的眼前，他觉得自己当初把慎修堂租来是一件多么正确的事。

一直以来，周正旺想找个地方来作为传播文化的阵地，苦寻多年，未能如愿。2018 年，当朋友告知大济村两委将慎修堂拿来出租的消息时，他正在四川出差，但依然毫不犹豫答应租下来，回到庆元后，他立即着手开始装修。2019年5月，慎修堂开始免费对外开放，县文联把它列为县里文艺活动新阵地，县里的文艺协会从此有了固定的场所，可以常态化开展活动了。这一年，“禅舞”粉墨登场，由于受众不多，周正旺又策划了电影赏析，一群相同爱好的人看完电影后，再交流看法，心灵上产生的碰撞至今还令人难以忘怀。

喝过慎修堂茶水的人，无不赞叹其茶水好喝，淡淡的中草药味，温润怡人。周正旺是位医者，深知一口好茶的重要性，于是每年的端午节，他都要为慎修堂精心准备足够一年喝的午时茶。采摘中草药时间一般为端午节前后，此时中草药生长最旺盛，药力最强、药性最好。每到这时节，他就约上家人朋友一起去山上采摘金银花、野菊花、野桑叶、山苍子、鱼腥草等各种道地中药材，择洗干净后，再将中草药晾干，用柴刀剁成 1 至 2 厘米长的小段，在锅里炒至散发出清香气味的时候，舀出来，放到地上过一下地气，这样午时茶才算做好。每一次的采摘，周正旺都认真对待。

由于工作繁忙，没空打理慎修堂，周正旺干脆雇请来管家专门打理，并坚持免费为所有活动提供场地、茶水，至今已经开展经典诵读、文学座谈等活动近千场。

静默了近两百年的慎修堂里又充满了温暖与活力。

谈到施粥的初衷，周正旺仍然记忆犹新。十年前那个腊八节的早晨，小城已经有了些许寒意，一群老人将熬好的腊八粥一碗碗装好，免费送给路人喝。环卫工人身着橙色衣服，分外显眼，他们喝完热气腾腾的腊八粥，脸上洋溢着开心的笑容，挥舞扫把时更起劲了。此情此景也温暖了周正旺，他瞬间萌生了要熬腊八粥的想法，于是把想法跟诊所里的员工一说，大家立马举手通过。

腊八节前一天，大家伙儿就忙开了，烧火的烧火，洗食材的洗食材，腊八粥的食材一般以桂圆、红枣、莲子、红豆、大米为主。锅内加入足量的水，再倒入食材，等大火煮开后，再小火慢慢熬，经过长时间的熬制，腊八粥变得软糯黏稠，这样就可以出锅了。5000多份腊八粥需要三口大锅同时开煮，一般要熬二三十锅，直到第二天早上，才算熬完。周正旺把施粥点位分布在人口密集的诊所门口、行政大楼、市民广场、早市、大济村，多年来，点位只增不减。随着食材价格上涨，他依然坚持免费发放腊八粥，已经坚持了近十年。

每周三是诊所免费帮老人测血糖的日子，多的一天要测50多份，如果测出血糖有问题，医生还会做好提醒工作。便利的检测为许多老人提供了方便，这样的坚持已经将近10年，刨去人工成本，药剂成本也是一大开支，但作为老板的周正旺却从不干涉。遇到生活困难的老人来看病，周正旺都会免费帮他们看，还吩咐其他医生也这样做，这样的善举赢得了不少好口碑。

柳智慧想起八年前母亲要做心脏手术，面对高额的手术费用，她犯难了，无奈发起了轻松筹。周正旺从军蚁群看到消息，立马捐了500元。素昧平生，却慷慨相助，这份情谊犹如黑暗中点亮的灯光，瞬间温暖了柳智慧，从那以后，她的心里也播下了一颗爱的种子，并付诸实践，开始帮助有困难的人。

在晓美的眼里，周正旺是天底下最好的老板，他从不把自己当老板，都是把员工当家人，因此大家都亲切地称呼他为“旺哥”。晓美清楚地记得，有位员工的父亲生病了，急需一大笔钱，周正旺知道后，立即帮忙联系医院，还主动创建了慈善捐款平台，他自己带头先捐了上千元。这样的事情数不胜数，他总是急员工所急，想员工所想，员工们都看在眼里，记在心上，在正旺诊所工作，总能让人感到非常温暖。

晓美说，员工有事情找他，他从不拒绝，“好，我看一下”“我知道了”，用不了多久，就能收到他把事情办妥了的消息。诊所里的员工基本上都得到过他的帮助，想要感谢他时，他总是说我们是一家人啊，我能做到的事，肯定会做的。好的老板可遇不可求，正旺诊所基本上都是老员工，最老的员工已经在这里工作了 20 多年。

吴礼青是正旺诊所的老员工了，每年正旺都会请大家出去旅游，一切费用全包，泰国、香港、北京……她已经记不清正旺带他们去过哪些地方了。每次出游，整个大家庭都有说有笑，其乐融融。

赠人玫瑰，手有余香。周正旺也不知道自己到底帮助了多少人，做了多少好事，他从不记在心上。他对所有人都很大方，唯独对自己很苛刻，衣服鞋子已经穿了好多年，衣领处都已经泛白了，他却说还能穿。

“我就是遵从内心的想法，做点自己想做的事情，通过自己的一点微薄之力来推动庆元的点滴发展，这样我就觉得很有意义了，真的没做什么慈善的事。”周正旺一脸真诚地说。

做好事难，一辈子坚持做好事更难，但周正旺一直在坚持着。正是有了像周正旺这样一群乐善好施的人，我们的家乡才越来越美，菇乡大地上谱写出了一曲曲至善至美的大爱篇章。

吴继忠的慈善样板

◎叶彩玲

身在他乡的游子，深深热爱生养自己的那片故土，心系家乡，如何将这样的思念化作力量，将心中的眷恋成就梦想？庆元县荷地镇荷地村乡贤吴继忠向大家提交了一份充满人间大爱的慈善样本。

——题记

这是一座海拔1000多米的高山小镇，外出人口众多，素日里宁静清幽。除了春节，那就是清明节这样一个慎终追远的传统节日，才会迎来熙熙攘攘人声鼎沸，这里是庆元县东部高山小镇——荷地镇，镇政府所在地名叫荷地村。2023年，是荷地村一群有志之士将有“中国感恩节”味道的清明节定为荷地村慈善公益日的第三年，荷地村乡贤从祖国的四面八方赶来，扫墓祭祖，同时开展公益日一系列活动，如清明食堂、慈善公益捐、清明圆桌会等。

吴继忠提前从宁波回到了家乡荷地，作为荷地村慈善爱心基金·莲心协会常务副秘书长，回忆起当初成立这个基金，仍记忆犹新：“2018年初，我和同村在外经商的吴飞、吴积铨、吴新建、黄业文等乡贤开始为家乡酝酿筹建荷地村慈善爱心基金，经过多次的沟通谋划，2018年8月6日，荷地村慈善爱心基金挂牌成立。当时我和吴飞在北仑经常会组织和参加一些公益活动，所以提起为家乡荷地做慈善公益更是热血澎湃，乐此不疲，在多方发动宣传下，得到家乡人民的大力支持。从筹建初期吴飞、吴新建、吴积铨三人率先共同捐款10万元后，至2018年12月，全村95%人员参与了慈善爱心基金，募集善款近50万元。为更好地开展慈善公益活动，我建议向县民政局注册成立了荷地村“莲心协会”志愿组织，在村里设立义工志愿队伍，这以后，我们村的慈善事业步入了正轨。”

2018年8月—2022年年末，四年多来，奋斗在全国各地的2400多位荷地村同胞以村慈善为平台，热情捐赠善款80.98万元，助力优秀学子94人，共发放奖学金8.2万元，敬老798人次，用于敬老资金20.3万元。荷地村村民已然形成向上向善、共建共享的村风，拥有“人人做慈善、慈善为人人”的美好氛围 。

荷地村村旁有座叫大山的山峰，海拔1200多米，这里怪石林立，杜鹃满山，山脚下还镶嵌着高垟和大山两个人工湖泊，青山绿水，景色醉人，可是这样的旖旎风光，却因为去往山上的路难走挡住了游人的步伐，村民们觉得挺可惜。其实通往山上是有路的，名字还挺好听，叫仙岩云岭，它既是原有古道的延伸，也是联结大山、湖泊、杜鹃花海的关键，总长度近1400米。2017年村里想要修建“仙岩云岭”游步道，吴继忠一听到这个消息，积极对接，以自身多年的公益活动经验，通过各种渠道募集资金9万元，同时又争取到北仑区慈善总会配捐善款5万元，为这一众筹项目顺利完工作出重大贡献。在村里组织建设的黄月华、吴积珠在吴继忠的支持下信心倍增，村民们也纷纷投工投劳、捐钱捐工，自发修筑游步道，现如今，“仙岩云岭”游步道已经完成水泥路800多米，石阶500多米，山顶和山腰各修建了一座凉亭，游步道的修建，不仅方便了村民上山劳作，也方便了游人游览仙岩云岭景。

如果认识吴继忠只是因为他是一名热心肠的乡贤，那未免过于狭隘了，在吴继忠的身上，还有许多耀眼的光环。十多年前，吴继忠举家搬迁到了北仑，成了一名“新北仑人”，目前是宁波市丽水商会公益慈善服务中心副主任，中国输血协会红色力量丽北分队队长。2018年5月，吴继忠组建了北仑区红色力量丽北（丽水—北仑）分队（后改为中国输血协会红色力量丽北分队）并担任队长至今，团队注册队员200多名，坚持每月至少组织一次无偿献血活动，据不完全统计，他已经成功组织无偿献血活动49场次，他和他的团队共捐献血小板520u、全血超6万毫升（合计献血17万余毫升），其本人捐血117次，合计献血量26200毫升，本人志愿服务1200多小时……

作为队长，吴继忠不仅承接各种志愿服务，同时组织慈善义工培训，他还是“宝贝回家”浙江群的群友，全力帮助被拐孩子寻找亲人；多次发起困难群众爱心众筹项目，为困难群众雪中送炭。他本人已经完成了“造血干细胞入库”，填写了“角膜捐献登记卡”“中国人体器官捐献登记表”……

如果说吴继忠只是自己热爱奉献，那又狭隘了。他和他的团队还不断向身边的亲友、老乡、同事、民众等科普无偿献血的一些专业知识和政策，吸引了更多的爱心人士参与其中。吴继忠的妻子陈金女受他影响最大，对公益事业的热情也非常高。吴继忠积极与宁波市中心血站和北仑血液管理中心保持密切联系，按照实际需要和总队要求有部署开展工作。不仅如此，在上海世博会等多项国际性会议开展期间，带领团队曾先后16次赴上海参加无偿献血，展现了一名无偿献血者乐于助人、无私奉献的高尚情怀。他每个月要捐献两次血小板，到了点就要去献，在宁波就在宁波献，回家乡庆元就在庆元献，到其他任何地方都会随时随地去献，用他自己的话说“走到哪就献到哪，走多远就献多远”。

吴继忠热心公益，无私奉献，他也因此获得了许多荣誉和奖项。他先后获得全国无偿献血奉献金奖两次、银奖一次、铜奖一次；浙江省2019年—2021年无偿献血奉献之江杯奖；浙江省2012年—2015年无偿献血奉献奖；中国公益网评2018年度先进工作者；2016年3月在浙江省“万朵鲜花送雷锋”活动中被百姓评为身边的活雷锋；2022年度“北仑好人”；2023年第一季度

“丽水好人”……一块块一本本一座座奖牌奖状奖杯堆满了吴继忠家书房的一角，如果要一件一件陈列，简直能摆满一个房间。可是他却说：“我很珍惜来自社会对我的肯定和鼓励，但是，这些只是过去。我更是一名共产党员，同时是一名志愿者，许多志愿服务活动的组织者，这些都是我该做的事。”

因为公益，也让吴继忠更加清楚地认识到，作为一名党员在日常生活中该如何发挥先锋模范作用。同时，吴继忠也认识到，学海无涯，要想不被社会淘汰，就要紧跟时代步伐，不断学习，不断实践，进一步夯实乐于助人、无私奉献的根基，用实际行动书写他的充满人间大爱的慈善样本。

用生命守护生命

◎庆融媒

2010年春节期间，菇乡大地到处都在传诵一个感人至深的事迹：一位年轻的母亲，为了营救自己的孩子，以身挡火，献出了自己宝贵的生命。

这件事发生在五大堡乡杨楼村，刚刚30岁的吴建菊面对凶猛的火魔，放弃了第一时间逃生的机会，把孩子抱到了离大火较远的窗台上，毅然用血肉之躯挡护住孩子，等到施救人员来救时，她却掉入了熊熊烈火之中……

她6岁的儿子吴云天被成功救出，并第一时间送往医院治疗。因为火势迅速蔓延，尽管吴建菊用自己的身体遮挡大火，但小云天还是被重度烧伤，左臂全臂需截肢，一只眼睛失明。经医生初步估算，医疗费用需20多万元。一方有难八方支援，面对这一家的不幸遭遇，菇乡人民纷纷伸出援助之手，上演了一幕幕动人的爱心接力……

母爱让他躲过火魔的吞噬

2010年2月14日，大年初一，当人们还沉浸在春节的欢乐中时，一场灾难却悄然降临到吴建菊家中。当天下午2时许，吴建菊家中突然起火，由于是木制结构的板房，火势很快蔓延，顷刻间，整座房屋已陷入火海。此时，吴建菊和儿子吴云天被困二楼，她放弃了第一时间逃生的机会，转身抱起儿子一起逃跑。可是已经晚了，木制的楼梯已经被烧毁，逃生的通道只剩一扇小小的窗户。

吴建菊冲向窗边，使劲地推着窗户，可是窗户的木框死死地嵌在泥墙中，中间又有非常结实的钢筋挡着，凭她的力气根本无法打开。此时，大火已经烧到了二楼地板，吴建菊一边呼喊“救命”，一边继续推击窗户，想要打开这扇生命之窗。

当时，吴建菊的大嫂正在附近，她是第一个知道火情的人。她推开了大门，里面的情景让她不禁吓了一大跳，整座房屋已陷入火海，凶猛的火舌正向大门口扑来，她不得不退出门外。旁边有人问她：“你爸家怎么没人就起火了？”她哭喊着说：“里面还有我的侄子和弟媳呢！”她转身来到了侧面的窗户下，果然看到一双小脚露在离地面近 7 米的窗户上。她连哭带跑在道路上大声地喊着：“救命！”54 岁的吴春宝大叔是第一个赶到救援的人。他找来了一把木梯，顺着木梯爬到窗户口，一把抓住了吴云天的小手。透过窗口他看到，吴建菊已是全身着火，但仍然坚强地做着护子的姿势，用她的血肉之躯挡住凶猛的火舌，将孩子死死地护在怀里，为孩子最后得救赢得了宝贵的时间。

火越烧越大。就在这时，只听“轰”的一声巨响，大火烧透了二楼的地板，红光一闪，吴建菊随即掉入火海之中，迅速被熊熊烈火吞没。面对凶猛的大火，她用血肉之躯坚持到了最后一刻……

村民的爱为他打开生命之门

第二位赶来的村民吴高珍，想要通过后门去营救孩子，可是大火封堵了他的去路。他随手从后厢房中找来了一把梯子和一把铁钎，架着楼梯他也来到了孩子所在的窗户口。

失去了母亲的保护，孩子的身体直接暴露在大火之中，大火已直接烧着了孩子。小云天的后背、左臂逐渐被烧焦。

被大火烧灼的小云天不停地挣扎，如果吴春宝放手的话，那么小云天随时都有可能掉入火海中。而吴春宝的手也已经被火烧伤，灼热的痛刺激着他，可他却更加用力地抓着。他说："不能让孩子的母亲白白牺牲，一定要救出孩子。"此时，吴高珍正一钎一钎地砸着窗户周围的泥墙。站在窗户下的村民向上递水，由吴春宝大叔向窗户里面泼水。火越烧越大，一分一秒的时间都显得那样的珍贵。在众人的努力下，窗户终于被撬开了，吴春宝和吴高珍连人带窗将孩子救了下来。村民们冒着生命危险，争分夺秒努力施救，为孩子打开了生命之门。

虽然得到了母亲的尽力庇护，但小云天仍被大面积烧伤，脸部、背部和手臂都已被烧得露出了白骨。吴高珍连忙脱下衣服将孩子包裹住。村民火速开车将孩子送往县人民医院。

社会各界的爱让他重获希望

由于伤情过重，小云天又辗转到了温州医学院第一附属医院，经医院检查鉴定，吴云天属重度烧伤，左臂全臂需截肢，一只眼睛失明，初步估算医疗费用需 20 多万元。

吴云天的父亲一直在外打工，经济来源不稳定，家里还有 75 岁的爷爷，家庭经济困难。

房子被烧毁，女主人被烧死，孩子烧伤的治疗费用高达 20 多万元，对于这样一个贫困的家庭来说，无疑是雪上加霜。面对仍处在危险期中的小云天，家人们每天以泪洗面。

水火无情，人间有爱。当得知这样的消息后，五大堡乡党委、政府高度重视，随即通知全乡干部职工召开紧急会议，取消春节假期，全力开展救治吴云天捐助活动。

五大堡乡组织成立了现场善后组、医疗救助组。大年初二，拯救小云天的火炬在杨楼村点燃，村民们纷纷踊跃捐款，一天的时间，就筹得了善款 2.6

万多元。听闻灾情后，联系五大堡乡的省外事办随即捐款2万元。

2010年2月16日，大年初三，寒风挡不住爱心的火焰。在石龙街十字路口和市民广场，设立了两处爱心捐助点，五大堡乡干部职工带头为小云天捐款，100元、200元，无数的爱心在捐助点前汇聚。吴建菊舍身救子的事迹感动了无数的路人，他们也纷纷慷慨解囊。

大年初三至初六，五大堡乡干部职工每天走上街头为吴云天募捐，见证了一幕幕感人的情景。一位广告公司的老板，因过年停业，一听说这样的事，连忙重新开业，连夜做出了多条募捐横幅，并捐款1000元；一位不愿透露姓名的市民，第一次捐了1000元，又在初七上班第一天送来了3000元……在短短几天时间里，捐款就达到10.2935万元，并及时转到了温州医学院附属第一医院。

爱心接力仍在继续

2010年2月20日，在五大堡乡乡长吴建华的带领下，部分五大堡乡干部职工来到温州医学院第一附属医院看望慰问吴云天及其家人，将其中的4万多元善款交到了吴云天家人的手中，把全县人民的爱心传递到了他们心中。并希望他们能够忘却伤痛，全力救治孩子。

目前吴云天正在进行基础性治疗，治疗情况良好，已经会开口喊“爸爸”了。据吴云天的主治医生介绍，将于2010年2月24日安排第一次手术，今后还将安排多次不同的手术。

吴建菊用生命守护生命，谱写了一曲感天动地的母爱赞歌；菇城大地的爱心接力，为小云天点燃了重获新生的希望。

“中国好邻居”奉养孤独老太20载

◎晓　红

承诺：等我建好了房子就接你到我家住

2019年10月25日中午，在庆元县城的一间民房里，一位年过半百的女子正在用勺子小心翼翼地喂一位瘫痪在床的老人吃馄饨：“小心烫，吴阿姨，这馄饨皮薄、新鲜，您慢慢吃。”女子叫蒋增美，老人叫吴珠鹤。

33年前，21岁的蒋增美结婚没几天，便和丈夫一起，背着分家时分到的十几斤大米，来到庆元县城租了间房子，开始人生打拼。房子隔壁，租住着年近六旬的龙泉人吴珠鹤。作为邻居，性格开朗的蒋增美很快和吴珠鹤认识了。闲聊中，蒋增美得知吴珠鹤婚姻家庭不幸，她从庆元县贤良镇供销社退休后独自居住。蒋增美对吴阿姨的遭遇深表同情，此后家里有好吃的就往她那里送。

一年后，蒋增美的第一个女儿出生，吴珠鹤如奶奶一般，在蒋增美坐月子期间帮这帮那。孩子断奶后，蒋增美想出去打工挣钱，无奈孩子无人照管。这时吴珠鹤主动提出：“增美，如果你信得过我，就把孩子交给我看管吧。”蒋增美自然信得过吴阿姨，不过有些不好意思让人帮忙，就说：“吴阿姨，要不我雇您当保姆，每月给您点儿钱。”吴珠鹤坚决拒绝收钱，说：“我们能做邻居是缘分，你这么说就见外了。你尽管干活去吧，我反正在家闲着也没事。”就这样，蒋增美把孩子交给吴阿姨照顾，自己跟着丈夫一起早出晚归，开始打工。她把吴阿姨的好记在心上，在生活方面尽可能多地帮她，晚饭也经常喊她过来一起吃。

一天，蒋增美看到吴珠鹤情绪低落，脸上还有泪痕，连忙问：“吴阿姨，您怎么了？”原来，房东说吴阿姨租住的房子有人出高价来租，要她搬走。其实就是房东见吴珠鹤年龄大了，不愿意再继续租给她。蒋增美听了也很难过，可找房是第一位的事，她当即放下手中的活儿，帮吴珠鹤寻找新的房子。她们接连找了四五处地方，要么价格谈不拢，要么房东直言不租给老人。两个多月后，蒋增美终于在城郊为吴珠鹤找到了房子。搬家那天，她雇了几辆三轮车，叫上丈夫，帮着吴阿姨运送家具。临分别时，吴珠鹤恋恋不舍，眼里有了泪光。蒋增美也鼻子发酸，安慰老人说会经常来看望她，并让吴珠鹤有事一定找她。

一年半后的一天，吴珠鹤给蒋增美打电话，说她的房东提出涨价，还无端挑她的毛病，她忍不住与房东争辩了几句，又被赶了出来。蒋增美连忙安慰老人，又一次陪着她到处找房子。很多人怕担风险，都不愿意把房子租给孤身老人。她们找了不少地方才找到一处出租房。多年相处，蒋增美在心里已经把吴珠鹤当成自己的亲人，看着她一次次搬家折腾，很是心疼，便对吴珠鹤许下承诺：“租房子住不安定，您找房又困难，我和老公打算建一栋房子。等我建好了房子，就接您到我家住。”听到这句话，吴珠鹤说了声“谢谢”，但她并没往心里去。

践诺：新房腾出一间给老人住

要建一幢新房子，谈何容易！蒋增美夫妻俩拼命打工挣钱。2000 年 6 月，他们终于攒了 10 万块钱，又向亲戚朋友借了一些，在县城濛洲西路买了块地皮，打算建房子。为了少雇两个工人，省些工钱，夫妻俩亲自上阵，和民工一起挑水泥、搬砖头。一天，蒋增美累倒在工地，丈夫连忙把她背进屋里，使劲掐她的人中，才把她掐醒。丈夫要送她去医院，蒋增美却说："不用去，我没那么娇气，歇一会儿就好了。"

盖房子的时候，泥水师傅按照施工图，建议蒋增美把楼梯往后面挪一点，这样临街的房间面积更大，可以出租给商家。可面对这个利己的方案，夫妻俩直摇头。因为他们早打算好要在一楼的后半部腾出一间房子给吴阿姨住，面积不少于 20 平方米，旁边还要配个卫生间和淋浴房，给老人提供方便。如果把楼梯往后挪，吴阿姨住的房间就太小了。

到了年底，一幢四层楼房终于竣工并装修完毕，蒋增美疲惫的脸上露出了欣慰的笑容。春节前夕，她雇了辆车，和丈夫一起前往吴珠鹤的租房处接她。听闻夫妻俩说明来意，吴珠鹤简直不敢相信自己的耳朵，瞪大双眼问："增美，你……这是真的吗？"蒋增美笑嘻嘻地说："吴阿姨，这个年我们一起过，以后每个年我们都一起过！"吴珠鹤听了特别激动，嘴里不停说着"好"，眼里不由自主流出了泪水。

"我和增美没有任何血缘关系，就是以前租房住在隔壁的时候，帮她带过孩子。"老人感慨地说，"想不到增美夫妇有心了，这么多年过去，还记得我这个老太婆，记着当年说过的话。我以为她当时只是随口说说，没想到是一诺千金！"

吴珠鹤说，自己长年在外租房，随着年龄增大，心里越来越恐慌，怕房租涨价，怕房东赶人，怕搬家折腾，更怕租不到房子。她说，她虽有退休金，但除去房租、水电，所剩无几，只能维持基本的生活；况且她年纪越来越大，身体状况也越来越差，一旦生病，身边连个能帮忙的人都没有。一次，她患重感冒半夜发高烧，好不容易挨到天亮，可浑身乏力，根本起不了床。无奈之下，她只得打电话给蒋增美。蒋增美闻讯后很快赶到，把她送进了医院。"我住院 6 天，增美在病床边陪了我 6 天。洗脸、梳头、打饭、陪夜……一步不离照顾我，还垫付医药费，帮我清洗家里的床单和衣服，真是跟亲闺女没啥区别。"

提起往事，吴珠鹤满怀感激。

守诺：把老人当母亲一样敬奉

来到蒋增美家的新房，吴珠鹤住进了阳光充足、宽敞明亮的房间。想着自己今后再也不用担心被人驱赶了，她老泪纵横，对前来看热闹的邻居说，这辈子遇到蒋增美夫妻是她最大的幸运！从此，吴老太成了蒋增美家的一员。每次开饭，蒋增美总是让女儿盛上第一碗饭给“奶奶”；每天早晨上街，蒋增美都会问一下老人“今天想吃什么”。“增美一家人都对我很好，增美经常帮我洗衣服、打扫房间、带我看病；她的两个女儿一口一个‘奶奶’叫得很甜，有好吃的都先送给我吃。”说起在蒋增美家的生活，吴老太笑逐颜开。

入住三个月后的一天晚上，吴珠鹤突然叫过蒋增美，从衣袋里掏出 1000 元钱交给她，说是三个月的房租，无论如何要她收下。蒋增美先是一愣，接着嗔怪道：“吴阿姨，你这是干啥呢？你把我当外人了。要说钱，我还欠着你给我带孩子的钱呢！”蒋增美假装生气，让她把钱收回去。这虽在吴珠鹤的意料之中，可老人有点倔，坚持要给。她想蒋增美夫妇为建新房肯定欠有外债，自己交点房租，也算是为他们尽点力。然而，蒋增美哪里肯收啊！她说：“吴阿姨，这钱我是肯定不会要的，你都存起来，留着养老。”看蒋增美是真的不肯收，吴珠鹤只得含着热泪妥协了。

这么多年，蒋增美早就把吴珠鹤当成了母亲。自己母亲有的，吴阿姨也不会少。逢年过节，她给自己母亲买新衣服和营养品，也会给吴阿姨买同样的衣服和营养品。2008 年，他们拍全家福，蒋增美安排吴阿姨和自己母亲一起坐在第一排的正中间。在吴珠鹤的房间里，西洋参口服液、牛奶、小面包和她爱吃的水果等从来没有断过，她床上的床单也干净整洁。“房间里的好多东西，都是增美给我安排的。”吴珠鹤笑吟吟地说。

蒋增美的邻居姚秋兴是一位理发师，她说：“天晴时，增美会把老人带到门口，为她洗头，动作很轻柔，连我这个理发师都自叹不如。”

其他街坊邻里也对蒋增美一家赞不绝口：“他们一家刚搬进新房，就把老人接来一起住，细心照顾着。我们开始都以为那是增美的母亲，后来才知道不是。他们心好，对我们都很热心，是难得的好人啊！”

笔者采访时，蒋增美刚倒好一杯开水。等水温稍凉，她从抽屉拿出两个药瓶，倒出三粒蓝色药丸和一粒红色药丸，递给吴珠鹤让她服用：“她患有高血压、高血糖，每天得按时吃药。老人记性不太好，以前经常忘记吃，我不放心，每天到点就下楼提醒她吃药。”而吴珠鹤说，不仅仅是平日服药，就连一日三餐，都是增美做好，趁着热乎赶紧送到她的卧室。

在蒋增美的言传身教下，孩子们对吴珠鹤也特别照顾。一天，蒋增美的女婿专门给老人买了 10 盒黄芪生脉饮和两盒阿胶，让老人激动不已：“我不仅享增美夫妻俩的福，还享晚辈的福，我这个老太婆真是太幸福了！”

2018 年底，蒋增美听说自己被评为浙江“十大孝贤”，荣入“中国好人榜”，很有些难为情：“这算啥呢，我也没做多少事，只想着把婆婆照顾好。”

如今，吴珠鹤已 91 岁，身体大不如前，一生病就得去住院。蒋增美两年来先后 4 次带老人去医院，两次住院达一个多月。眼下老人以卧床为主，生活难以自理。每天早晨 7 点，蒋增美上街为老人买回她最爱吃的小笼包子，然后替她洗脸，再撕开小笼包一口一口地喂老人吃。她说：“我现在哪儿也不去，一心一意照看老人。我们会一直照顾吴阿姨，给她养老送终！”

我们这个社会充满了爱心

◎吴建军

2008 年 5 月 7 日，丽水市慈善总会会长徐仁俊专程从丽水赶赴庆元给吴火菊送去了 1 万元爱心款，庆元县有关部门送去了 5000 元困难补助金，并将其家庭列入低保，作为特困村民纳入廉租房救助体系，给予特殊的困难医疗补助。乡、村干部送来了慰问金，好心的邻居送来了衣物，素不相识的市民送来了大米和生活必需品……

吴火菊，这个在 2008 年一场火灾中勇救隔壁两个小孩的农村残疾妇女，奉献出自己的爱心，自己的家当被烧毁了，却也因此收获了全社会的爱心。

浙江省“十大最感动您的民工”、“浙江省自强模范”、第七届“丽水市优秀青年”、“丽水市三八红旗手”……在丽水市首届“十大爱心人物”的层层评选中，吴火菊榜上有名。

面对这些殊荣，吴火菊却很坦然。她说，救出隔壁邻居的两个小孩，是很平常的一件事，却让她得到全社会关怀和爱心。让她深深明白：我们这个社会是个充满爱心的社会！

壮举感动浙江大地

吴火菊的老家在庆元偏远的百山祖乡斋郎村，她的丈夫远在贵州打工。2005 年，为了生计和小孩上学，吴火菊带着孩子搬到了县城，租住在溪沿路的一间民房。由于吴火菊患有严重的类风湿关节炎，行动不便，每天只能在家做点串棉球的来料加工手工活，一天串下来，能挣个十几元钱。

吴火菊租住的这幢两层砖木结构的民房内，平时住着 4 户人家，吴火菊一家和另一户人家住在二楼。

2008 年 5 月 2 日，上午 10 点左右，经过的路人突然发现，这幢房子起火了，浓烟从窗户里冲出来，火舌吞噬房间，煞是凶猛。当时正在家里干活的吴火菊，还不知道着火了。

“我知道的时候已经过了一会儿了。我隐约听到隔壁房间里，有两个小孩子在叫喊，听声音，似乎很焦急。”吴火菊说，邻居家和她家只是用木板隔开的，邻居有个 8 岁的女孩，还有个 6 岁的小男孩。

吴火菊赶忙扔下手头的活，去看个究竟。“一出门我就发现起火了，当时风特别大，火一下子就蹿了起来。”吴火菊说，“我听到两个小孩叫喊着，‘阿姨、阿姨，快开门’。”

吴火菊急着去开门，可脚下却怎么也快不起来，严重关节炎让她平时走路都有些困难。

“我自己的小孩也很小，就叫自己的小孩去通知其他人。后来，我好不容易挪到门前，才发现邻居家门外上了一个挂锁，两个孩子被锁在里面了。”吴火菊也吓傻了，但是本能告诉她：快救人！

怎么救？一个手无寸铁、身有残疾又缺少救火技能的农村妇女一下子慌了神。用脚踹，踹了两脚，这法子根本行不通，连走路都困难的人想要用脚踹门的确不是个办法；找东西砸，胡乱找了样东西，可是那手已经使不上劲了……怎么办？

幸运的是，两个被锁在家的孩子，找到了一把门钥匙。吴火菊赶快让孩子把钥匙从门缝里递出来。打开房间时，屋内已是火光滔天，浓烟弥漫。

救出两个小孩后，火势已经蔓延到了吴火菊家。想起自己空着双手出来，她急得想冲进去抢东西。此时，闻讯赶来的人见状把她拦下说："人跑出来就好了，千万别再回去。"

看着家当被大火吞没,吴火菊失去了救人时的力量和勇气,顿时瘫倒在地，号啕大哭起来。在那大火里，有她家里最值钱的彩电、影碟机，还有藏在柜子里的600多元钱，那是儿子下半年上学的生活费……

壮举赢得爱心如潮

这场火灾，让吴火菊所有的家当付之一炬，也让她成为了救人英雄。火海勇救儿童的义举很快经过多家媒体传向四面八方,吴火菊感动了庆元人民，感动了丽水人民，也感动了浙江人民……

时任庆元县县长杜兴林亲自慰问了吴火菊，并要求相关部门负责人做好当前的救急工作，将吴火菊一家纳入政府住房保障体系，尽快帮助吴火菊一家恢复正常生活。该县有关部门特事特办，在有限的房源中腾出了一套直管公房安排给吴火菊一家居住，并减免了2008年度租金。该县有关部门还给予吴火菊困难补助5000元，把她家列入低保，免费享受新型农村合作医疗，并纳入政府廉租房保障体系。吴火菊所在的乡、村干部送来了慰问金，好心的邻居送来了衣物，素不相识的市民送来了大米和生活必需品。

在杭州举行的2008年"和谐中秋我们都是一家人"大型公益活动上，吴火菊的行为感动了所有人，从近30名候选人中脱颖而出，被评为浙江"十大最感动您的民工"。还有同在杭州举行的"通信惠及残疾人，牵手走进残奥会"——浙江省万人爱心传递大型公益活动启动仪式上，吴火菊的故事再一次感动现场嘉宾和观众。省政府残疾人工作委员会特别授予救人英雄吴火菊"浙江省自强模范"荣誉称号。

副省长陈加元在《浙江日报》上看到吴火菊火海救儿童的事迹报道后，也深受感动。他作出了"残疾妇女火海救人的义举，实在令人感动。请省残联派员慰问，有困难尽可能帮助解决”的重要批示。

吴火菊是一个平凡的农村妇女，因为她的义举，因为她献出的爱心，让她收获了更多的爱心。我们在吴火菊的事件上，看到的是一份爱心引发出的爱心潮。

慈心献大爱　善行暖人间

◎陈永生

庆元自古以来就有无数的慈善人物，有无数的慈善故事。我身边就有一个乐于慈善公益的人物——县政协委员、市道教协会常务理事杨晓荣。

慈心是一泓出现在沙漠里的泉水，使濒临绝境的人，重新看到前进的希望

杨晓荣生活在“积善之家”，自幼耳濡目染，受到良好的家庭教育。在庆元中学读初三时，他不仅成绩优异，还乐于助人。

一天课外活动，同学们相约到孔庙外的杉刺潭去游泳，而蔡段村的吴鹏福同学水性不够好，却好高骛远，一下子游进深水区，眼看动作反常，呛水、下沉。说时迟那时快，杨晓荣凭借小时候练就的高超泳技，迅速游去，反手抓住溺水者，在姚廷飞等同学的帮助下，才把吴鹏福从潭里拉出来，避免一场重大事故发生。

在丽水卫校读书实习时，有一天，一位妇女正准备去住院部收费处结账付钱取药，突然发现身上所有的钱被扒手偷了，正在哭天喊地。

杨晓荣闻讯后，一边安慰，一边主动拿出5元钱给她，才让她为儿子办好出院手续。也许有人认为5元钱不算多，要知道当年见习学生一个月的津贴总共才9元呢，5元钱分量有多重，由此可见他的爱心有多么大。

几天后，这位农村妇女手里拎着两瓶山茶油，来到地区医院寻找杨医师。

有人告诉她，杨医师不是医院职工，而是卫校学生。她就找到卫校领导，说明原委，卫校在全校师生大会上表彰助人为乐的杨晓荣。

卫校同班的庆元籍同学姚德龙得了病毒性心肌炎。杨晓荣陪同他一起看病、治疗，天天为他洗衣、打饭，无微不至照顾他，俩人从同乡、同学成为知心朋友，感情瞬间提升至亲兄弟一般，直到现在依然如此。

善行是一曲回荡在耳边的歌谣，使孤独无助的人，重新感受到人间的温暖

1987年初，杨晓荣从上海第二医科大学口腔医学院进修学习，刚回庆元医院工作不久，有一天，急诊室来了一位一周岁的女婴，整个面部、下颌肿胀明显，高烧40度，不省人事，小生命处于极度危险的状态。婴儿的母亲凄惨哭喊着。值班医师感到很棘手，意识到问题的严重性，急忙去请杨晓荣来会诊。

经过仔细检查，杨医师很快作出诊断，女婴属颌面多间隙感染，伴败血症。如果不立即手术，必有生命危险，若转上级医院，时间不允许，迅速请来院长叶明勤会诊，并汇报了病情的严重性，叶明勤果断处置，当场签字，让杨医师马上做急诊手术。女婴的手术非常成功，加上科学合理的术后治疗，没多久就治愈出院了。

同年深冬的一天夜里，天特别冷，人们都熟睡了，突然有人在敲杨晓荣的家门。原来，南坑村一位年轻妇女，丈夫外出福建做香菇了，留她一人在家带女儿。早几天，她感觉牙齿痛并没有重视，后来发展成整个面部及下颌肿胀，病情越来越严重，人已开始昏睡。邻居只得叫她小叔用手拉车连夜送医院，深夜才送到。杨医师得知情况，二话没说就赶往医院。

经杨医师全面检查后，确诊为“颌面部多处蜂窝组织感染，已向颅内蔓延，并出现严重的败血症”。此时，病人处在休克状态。时间就是生命，不能再拖延了，必须做急诊手术。可是，那位小叔身上只带100多元钱，要住院手术，这点钱怎么够？为了救人，情急之下，杨医师亲自联系手术室先办手续，费用由他来担保。

由于杨医生诊断正确，手术及时，妇女术后恢复很快。出院结账时，考虑到妇女家庭困难，杨医师还为其申请减免了急诊手术费用，只收药费和材料费。

1988年夏天，淤上乡坑口村的一位农民，在山上伐木时，不慎被大树刮倒，从高处跌落，以致身上多处骨折，在外科住院治疗。但是，一周时间了，伤者仍滴水未进，仅靠挂盐水维持生命，一直处于昏迷状态之中，面部肿胀严重，明显变形，家人十分担心。

一天，医院请杨晓荣参与这个伤患的会诊。杨晓荣诊断其为“颌骨骨折，加颅底骨折，伴脑组织挫伤”，病人立即从外科转入口腔科病房。杨医师立即主刀为伤患做了手术，术后病人各种症状明显减轻，人很快就苏醒了。经过精心治疗，病人一个多月后出院，经进一步理疗，不久就康复了。

1996年正月，杨医师已经离开医院自己开牙科诊所三年。有一天，他去县中医院探望一位病人，偶然看到同病房的一位女青年面部伤情严重，住院一周，仍不见好转，出于职业敏感便上前向其家属询问病情。原来，病人正在新婚蜜月期，下乡去舅舅家拜年，夜里上厕所不小心从二楼摔下。

杨医师当场给她做初步检查，凭借多年的临床经验，发现上下颌骨多处骨折，颏骨粉碎性骨折，并且严重移位，如不及时手术，可能日后面部要严重变形，必然影响容貌。这样，叫一个年轻少妇将来如何生活？

天性善良的杨医师，出于医师的职责以及同情怜悯之心，不怕担风险，找来中医院口腔科主任叶长武和院长陶云海，讲述了病情的严重性及可能留下的后遗症，自己虽然能够做这个手术，但已是个体医生，不方便上手术台，在征得院领导及病人家属同意后，决定由自己出面请市中心医院口腔科主任张继刚来庆会诊，然后转到丽水做分期手术。由于手术及时，治疗效果非常满意，病人基本上恢复了原先姣好的容貌。

出院后，杨医师才知道她叫吴士凤。因吴士凤多颗牙齿也被损坏，杨医生还为她被损坏的牙齿做了全面修复，恢复了她正常的饮食功能。

公益是一道飞架在天边的彩虹，使满目阴霾的人见到世界的美丽

杨晓荣始终坚持淬炼心智，净化心灵；始终坚守一个观点——“舍得舍得，有舍才有得”。

为了培养家族人才，他拿出专款，开设专户，成立家族奖学金。只要是大家族（包括亲戚）中，有人考上重点高中及大专院校，均可凭录取通知书获得奖励。奖学金从 3000 元至 10000 元不等，分几个档次，分别予以激励。

社会上一些上不起大学的贫困学生，杨晓荣得知详情，也会给予一定的助学金，帮其完成学业。

得知吴式求对庆元方言很有研究，成果也有推广价值，只是苦于没有经费出不了书，难以发挥作用。于是，杨晓荣主动联系吴式求，无偿出资帮其出书，并亲自写下《从医学角度看学方言的必要》一文，引经据典宣传多姿多彩的庆元土话，鼓励大家学习庆元方言。很多人不知道，吴式求《庆元方言研究》的面世，其实杨晓荣功不可没。

一向乐于公益事业的杨晓荣，每逢各地铺路修桥，建造或修缮古寺庙，总是积极捐款，比如贤良夹金桥、濛淤桥等；再比如张村八角殿、八都白马山孔庙，以及安禅寺、庄严寺和东岳宫等。

爱心是一座亮在黑夜的灯塔，使迷途航船找到港湾；善行是一瓢洒在旱地的甘露，使枯萎苗木得到滋润；公益是一柄撑在雨夜的小伞，使夜行路人不被淋湿。杨晓荣始终秉持慈心，实践善行，乐做公益，犹如灯塔、甘露和小伞，发挥着积极作用，值得赞叹！

让每个村民都能感到幸福

——记情系乡亲、带动村民共同富裕的“丽水好人”吴远付

◎兰伟香

皮肤黝黑、身材不高、憨厚朴实是吴远付给人的第一印象。集致富带头人、产业引领人、茶叶土专家于一身的他，言语不多，却做着不简单的事，20多年来，他心里一直装着父老乡亲，带动村民走向共同富裕。

开办夜校，让村民用知识改变自己

1969年，吴远付出生在庆元县龙溪乡一个偏远的高山村——鱼川村。这里青山绿水环绕，空气清新宜人。

20世纪90年代，鱼川村里没有什么文化活动设施。吴远付看到了村里年轻人的无聊和迷茫，就和村里几个人一起办起了农民夜校。“要想改变村庄，先从改变人的思想开始，让村里的年轻人有点精神寄托，学习一些有用的知识和技能，以此来改变自己。”他说。

农民夜校每晚都会在村委会的大屋子里开课。课程内容一开始是扫盲为主，后来逐步开展政治、经济、科技、文化等方面的教育。有时候还会请外面的老师或专家来给大家讲课。每次都有几十个人参加，很受欢迎，后来发展成了农技学校。他给农民夜校取名“鱼川村农技学校”。通过农技学校，村民们增长了知识和见识，吴远付用一己之力努力改变着家乡。

种植茶叶，让村民从中获得收益

吴远付从小就跟着父亲学习种植茶叶。看到村里60多亩的茶山被荒芜，没有人愿意种植，他很心疼："我想着种植茶叶，可以增加一些家庭收入，也可以为村里做点贡献。"

2000年，当时的鱼川村是当地出了名的穷村，村民们多以种水稻为生，年人均收入只有1000多元。一亩地需要交150元购买茶苗，当时很多村民都没有能力支付，也有村民担心种不活、没效益。

"2002年，龙溪乡开始发展茶产业，出台了不少优惠政策，可村民担心种了茶卖不出去，都把乡里补贴种茶的复合肥偷偷施进番薯地里了。"30出头、刚担任村委会主任的吴远付，带头种植了5亩茶叶，并到县农业局找农技专家拜师学艺，掌握茶叶种植、炒制技术。慢慢地，村民们都开始跟着吴远付种茶。

吴远付也从此成了村里的"茶管家"——他手把手指导村民种茶、采茶、炒茶，教会村民如何整地，种植间距多少，用肥料多少；到了鲜叶采摘的季节，怀着对农民的纯朴感情和强烈的责任心，他宁可少要利润，也要保持茶青收购价的稳定，而且一直以高于外地客商的价格收购茶青，无偿指导茶农采收茶叶。

"我当时以15元一斤的茶青价格从村民手中收购，其实加工成干茶后我只卖到60元一斤，我是亏本的。面对村民的询问，我想给他们更多的鼓励，就告诉他们是120元一斤卖掉了。"直到多年以后，村民们才知道吴远付的良苦用心。"远付真是大好人，明明自己卖亏了，还告诉我们有钱赚。"村民们说。他以平均高出市场价0.6—1元的价格收购当地茶青，解决了村民"卖茶难"的后顾之忧。

因为种茶经验不足，茶农采收的茶叶质量没达到收购标准，但吴远付却二话不说照价全收了。"后来我才知道，远付收购了这些残次茶青只能倒掉。

我心里过意不去，可他却对我说，种茶采茶一年下来大家都不容易，他亏就亏点，关键是大伙儿都能靠种茶赚到钱。”村民吴昌锡说。

同时，他反复奔走于松阳、龙泉、福建寿宁等地拓展市场，解决茶叶销售难题。

在此基础上，他还带头捐款5000元动员村民集资筑路，为引入“合作社+基地+农户”模式奠定了交通硬件基础。

在种茶过程中，吴远付想尽办法为老人们创造就业机会，让他们到茶园里参与采摘、分拣、包装等工作。他说，这样不仅可以解决老人们的生活问题，也可以让老人们感到快乐和有价值。他也培养了一批年轻人作为茶产业的后继力量。他说，通过“带徒弟”的方式，他把自己掌握的茶叶种植和加工的技术经验传授给村民，让他们能够独立地管理和经营茶叶。他的目标是让每个村民都能从茶叶生产经营中获得收益，并感受到幸福。

茶叶产业，让百姓走向共富

吴远付为人诚信，做事公道，带领村民共同致富，得到了全村人的信任，如今鱼川村358亩茶园的茶青大部分由吴远付收购，带动了龙溪乡茶农300多户500多人，人均增收2000多元。吴远付已连续四届高票当选为村委会主任。10多年时间里，吴远付带领村两委将鱼川村打造成了远近闻名的致富村、茶叶专业示范村。

在吴远付的带动下，目前龙溪乡已建成2967亩的高山生态有机茶基地，鱼川村农民年人均收入从2001年2000多元到现今的2万多元，其中60%来自茶叶收入。

村里还先后投资300多万元，完成旧村改造、土地开发、自来水安装、有线电视、村庄整治、村办公楼修建等项目。基础建设日新月异，村后300多亩高山有机茶园与整洁美丽的村庄相互映衬。

“茶在村中，村在茶中”，鱼川村村庄面貌焕然一新。2020年吴远付的鱼富家庭农场还入选为“全国第二批示范家庭农场典型案例”。吴远付先后获得庆元县首届十佳青年、庆元县非物质文化遗产“手工炒茶技艺”代表性传承人、省级基层农业技术推广“万向奖”“丽水好人”等荣誉称号。

吴远付说，带领村民走共同富裕的道路是我的责任，让每个村民都感到幸福是我最大的心愿。

72 岁村医　走在崎岖的山路上

◎黄　彦　朱亮羽

2 月 15 日，春节假期接近尾声，在庆元县张村乡后溪村的卫生室里，村医古兰英却依旧忙碌。她熟练地为老人量着血压，写单子，刷卡取药。“春节这段时间来拿药问诊的老人比较多，大家都想过个健康年。”说话带着客家口音，花白的头发，厚厚的眼镜，皮肤和农民一样黝黑，这就是村里唯一的医生古兰英。

今年已 72 岁的古兰英，老家远在广东省梅州市，1976 年嫁入后溪村后，通过考试成了乡村医生，一当就是 47 年。后溪村地处偏远，离最近的卫生院有 3.6 公里，离县城更是将近 50 公里。山路崎岖，交通不便，缺医少药也成了常事。因此，古兰英全年无休，即便春节期间也在守护村民的健康。

当年，以后溪村为中心，古兰英服务的人口约 1500 人，现在村里人口外流，常住人口仅有 44 人，且大部分都是 60 岁以上的老人。即便如此，在这间位于她家二楼的“微型卫生院”里，各种常用药品尤其是老年病用药依旧充足，诊室里的药物、器材，总是收拾得干净整洁，但古兰英却笑着说：“宁愿药架上的药落灰。”

谈话间，古兰英想着几天前到卫生室瞧病拿药、腿脚又不便的村民周大权，便背上医药箱赶去他家看看情况。“周大权患有脊椎神经炎、高血压，手脚麻木了。他的儿子 50 多岁了也在村子里，得了肾结石、肠积水……春节期间他家也没什么亲人回来，我有点放不下心。”古兰英的脚步很稳健，她跟记者介绍，村医上门送诊是她几十年来最平常的工作，正因如此，长年累月的积累，让她对村民们的健康状况了如指掌：90 多岁的吴日光，患有高血压、心脏疾病；家住隔壁的周大娇 79 岁了，患有糖尿病……

到了周大权的屋子里，古兰英一边取出血压计、药品，一边询问他的症状：“最近腿脚好点了吗，药吃了吗？你的病，县城医院的医生怎么说……”周大权十分感激，这么多年，古兰英都做到随叫随到，她的电话成了大山里的“120”，不管什么时候，只要有人需要，她就马上出诊。

现在，古兰英早已过了退休年龄，她的儿子周润泉三番五次劝她放下工作，享享清福，但她却总是以村里忙离不开为由拒绝。在家人的极力请求下，2019 年春节前后，她前往深圳儿子家住了 40 多天，其间，有些生病的村民时不时会给她打电话，她在电话里问病情、开药方，“可看病这事，最好还是面对面处理”。此后，她再也没长时间离开过村里，“还是放心不下乡亲们。”古兰英说。

“她和村民之间，更多的是朋友和亲人的关系。”看到母亲能做自己喜欢的事，周润泉也不再执着于让古兰英“享清福”，现在每年春节他都带着老婆孩子回到村子陪着老人过年。儿子的支持和理解，也不再让古兰英左右为难，她表示会一直做乡村医生，直到干不动为止。

关爱也是慈善

◎吴严林

很多人以为慈善事业就是有钱人拿出一些钱或物扶持穷人，总是以红包或米面油等物质形式出现，但我的亲身经历告诉我，慈善不仅仅是物质上的扶持，也包括精神上的鼓励，以及人与人之间的相互关爱，尤其是强者对弱者的关爱。

2005 年夏初，我即将从丽水学院英语教育专业毕业。据可靠消息，主管部门将不再向我们这届专科毕业生招录教师。一时我们庆元籍的同学失去了方向。我与门卫大哥很要好，他是庆元人。他的一些消息让我绝处逢生。他说："谢力群是很亲民的领导。只要是丽水学院的学生，在门卫室打好电话都能受到接见。"这个消息无形中激起我要写封信的欲望。给领导写信，我真不敢想。但是班上的同学都纷纷找到了工作，我着急啊。那时有点慌不择路，拿着自荐信不断地投送，往往都是石沉大海。下定决心写信。我在信中写到，谢厅长是对庆元有着深厚感情的领导且是有口皆碑的。我列举两个事例：他在庆元担任县委书记时招待买卖香菇的小老板和接见丽水学院的学生的事例。我想回庆元贡献微薄之力，建设家乡。

大约过了一周，我接到从杭州打来的电话，姓胡，是一位声音富有磁性的秘书。胡大哥扼要地说明了来电的意图，已经把我的简历发到庆元县委办。请我耐心等待消息。再过了一周，大概 7 月了。我们宿舍里的同学都回家等待上班了。我收到了庆元县教育局的回信，让我好好准备考试，同批英语专业毕业的同学约有 15 人，将招考 10 人。听到这个消息，像是给我一个天梯。我积极备考，经过笔试面试我以综合成绩第 4 名进入教育系统成为一名小学教师。每年我都用自己的进步向谢厅长和胡大哥汇报。后来了解到，我是幸运儿。胡秘书是金华永康人士，他的哥哥在庆元工作过。我的信件来自庆元引起了他的注意并且传到了厅长的手中。另外倍感意外的是，谢厅长五年来只批示了我这一封信，可见他深爱着庆元这个“家乡”。这是我人生转折点真切沐浴到的慈言善语。

毕业之际的慈言善语都转化成工作后我对学生的爱。工作之后带着回报家乡的热情，我与学生打成一片。我们在操场中嬉戏，一起晒太阳。依稀记得当年淤上小学的操场还没有固化，地上长满了绿草。我与学生一起玩摔跤，几个学生一起抱住我，汗流浃背，滚入泥潭。也奇怪，学生课堂上也很争气，成绩也不错。努力工作的背后我就会时常想到我沐浴春风应当多为他人做点什么。有学生因为家庭困难交不起书费，我会悄悄和他说：“老师先借你，等你赚钱了再还给我。”其实我不介意还不还钱，为的就是让学生不失自尊。与学生的交往中我得到的体会是热爱工作，热爱学生，学生也热爱老师。

多年后，四五个已经参加工作的学生在石龙新街相遇。听吴晴微说，丁羌在镇小实习，一直没有考上心目中的教师岗位。我是这群年轻人的实习老师，2004 年我在庆元二中实习一个月。生命的精彩是要遇到一群能互诉衷肠又不惧年龄差距的朋友。这几位学生朋友虽然只有一个月的师生情，却让我时时挂念。我思忖着，怎样让丁羌下决心考到编制。我邀请了他们一起吃饭，丁羌是其中一位。在餐桌上，我们推杯换盏，其实醉翁之意不在酒。我说，今年我请大家吃饭，来年等丁羌考上了我们让他请我们怎么样？他反应很快：好的，如果考上一定一定。一起聚会的同学你一言我一语，都在鼓励他要好好准备考试。饭后，我真担心今天举动会刺伤小丁的心。但是转念一想，把鸿门宴吃成庆功宴那也是华丽的蜕变。

暑假快结束的时候，我接到丁羌的电话："吴老师，我考上编制了，等待分配学校了。感谢……我要请你们吃饭！"我从电话的另一头听出了喜悦，也感觉到他如释重负的轻松。他的妻子可是县内高中的老师，人人都说他好福气，他们俩是同学关系，结为伉俪，是小说中才有的爱情。心中有阳光，到哪都是欢声笑语，心中有美好，目之所及都是景致，心存善念迟早都能发光发热。我们一句细微的言语也许能温暖到需要的人，从催生向上的力量，而且不断发生连锁反应。

庆元乡土文化群活跃着一群热爱家乡、挖掘本土文化的乡土人士。时任宣传部常务副部长的毛茂丰就是一个热爱文化的活跃分子。在群里他发起庆元县志的众筹，对清洁工捐水、捐帽子等活动。一时庆元县域乃至在其他地方工作的庆元人真切感受到一股清气飘荡在庆元上空。那时我对慈善有了新的认识。超出工作范围，想到他人，给予方便，也能为家乡建设做点贡献。2018 年我捐献了 1976 年庆元县粮食生产表，2019 年我给淤上乡小莲文化室捐献荷花砖雕、刺绣和解放军画报等，2020 年我给香菇博物馆捐献了龙泉青瓷凤尾壶（庆元香菇节 1993.11.1），之后我还参与庆邑姚村木章的众筹。这些事例不是宣扬，而是例证庆元大地上充满友爱的正能量。

吴清泉老师出生在江根乡山林岘村，海拔 1200 米，这是个偏僻的小山村，村里至今未通公路，户籍人口不足百人。2016 年开始吴老师酝酿为村子做点事情，得到了乡亲们的支持。此后他多方筹措资金，给村里老人发放敬老金，给考上大学的学生们发放奖学金。此举让曾经备受苦难的老人们得到了晚辈的敬重与关怀，让年青一代懂得铭记乡情、读书成才，知识改变命运，也使小村子的凝聚力在爱的传递中不断增强。他时常对我说，作为社会的一分子——应心存良善，传递爱心，力行善事，回馈社会，为社会和谐、美好生活而尽心出力。爱的力量是会传播和感染的，因为人心都是肉长，用真诚将心比心换来真心。他的“勿以善小而不为”的人生格言感染着我。

联想到云南省丽江市华坪女高的张桂梅校长，她也是公而忘私的好榜样。她为了当地贫穷农民的女孩子能上完高中，上街募捐，到企业拉赞助竟然被人诽谤是“骗子”。功夫不负有心人，她免费为穷困女孩子办学的事迹得到了关注。可是，她依然拖着病体依然忘我地工作着。这些人一心为公，不计个人得失，不愧时代的慈善楷模。她心中装着爱，看到的都是需要帮助的人。经她帮助的华坪女高学生大学毕业之后，放弃高薪回到母校任教。把爱流传下去，桃李不言，下自成蹊。

慈善不需要大张旗鼓，不需要豪言壮语。慈善可以涓涓细流，身边的细微之事照样能温暖人心。路上我们捡起一颗钉子，也许就避免了一场惊险。前不久教研室的刘智勇老师在高速路上推开别人掉落的油桶，网友评论他大智大勇。智慧在于保全了自己，勇敢在于推开油桶，为后来的车辆铲除了巨大的安全隐患，护佑了他人的家庭幸福。慈善有时不需要惊天动地，路遇困难的流浪者，买瓶水或是几包方便面，也许人家就能继续在正道上走下去。中华民族是一个热情仁爱，乐善好施的民族，关于慈善的概念，古已有之。在中国传统文化典籍中，慈是“爱”的意思。“善”的本义是“吉祥、美好”，如《管子・心术下》中所说的：“善气”二字合用，则是“富于同情心”的意思。在这个美好的时代，我应当学好中华优秀传统文化。慈善事业不需要我们惊天动地的行为，只需要我们友善待人，从身边的小事做起，与人方便。庆元这片土地，人杰地灵，精彩纷呈。慈善故事不拘大小，等我们来收集。乐善好施，扶危济困的精神需要我们广为流传。

寻找 40 年前的助学小组

◎吴雪梅

40 多年前，我父亲和一群“助学热”为了月山尽快培养出大学生，自发成立了民间助学小组，他们在大年初二敲着快板到家家户户拜年、筹款……遗憾的是，那时候，我尚年幼，记忆里只有一些零碎的场景。

2023 年 8 月份搬家时，在父亲的遗物中，找到了他手写的《助学小组决定书》《奖励办法》等，以及一份有缺页的《教育简报》（后在庆元县档案局找到原件）。这份 1983 年 3 月 11 日由庆元县教育局编发的简报，比较详细地介绍了创建月山大队民间助学小组的经过和资金管理成员名单。9 月份，我特意从宁波回到家乡月山，访问了名单中还生活在村里的 4 名成员。幸运的是，助学小组最早发起人之一的吴信，还保留有手写资料，并回忆起很多细节。

一

我的父亲吴绍利，出生于 1945 年，生前是举水卫生所医生。1979 年 3 月 5 日至 11 日，出身中医世家并致力于中草药研究的父亲与全省 2000 多名科技、教育和卫生领域的科研人员一起齐聚杭州，参加浙江省科学大会。会上，听了童第周、华罗庚、苏步青等人的报告后，父亲深深地感受到了时代的变化，科技、文化的春天来了，他内心受到极大震撼与鼓舞，在笔记本上写下了“敢于创新，不断前进。在于速度，加倍赶超。埋头苦干，不说空话”的誓言。

回到家乡后，父亲对中草药的研究投入了更多的精力，对我们学习上的要求也更高了。他常常感慨：历史上人才辈出的“书香之地”月山，现在读书无用论盛行，学校里流生不断，新中国成立30年了，大学生不用说，连中专生也是寥寥无几……父亲只要有机会，就跟大家聊教育，共同探讨如何振兴月山文化和教育事业。

“你爸爸见多识广点子多，当时他大胆地提出一个设想说：‘当务之急是尽快组建成立民间助学小组，为月山造就出第一代大学生而奋斗！要认真制定各项规章制度奖励办法，积极筹款，逐步实施……’”今年78岁的吴信，回忆起1981年春节上我父亲说的话，仍历历在目。

1981年，改革开放的春风，终于徐徐地吹进了地处浙闽边界莽莽群山中的月山，这一年，我家举办了“家庭春节联欢会”；这一年，月山大队分田到户；这一年，举水公社建立了文化中心站。眼看着以前想都不敢想的事情，变成现实，吴信、吴望朋、吴绍统、吴友达等“文化人”助学兴教的热情先后被点燃，我父亲和他们的认识越来越清晰：助学小组要以振兴家乡的文化教育为己任，以“读书无用”转变到“读书光荣”为路径，以培养出第一代大学生为目标。

今年96岁高龄的吴友达，依稀记得一些片段，他缓缓地说：“你爸爸来找我，我去邀了吴亮全等人，再后来越来越多的人参与。拜年筹款那天，我们到吴兰家，她丈夫不在家，没想到，她立马拿出10块钱，记忆特别深刻。”

“你爸爸他最在行的是点火，一点起来，那就是火烧山！”吴择仁回望当初的助学行动，遥望着银屏山，淡淡地说了又说。今年77岁的他身体欠佳。他总结得十分美妙，“1981年是口口相传的星星之火，到1982年，就变成熊熊燃烧的大山火！”

二

1982年的举水公社月山大队，有1400多人口，14个生产队，294户。这一年，全村人都特别的忙，是拥有土地使用权后的幸福栽种忙。

“但忙碌的我们还是挤出时间做了大量的走访调查工作，我们5人经常坐到一起，讨论支持办学措施，起草月山民间助学小组有关规章制度及奖励措施。”吴信接着说，“我们5人还有一个小小的各自认捐的过程，一共是三四百块钱，这是助学小组最初的家当。”

在很长的一段时间里，我父亲他们在村里宣传读书的重要性，发动亲戚朋友捐款助学。虽然进展缓慢，但是，他们并没有退缩，反而更加坚定了这是为所当为责无旁贷之事。

转机就在最困难的时候出现了，他们的努力感动了月山大队领导班子，大队集体捐款500元。“这在当时是一大笔钱，月山民间助学小组理所当然地更名为月山大队民间助学小组了。班子成员从5人增加到7人，增加的人员为大队书记吴木金和会计吴春发。绍利任组长，我和木金书记任副组长。”微微发胖的吴信想起往事，圆圆的脸上堆满笑意。

众人拾柴火焰高，7人小组比5人小组的力量更加强大！一切都在朝着好的方向发展。1982年8月份，举水公社中心学校迎来新校长——吴安元，他是一位有着丰富办学经验的优秀校长，还汇集了一批师范类学校毕业的优秀教师，像邓求云、陈观喜等等。吴校长说，学校缺课桌凳，助学小组成员分头发动群众向学校献出8方多木材，做了50多副课桌凳、9张乒乓桌。9月份开学时，吴友达、吴绍统用自己的钱买了50支圆珠笔送给学校；我父亲和吴木金代表助学小组去学校找毕业班任课教师谈话，希望他们带领毕业班努力奋斗，来年能有学生考上庆元中学。

时间很快到了1983年2月，由我父亲起草并先后征求几十位群众、大队主要干部、公社学校校长和公社党委正副书记意见的《建立月山大队民间助学小组的决定》正式抄贴对外广告。

2 月 8 日晚，大队放电影时，我父亲就向广大群众宣讲、说明，群众热烈鼓掌支持。

2 月 9 日晚，召开了有月山大队干部、在外地工作的青年、留校教师、部分家长和公社分管教育的负责同志共 42 人参加的会议，会议推荐选举了 9 名助学小组资金管理（监督使用支出）人员，他们是吴绍利、吴信、吴望朋、吴友达、吴绍统、吴择仁、张翅、吴守权、吴安文。我父亲任组长，张翅任经费专管员。全体到会人员当场积极捐款，吴木金、吴择仁、吴友达、张翅、吴新、吴如云等各捐 20 元，大队长吴德生捐 19 元，公社党委委员吴宏勤捐 7 元，党委书记吴岩祥托人捐 10 元，当场捐了 342 元。寒假留校教师也积极要求捐款，“经过我们再三解释，老师为我们辛勤地培养人才，我们已非常感谢，不应再让老师捐款。”吴信回忆起助学小组当初曾婉谢教师捐款。

三

参与是最有效的办法。为了让家家户户都重视教育转变观念，也为了募集到更多的助学款，助学小组决定在马上到来的春节开展“新春联欢暨拜年筹款活动”。

1983 年 2 月 13 日（正月初一）下午，助学小组在大会堂门楼活动室，召集了月山大队几位文艺骨干，进行了一次没有观众的演出，他们用录音机录下了节目以备第二天筹款使用。我父亲和吴信编演的筹款小快板，说明助学的原因、目的、作用；吴友达 10 岁孙女吴玉燕的凤凰琴弹唱，目的是唤起人们对下一代的培养、对少年的关怀；转业军人吴远谊的独唱《我爱家乡的山和水》，为的是激发起人们热爱家乡建设家乡的情感。

在《教育简报》上，我找到了这样的文字：

正月初二日一早，我们拜年筹款开始了。十多位同志手拿拜年牌，提着录音机向村民拜年。我们每到一处，都吸引着很多的群众。这件新鲜事，给佳节增添了新的内容。同志们不辞辛苦从早到晚。拜访了全村的家家户户。当天筹款 500 多元。

群众性的自愿捐款中，感人的事迹无数。社员吴丙铨一家三口，父亲 96 岁，母亲 85 岁，他自己 48 岁，无子无女。正月初二早晨在大桥头贴了一张表白书，上面写着:“奇真奇，现在出了八老爷，八老爷是谁？是本村群众。为举水争光，光闪射到二岁心，震动了无尾竹。无尾竹表心情，无钱借款，捐币壹拾伍元。”（八老爷是举水历史上最有威望，为人民做了不少好事的人。“二岁”是丙铨同志的别名，无尾竹表示他无子无女）。社员吴永兴，初二一大早碰到助学小组的同志，开口就说为什么不把筹款的事早告诉他，他当即捐了 15 元。丈夫不在家的女社员吴兰、吴复荷等各捐 10 元。练全同志一家四人，人人捐款，共 21 元。外村来客吴火葱、新媳妇吴夏兰各捐 1 元。荐坑村的吴远路特地来向我们捐款 10 元。照田村的胡周已 60 多岁，也一定要捐 1 元以表心意。本村木工吴春生捐 100 元。泥水工吴书进、吴志和各捐 50 元。14 岁的在校学生吴如姿将大人给她过年的钱捐了 1 元。80 高龄的退休职工吴时金捐 15 元。新亭道班工人 4 人共捐 20 元。真是户户捐款，人人献钱。

从吴信保存的记录中得知，助学小组前前后后一共筹款 1825.9 元。

寒假后的新学期开学时，小学没有流生，上年度曾自动停学的学生中有 5 人重新入学。教师的积极性、事业心增强，开始集体办公，学校狠抓教学质量培养优秀学生，学生努力学习，形成你追我赶的尚学风气。

助学小组成员，一有时间，就深入各家各户继续宣讲“读书光荣、知识重要”的道理，问问各家小孩的学习情况。留美博士吴春霞至今还记得，当年我父亲对她小作文的指导。吴美姿（吴洁）一直没忘记我父亲和吴望朋多次到她家鼓励她参加高考。吴信说：“我同他们一样，下地干活碰到人，聊一聊孩子的教育，到邻居家喝杯茶，谈的也还是读书很重要这件事。”

四

功夫不负有心人。1983年夏天，月山出现了恢复高考后的第一位高中中专生吴美姿。东北水利水电学校的录取通知书寄到时，全村人奔走相告，助学小组敲锣打鼓把100元奖金、一个热水瓶、一把雨伞送到她家。一时间，这户人家成为全村人学习的榜样，孩子光荣，大人自豪。到吉林省长春市上学的吴美姿还把时髦的交谊舞带回了家乡，村里年轻人争相学习，交谊舞成了这一时期月山春晚上一道亮眼的风景。

同在1983年，举水公社中心学校为荷地中学初中部和高中部（庆元中学这一年停招农村生源，造成6名达到庆中分数线的学生未能进入庆中学习）输送了32名优秀学生，这个数字在过去是从来没有过的。助学小组拿出奖学金奖励学校老师，给32位学生买了钢笔，9月份开学时雇了车子，车头上贴着“读书光荣”四个大字，欢送学生上学。

此后，村民即使不盖房子，吃穿差点，也要供孩子上学。村民之间互相比较的，不是谁比谁富裕，而是谁家的孩子读书更用功。并出现了父母全力培养子女，子女个个成才的典型——吴春发家庭、吴光周家庭、吴远洋家庭、吴知付家庭，等等。如今，这样的典型家庭越来越多。

当时，让助学小组成员尤为欣慰的是，除了不断考上的初中中专生，1989年，村里终于出现了第一位大学生吴文军，他被苏州城建环保学院（现为苏州科技大学）环境工程专业录取，毕业后分配在宁波工作。

“月山村助学小组成立已7年了，在广大干部群众的支持下，干了一些有益的工作，我们已经达到举水培养出大学生的目标，当时群众所捐献的资金也已发奖完了，我们宣告助学小组工作现已结束。具体发奖开支公布如下……”这是1989年8月28日晚，为第一位大学生发奖学金时，我父亲留下的半份讲话稿中写的内容。摘下第一的吴文军在当天的日记中写道：“各位父老乡亲，老师和领导对我大力鼓舞，殷切之情溢于言表。他日当不负众望，方为正人。”

7 年时间，说长很长，说短很短，助学小组破了“读书无用论”，重建了月山千年来“耕读传家”的传统，让“读书光荣”“知识有用”“读书改变命运”等等观念根植入人们的脑海。月山学子走出大山接受高等教育和城市文明，寒暑假回到家乡，和父辈们一样，热衷于公益事业，热爱乡村文化艺术，他们一茬又一茬志愿服务月山春晚。

一晃 40 多年过去了。今天，上大学和助学行动都已成为一件平常事。但是在改革开放初期，这个深山里的小小的“助学小组”让人看到了民间对“重教兴学振兴家乡建设祖国”的具体实践以及所产生的巨大推动力。如今的月山村人才辈出，自 1983 年以来，至少有 400 多人通过读书彻底改变了命运。他们中有留美博士、有大学教授、有部队军官、有行政领导、有媒体记者、有企业家及各行各业的精英。2023 年高考，月山籍学子有多人考上香港大学、浙江大学、香港中文大学、华东师范大学等名校。而最早考上高中中专的吴美姿，她的女儿已经是浙江大学副教授。第一位大学生吴文军的长女在湖北中医药大学就读。从举水学校走出去的吴善东博士更是成了庆元县首位国家“万人计划”领军人才。2005 年从美国田纳西大学生态系统工程博士毕业的吴春霞，留美工作至今。吴绍华博士、教授从南京大学被引才回到浙江，现任浙江财经大学土地与城乡发展研究院院长。还有许多分布在全国各地的优秀学子，因文章篇幅所限，无法一一例举。

培养人才，月山人举水人代代相传，读书光荣，生生不息。遗憾的是，当初的助学小组成员和热心教育踊跃捐款的父老乡亲，很多已经离我们远去。

如果他们有知，该是何等欣慰与喜悦！

吴祥宝的慈善故事

◎陈伟丽

如果说他的人生是一首优美乐曲，那么热心公益则是一个动人心弦的音符；如果说他的人生是一片湛蓝天空，那么献血助人则是一朵带给患者的祥云。

吴祥宝是庆元县第十届政协委员，丽水老字号“傻宝”品牌、庆元黄粿制作技艺代表性传承人，他还是“全国无偿献血奉献奖”和浙江省人民政府“无偿献血·之江杯”获奖者。

庆元黄粿是庆元美食的一种文化符号。吴祥宝外出打拼后，毅然回乡创办东山岗家庭农场，重拾并利用祖传秘笈创建非物质文化遗产“庆元黄粿制作技艺”生产性保护基地，带领乡亲们共同致富。

眼里有光，心中有梦，手上有技，粿内有香。批量做庆元黄粿，需要招募员工，让村里人不出门便可就业；做庆元黄粿需要山柃碱，以生长在阳坡灌木丛中的山茶科柃木为佳，因为它鲜活的杆、枝、叶焚烧成灰，即“粿灰”，是一种天然植物碱。加了这种碱制作的庆元黄粿，散发出淡淡香气，而香气里透着历史的厚重和文化的涵养。吴祥宝便发动庆元东部地区临山而居的村民去采伐山柃烧粿灰，凡是经过检测合格的粿灰，都如数按原定价格收购，让山民凭借力气赚到钱。

为了亲近自然，乐享农耕文化，吴祥宝建立了一个“历史文化体验馆”。他腾出时间搜集了包括农具、机具、家具、文具及杂具等在内的上千种农耕器具，这些器具除了少量的是自家存留之外，大量的是从各村各家的仓库角落及废品堆里找到的，并以不菲价格买下来，祥宝宁可自己吃亏，也不让村民不高兴。

同时，他还在县慈善总会成立了“傻宝慈善基金”，把筹集到的善款用于公益事业，每年重阳节都要拿出部分善款接济需要帮助的老弱病残，还带着庆元黄粿看望慰问农村留守老人。

从 2020 年始，每年“重阳节”都去青竹村慰问老人，每次都赠送庆元黄粿 100 多份；2022 年向五大堡乡濛淤村慈善爱心基金捐款，并赠送庆元黄粿 525 份；2022 年“6・18”特大洪灾发生后，东山岗家庭农场向庆元县慈善总会捐赠人民币 10 万元。

他还经常抽出时间为村里老人理发，积极参与东半村修路建桥，为村里的发展做出力所能及的贡献。

作为县政协委员，他以热心公益的家国情怀，始终不忘认真履行委员职责，积极参政议政，积极参与县政协组织的专题协商和调研视察工作，提交了农产业发展、文化传承保护等多件提案，对深入分析所涉问题，并提出解决办法，得到了相关承办单位的积极回应，取得了良好的效果，充分展现了政协委员的素质与担当。

从 2001 年始，身材魁梧、体格强壮的吴祥宝累计无偿献血 32 次，是名副其实的献血达人。2015 年 3 月，他荣获国家卫生和计划生育委员会、中国红十字总会、解放军总后勤部卫生部联合颁发的“全国无偿献血奉献奖”，2018 年在“万朵鲜花送雷锋”大型公益活动中，被评为“最美庆元人”；2019 年荣登“发现最美丽水人——丽水好人榜”；2023 年 4 月“庆元傻宝黄粿”入选浙江省城市地标美食名录。

谈及初次献血经历，吴祥宝仍记忆犹新。“那是 2001 年 4 月 24 日，那天我和爱人从电视里看到一则紧急新闻，庆元医院里有个急需 O 型血病人，我就和爱人说，我是O型血，一定能帮上忙。”他心头一热，二话没说就前去献血。

有了一次献血经历，又因血型特殊，吴祥宝常常“被需要”。他说：“接过好几个电话，都是医院打来的，O型血告急。”

“那你有过犹豫吗？”

吴祥宝摇摇头说：“换位思考，如果是自己躺在医院里等着输血，没人伸出援手，那是一件多么绝望的事啊。”

身体力行的慈善爱心，总是容易润物细无声地带动他人。2006年，吴祥宝加入了中国造血干细胞捐献者资料库。每次看到献血车，吴祥宝就会不自觉地走上前去。他谈道，无偿献血，只是举手之劳，却是受血者生的希望。多一个人参与，就多一份希望，多一份成功。从2001年至2023年，吴祥宝累计献血32次，献血总量已是正常成年人总血量的2.7倍。

吴祥宝的妻子胡丽菊坦言：“他经常在家里鼓励和发动我们参与献血，我第一次去献血，就是他陪我去的。女儿在2022年也参加了献血。”

提起女儿献血的事，吴祥宝笑道：“女儿20岁，在湖北上大学，第一次献完血就立马给我打电话，她一定觉得她做了一件非常有意义且能让老爸高兴的事。”

耕读乐善——吴式求家族兴族传统

◎陈敏红

庆元吴姓，自吴祎随同父兄于公元 904 年为避董昌之乱辗转来到庆元定居，至今已 1120 余年，繁衍了 110 代，是庆元第一大姓，人口占全县总人口三分之一强，其家族历史悠久，传承深远，人才辈出，为庆元各个时代的发展都做出了极大贡献。耕读继世、诗礼传家、劝人向善、乐善好施是吴氏家族之传统。从庆元两位声名远播的吴式求和吴锡朋吴氏兄弟身上就可以窥斑见豹。

一

吴式求和吴锡朋，一个是技术能手、方言大家，一个是食用菌专家、水笔画家、诗人，兄弟俩都是庆元响当当的人物，为庆元经济、文化事业发展都做出了重大贡献。

吴式求先生克服重重困难，潜心研究庆元方言多年，写出《庆元方言研究》和《庆元方言古音字源初探》，抢救了中华语言“活化石”，复活了唐宋普通话，是深究方言第一人。《庆元方言研究》被“知识共享中国大陆项目”确定为向国内外重点推介的非物质文化遗产类的专著之一，采用了“中国大陆版知识共享协议（CC 协议）”发布。当时，我国传统文化领域出版物采用“CC 协议”发布的书还只有两本，一本是去年出版的《孔伯华中医世家传习录》，另一本就是这本《庆元方言研究》。

吴锡朋先生历经 25 年的努力，完成了丽水市境域内野生真菌调查图谱，共计 1355 种。他曾耗时近 3 个月，用一支普通的水笔绘制出菌菇长卷画《百山祖百蕈长卷图》，并捐赠给庆元县档案馆，成为珍贵馆藏。他为香菇申遗绘制的香菇手绘画，被带到意大利罗马，赠予联合国粮农组织总部，并为庆元“林—菇共育系统”被联合国粮食及农业组织（FAO）正式认定为“全球重要农业文化遗产（GIAHS）”做出了重要贡献。

二

吴式求和吴锡朋的高祖父吴昌兴是一名“国学生”，更是一位慈善家，民间有关他的传说很多，说他由于心地善良，多次遇银，到处修桥、筑路、建亭。吴昌兴的父亲早逝，孤儿寡母常受族人排挤，于是母子俩历经艰辛从举水迁出，搬到应岭尾观音堂居住，以卖柴火为生，后来他又举家搬到松源镇后碓村居住。当时后碓村还全是沙滩和芒杆，没有房子，野外时有老虎、狐狸等野兽出没，吴昌兴和母亲就住在茅草房里，养了几只鸡，一只母鸡在野外茅草堆里下了一窝蛋，竟然没有被野生动物吃了，还带回了一群小鸡，吴昌兴觉得很奇怪，挖开鸡窝，底下竟然有一坛银圆。于是吴昌兴在此地造了一幢房子，在鸡窝的位置挖了一口井，如今房子和井均还在。

以前，他砍柴要经过石壁隘，底下是一个深水潭，不时有人不慎掉入潭中淹死，为了让行人能安全通过此段险路，吴昌兴采石修路，拓宽路面，让险路变得宽阔平坦。有一天他给修路师傅送餐，遇大雨，工人师傅全都到应岭尾观音堂避雨，只有他在山上一个山洞躲雨。雨越下越大，向洞内斜，吴昌兴一直往洞中退，不小心碰到一个石槽，并发出响声，他用手摸出粒粒黑色的东西，他拿回一些给母亲看，母亲清洗后，发现全是银子。吴锡朋先生说，祖上吴昌兴修的石壁隘他走过多次，记忆犹新！石壁隘还发生过一场战争。

吴升先生“丁振华叛军入庆”一文中记载：“民国16年6月，被改编的闽军丁振华率一团士兵千余人叛变，从福鼎经泰顺进入庆元，当时，县里只有县警备队10人，情况危急。县长周鼎连忙召集地方士绅商讨对策，决定发动城关群众组成乡兵，连同警备队由县长周鼎亲自率领到石壁隘抵抗。乡兵全部守卫在隘内，紧闭隘门，另派数名枪法较好的警备队士，埋伏在石壁隘对面的树林中阻击。丁振华率队至应岭亭下，先用望远镜观察动静，看到隘内守兵全是农民装束，手执刀矛，就轻敌挥队前进、先锋10余骑，跃马冲至隘前。这时，埋伏在对面树林中的警备队瞄准开枪，击毙叛军二人，其余的连忙退回去。”

吴昌兴曾居住过的观音堂因年久失修，一下雨就漏水，于是吴昌兴将观音堂翻修。翻瓦师傅翻了多次，还是漏水，总是修不好，柱子总是漏水。吴昌兴觉得奇怪爬上去看，每根柱子上面一段是空的，里面全是银圆。吴昌兴将这些银子都用来修桥建亭，将多余的银圆运往杭州赈灾济贫，皇帝为褒奖他的义举赐给他一块“乐善好施”圣旨牌，当时的知县鸣山“奉旨”为表彰吴昌兴“乐善好施”之功德，在后田街师公桥旁边建了“乐善好施坊”。

当然，多次遇银的传说不一定真实，也没有那么多银子被他遇到，但他乐善好施，修桥建亭却是千真万确。“乐善好施坊”，就坐落在后田街头的“师公桥”边，整座牌坊都是用花岗岩刻制而成，其镌刻工艺精湛，恢宏壮观。遗憾的是，此牌坊经历了139个春秋之后，毁于1950年3月3日（即庚寅年元宵日）夜里后田街的后碓村发生的一场大火。牌坊虽然我不曾目睹过，但地上的石板我却知道，小时候一直在这些石板上跳格子。“乐善好施”圣旨牌，据说“文革”时候曾被后人用于拦猪圈，现已不知下落。

吴昌兴的义举，道光、光绪的县志以及后来的县志和诸多书籍中都有记载。

清版《庆元县志》载：“见义勇为。修宗祠，造‘春牛亭’。凡桥亭道路，或独力建造，或捐入粮田。”道光二年建育婴堂时，不仅献了一百两银，还捐出了水田四十亩，以作为育婴堂的日常费用。于是，“知县乐韶详请督宪帅，给予‘情殷怀幼’匾额”云云。对于吴昌兴之善行“知县具详各宪，奉旌表建坊”，以作表彰。

光绪三年《庆元县志》中也有如下记载：

护龙桥：神力寺前，嘉庆八年邑人吴昌兴独造，并捐入已田租四十把，以备修葺，今改建学后村头。

尚义桥：后田嘉庆五年里人吴昌兴独建，并捐入已田一百把为永远经费。

新坑桥：周墩，嘉靖三十三年里人周琯重建。嘉庆五年吴昌兴募集捐入已田五十把备修葺。

濛淤桥：元至元间建入废，明嘉靖五年邑人叶亨重建，后坏于水，嘉庆十四年邑人吴昌兴倡建。

墩根亭：嘉庆十七年吴昌兴重建。在下管。二都。

尊光亭：嘉庆九年吴昌兴修。二都。

天师坳亭：道光三年吴昌兴建。二都。

育婴堂：后田义士吴昌兴捐五都坂坳碓下垄中租四十七把，勘头门及梅树下段内中租五十三把，三砾中租二十把，以上三段共租一百二十五把，计税一十亩。

浙江处州名人馆这样记载：吴昌兴（1763—1824），乳名叶兴，庆元松源镇后雄村人。从清嘉庆四年至二十五年（1799—1820）的20年间，共主持修建桥梁7座、道路5条、凉亭5间，其中后雄村的尚义桥与神力寺（石龙寺）前的护龙桥系他一人独力鼎建。嘉庆十四年，知县鸣山奉旨兴建石牌坊于后田街头，额称“乐善好施”，以旌表其义举，殁后，入县“忠义祠”祀奉。

三

吴式求和吴锡朋的太公名吴知贫（1801—1867），被称为“布袋佛”，后碓村贯通松源河南北的木桥就是由他建造的。关于“布袋佛”这个名字还有个传说，说吴知贫背上长了一个疮，三年都不见好，杭州灵隐寺漏雨，雨滴滴到寺庙中的“布袋佛”身上，灵隐寺的漏一修好，知贫背上的疮就好了，加上他身体偏胖，慈眉善目，长相酷似布袋佛，所以大家称他为“布袋佛”。他去世的时候非常安详，躺在一躺椅上就走了，安葬在南门外，说来也非常奇怪，就他的墓不长草。

四

式求和锡朋的爷爷吴溶，是清末民国初的一位庠生，即秀才，优等增广生。奶奶来自会溪村，聪明伶俐，女红做得非常精致，为人亲和，经常向乡亲们传授技艺，受到邻里尊重。据说，吴溶在庆元县境内建造了五个亭子，为了教化更多的人向善，每个亭子取名，中间都一个“善”字。随着时光流逝，岁月沧桑，这五个亭子目前能知晓名字的三个，只有一个尚在，并在光绪三年版《庆元县志》中有记载：“积善亭”，本里庠生吴溶建，位于九都。该亭路桥一体，非常难得，位在青瓷古道上，那里曾经极为热闹，还有一戏台。另一个“同善亭”，位于下滩路上（如今在县档案馆附近），同善亭的正梁上还曾题写有吴溶的名字，遗憾的是，这个亭子在20世纪80年代时被拆除了。还有一个是“乐善亭”，位于竹口溪尾，同样在20世纪80年代被拆除。

五

式求和锡朋的父亲吴钟祥（1914—1959），谱名维邦。吴钟祥有三个兄弟以及四个姐妹。大哥是吴钟财是吴锡泽的父亲，二哥吴钟瑞著名中医。四个姐妹，一个是吴明銮，嫁给了姚家村我的太公姚安忠；一个叫吴明娛，嫁到了南门村，就是著名画家姚少崇的母亲，另外两个很早就过世了。吴钟祥6岁时，父亲吴溶去世，二哥吴钟瑞把吴钟祥带到身边照顾，请私塾先生到家来授学，把他培养成才。吴钟祥自幼熟读经书，勤习书法及长，为人豪爽、诙谐，耽于史籍，尤好“弄翰操觚”，常乐此而不知倦。端居暇日，即埋头于整理检阅旧籍，温故知新；并将耳闻目睹，随时写成文稿，日积月累，撰就《消暑集》《藏密斋》《荟萃》等3卷遗闻轶事，并以毛笔誊清，字迹隽拔，行文流畅，保存下当时不少史实，为县志填补了不少空白。民国36年恢复县修志馆，出任馆长，续民国21年由姚文林先生主修的《庆元县志》，虽未竟，但对旧县志一些谬误之处，认真考证，写有《王应麟辨》《僧崇岳》《石抹宜孙》及《庆元排渠始末》等补充史料多篇，叙事完整，文笔犀利，不失借鉴价值，今庆元县档案馆尚存有他的遗著。

历史虽然沧桑易逝，但都会留痕，就像吴氏家族建造的路桥亭阁，特别是吴氏家族耕读继世、诗礼传家、劝人向善、乐善好施家风家教的传承，将流芳百世，激励着一代又一代的后人。

虎福亭记

◎姚传标

叶庆德是我相识多年的好友和兄长。他身材魁梧挺拔，给人一种坚实可靠的感觉。那颗光亮的脑袋在阳光下格外耀眼，然而，别看他外表粗犷，为人却极为谦和，那温和的笑容就像春日暖阳，能瞬间拉近与他人的距离。他是庆元剁花香菇传承人（蕈山客），而且对庆元乡土文化和慈善事业抱有极大的热情。

大毛坪村是叶庆德的故乡，位于龙溪乡之南，水尾两山如虎守口，故取村名“大毛坪”，大毛在庆元就是老虎的意思。若干年前，我随他一起来过这个村，这里有独特风貌且人杰地灵，后因地质灾害于 2018 年整村搬至县城，搬迁后的大毛坪，就像一座被遗落的空城，只有那些残垣断壁还在诉说着过去的故事。

叶庆德虽然离开了家乡，但心还是一直牵挂着故土，在那山峦的怀抱之中，祖坟依旧静静地安卧在那里，山间的田地也依然如往昔般沉默着，留存着往昔的记忆与眷恋。为了给回乡祭祖扫坟的村民一个乘凉休憩之所，给回乡进行农业生产的村民一个遮风蔽雨之地，为家乡建一座亭子的心愿由此萌生。

说干就干。2023 年 2 月 5 日，虎福亭的筹建与设计工作正式开启，设计者是青竹村的毛永宝。亭基选在李家坑原回车站处，亭名经征求庆元知名人士黄立鹏、陈永生、宗亲叶大文，以及本村叶庆武等有识之士后，最终定名为“虎福亭”，其寓意为福、喜、财临门，期望大毛坪子孙威风、智勇、磊落、稳重且功业有成。

建亭的选材极为用心和讲究。当他们去挑选木料时，那一根根粗壮的原木散发着独特的气息，或深褐或淡黄的色泽，纹理细腻而清晰，仿佛在诉说着岁月的故事。他们于众多木料之中悉心甄别、反复拣选，最终觅得了那几根质地坚实的老房柱。此建筑材料共有 8 根柱，其中 6 根乃原李家坑老屋留存下来的，另有 2 根为新购置所得。那瓦片乃是从李家坑老屋拆下的原半山瓦窑所烧制而成，顶面栋砖 58 块，乃是取自五大堡乡八垟村原甘竹山五万不动产财主的老屋砖，8 根石垫柱源自四山乡老屋，而牌匾门板则是来源于本村新大处屋门。

2 月 26 日至 27 日，叶庆德便邀请张村乡的木工张以进、范世德和吴坤亮等师傅们开始了立柱的建造。他们手持工具，神情专注而认真，每一次的锯割、打磨都展现出他们的专业与精湛技艺。张以进师傅眯着眼，仔细测量着尺寸，汗水从额头滑落也顾不得擦；范世德师傅则熟练地操作着锯子，木屑飞扬中，柱子的雏形渐渐显现；吴坤亮师傅在一旁默默协助，时不时给出一些建议，他们齐心协力，让立柱稳稳地矗立起来。

在 3 月 2 日至 3 日两天时间里，来自小际头村的吴三明和吴广州两位师傅开启了盖瓦的工作。那一片片取自李家坑老屋且由半山瓦窑烧制的瓦片，经由他们的巧手被精心而又细致地铺设着，每一片瓦的放置都恰到好处，宛如给虎福亭戴上了一顶精美绝伦的帽子。

时光流转至 4 月 12 日至 13 日，月山村的吴绍华和鱼川村的吴昌洪师傅投身到了做墙砖的工作之中。那 8000 块青砖在他们的手中被一块一块小心翼翼地堆砌起来，每一块砖的放置都蕴含着他们的专业与用心，仿佛每一块砖都承载着他们的心血与对技艺的执着追求。

而叶庆德，则全程参与到了其中，亲眼见证着这座亭子从无到有、一点点地逐步成型。从最初的设计构思开始，到每一个具体步骤的实施过程，他的心中始终充满了无尽的期待与澎湃的热情。当遇到困难的时候，大家便会聚在一起热烈讨论、积极想办法，齐心协力去克服；而当进展顺利之时，他们又会满心欢喜，似乎已然看到了亭子建成之后那美轮美奂的模样。

终于，在 2024 年 1 月 2 日，他们挂上了“虎福亭”的牌匾。亭牌墨笔由叶庆德寿宁的宗亲叶新佺撰写，栋梁由原政协主席黄立鹏撰写，亭内大毛坪赋则是原庆元中学副校长陈永生的杰作，山水韵由叶庆德与月山吴锡康老师制作，杭州科技学院吴斌老师修改，牌匾墨笔则由叶庆府写。亭子落成那一刻，喜悦之情溢于言表，仿佛要满溢到周围的空气中去。这座亭子不仅仅是一座建筑，更是他们对故乡的深深眷恋和对未来美好生活的向往。亭子以廊桥式建造，长 11 米，宽 4 米，面积约 50 平方米，造价 5.8 万元人民币。

虎福亭静静地矗立在那儿，四周环绕着青山绿水，与自然环境相得益彰，愈发显得典雅且庄重。

古人说，开路、造桥、建亭是积德行善之举。开路让人们的出行更为便捷通畅，打破险阻与隔阂；造桥跨越江河沟壑，连接起此岸与彼岸，使天堑变通途；建亭则为过往行人提供了遮风挡雨、驻足休憩之所，成为漫漫路途上的温馨港湾。此三者皆是惠泽众人、造福苍生之事，彰显着人性的光辉与善良的力量，亦是对社会、对后人的无量功德，能为人们所铭记和赞颂。

叶庆德独资为故乡建了虎福亭，这不仅彰显了他对家乡的深厚热爱与眷恋，也为大毛坪村增添了一道亮丽风景。此举动体现了其感恩情怀和奉献精神，让家乡人感受到温暖与关怀，也激励着更多人关心家乡发展，也是游子们归乡时心灵的温暖慰藉，意义深远。

“鱼思渊、鸟恋林、人念居”，虎福亭就宛如他热爱的一种生动具象，稳稳地伫立在那片让他心心念念的土地上。它凝聚着叶庆德对故乡的深沉情意，与故乡一起，缓缓地走过悠悠岁月，静静地见证着时光的交替流转与世事的沧桑变迁。

“桥为游子溪边梦，亭是行人野外家。”每念及虎福亭，叶庆德的眼睛总是柔和地望着远方，我想他一定又是想念自己的故乡了。

真勇士沈从庚

◎县文明办

“应急小分队成为大家的救星是最让我知足的事，百姓一个肯定的眼神，就让我浑身有了力量。”沈从庚激动地说着，眼前的他穿着朴素，满脸亲切。这一天，他刚被评为“全省民兵工作先进个人”。

沈从庚虽然没有当过兵，但他刻苦钻研学习民兵、消防业务知识，带出了一支能战斗的民兵队伍。1998 年，竹口镇以沈从庚为队长，在原有应急分队的基础上，自发创建了一支义务消防队。这支特殊的队伍，一直坚守着“义务救火”的初衷，救火队伍现已有 40 多名队员。

高度警惕防洪灾

1998 年的洪灾是所有人的噩梦，竹口镇也遭受了严重袭击。连续几天的滂沱大雨，造成溪水猛涨，眼看着溪水就要冲进竹口老街，沈从庚带着应急分队用拖拉机运来沙包，在街口处用沙包垒起了防护堤。

“那时洪水很急，真是有危险的，但我们都识水性，不怎么怕水。面对来势汹汹的洪水，我们没一个胆怯，扛石头、垒沙包、筑起防护堤要紧。”沈从庚说。他们很快垒起 1 米多高的沙包墙，牢牢挡住了水势的蔓延。得知有两户人家的住房处在危险地带时，沈从庚又立刻赶往那儿，帮助住户全体人员迅速撤离危险地带，把他们安全护送到安置点。天还在下雨，沈从庚他们不敢懈怠，刚换下湿透的衣服，他们就又回到街口处防护堤轮流值班，应急分队全体队员夜宿招待所不回家，随时待命。沈从庚说："当时应急分队刚组建不久，大家热情也很高，我总是鼓励大家，队员也都配合，大家都有很强的责任心。"得知大泽村发生山体滑坡，沈从庚和队员们又急忙赶往大泽，及时安全转移10多位村民。应急分队的高度警惕，认真负责，顽强战斗，使竹口安全度过这次洪灾，群众的生命财产也得以保障。

争分夺秒抗台风

2006年，台风"桑美"席卷庆元，强大的破坏力致使荷地一带突发特大泥石流，沈从庚接到竹口镇人武部通知，凌晨时分就带着应急分队火速赶赴荷地镇石木下村。道路被毁，他们只得选择走山路。他们艰难地行走了2个多小时才到达石木下。眼前的石木下已是一片废墟，没有任何工具，他们就跪在地上用手指刨泥土，有人手被钉子扎破了，血流一地也全然不知。"我们刨了一会儿，挖出一个70多岁的老人家，可惜已经死了，不知怎么眼泪就流了下来。"沈从庚无奈地摇头。

沈从庚仅有的一瓶水和饼干早就给了路边的孩子，他竟也不知饥渴，和其他人不停地在废墟堆里寻找幸存者。

在回营地休息的途中，沈从庚已累得浑身无劲，但他看到一位老人艰难地走在泥泞的路上，又主动上前把老人背到安全地带。他事后回忆说："那时不知是哪来的力气，在又饥又渴的情况下，在泥泞的路上还能背人行走。"应急分队在灾区连续奋战8天8夜，每天下午4点多才得空吃午饭，晚上就睡在会议室，以板凳为床。直至灾情基本稳定，队员们已经累得不行，沈从庚左脚受伤，人也瘦了一圈。

无畏无惧擒真凶

1990年7月的一天，烈日炎炎，连续高温使人感到烦躁不安，傍晚7时左右，沈从庚与其他5个应急队员正从竹口老车站旁边经过，突然听到不远处人声嘈杂，然后又听到有人喊："杀人啦！快救命！"沈从庚的心猛地一紧，责任心驱使他和几个民兵加快了脚步。看到老车站的空坪围了一圈人，拨开人群一看，一个20来岁的年轻人胸前不停地有鲜血透过衣服往外冒。“快送医院，快送医院！”有人急得直叫。随即有人推来了自行车，将伤者扶上车直奔卫生院，但由于该年轻人被刺中了心脏，还没送到医院就断气了。

此时，犯罪嫌疑人已经逃到附近的旅馆躲藏起来。

“快去抓凶手！”沈从庚大喊一声，就带着几个应急队员赤手空拳地冲进了旅馆。旅馆里住着竹口造纸厂机器安装工队人员，犯罪嫌疑人就是该安装工队的一名工人。安装队工人看到那么多人一拥而入，以为是来滋事的，急忙拿起木棍等进行防卫，情况十分危急。“我们是竹口镇里的应急队员，是来协助公安机关控制犯罪嫌疑人的，与其他人无关！”沈从庚领着民兵高喊，在民兵们的气势压迫下，安装队员放下了手里的工具，听从了沈从庚他们的劝导，为他们让出了一条路。在民兵与群众的协助下，沈从庚与应急队员将犯罪嫌疑人扭送到了竹口派出所。

2008年庆元县黄田镇柏渡口杀人案件中，沈从庚迅速组织民兵应急队员，赶赴柏渡口执行搜山任务。经过三天三夜配合公安部门搜山追捕，终于成功将犯罪嫌疑人拘捕归案。

不畏艰险灭火魔

以沈从庚为队长的义务消防队是一支特殊的队伍，除了做消防队的事情以外，他们还有着各自的工作，沈从庚平时是油漆工，其他人有的是木匠、水泥工，还有的是生意人……

“生意忙了，有时真想请个假。但只要有任务，还是扔下油漆刷就跑，义无反顾地奔向战场。”沈从庚说。

“有时不免因延误工期而要向东家致歉，但是总觉得没有任何事比救人救火更重要。”沈从庚说。

“2000年7月，天气久晴无雨，炎热异常。一天，庆元县连续发生了11

起森林火灾，救火警报连续不断拉响。那天，我带领竹口义务消防队先后赶往星光和兰溪桥，扑灭了两场森林大火。”沈从庚回忆道。

“那也不知有多高多远的山，只看到前面有火苗的地方就往那冲，10米多高的峭壁也不知怎么冲上去的，等天亮地形明了后，连回头再看一眼都怕，别说再走一遍。”沈从庚说，“可当时我们只有一个念头，前进、前进、再前进！”

“当我把车开回家门口停下，想放松待会再下车，但坐在车上就睡着了。”沈从庚说，“确实累了，那天应该是到了体能极限。”

“累，14年了，我们老队员都经历过上百次这样的累，但大家一次又一次地坚持了。”沈从庚说，“平时快速地爬一次山都累，更何况火场大多是没有路可走的，要靠自己砍出一条路来，每回都会全身湿透，每回都是惊心动魄。”

然而，仅仅时隔8小时，又接到县森林消防指挥部的紧急调遣，沈从庚又率队员支援黄田镇桐山村山林火灾的扑救，又是一次持续10个小时的战斗，又是一次对体能极限的考验。

“每当我们胜利下山，群众自发地送来自己家的水果和饼干，荣誉感就会油然而生。这种荣誉不是奖杯、不是奖金，但它至高无上。没有付出过、没有亲身经历过是感受不到的，而你一旦感受到了，就会被深深吸引了。”沈从庚感慨地说。

拦截法、围堵法、分割法、猛攻法……沈从庚和队员们边学习边实践边总结，消防知识不断提高，消防救援水平不断丰富，消防救援能力不断增强。现在，竹口义务消防队已成为远近闻名的义务救火队、救灾急先锋。

14年来，沈从庚带领应急分队共扑灭森林火灾150起，扑灭企业火灾26起，扑灭民房火灾12起，参加防汛抗洪34次，组织百姓安全撤离750多人，冒着生命危险从灾情中抢救百姓120多人，成了当地百姓口中的“真勇士”“大救星”。

33年的坚持

◎县文明办

她，每天打扫一座桥、一个停车场、三条小巷，一扫就是33年。有人计算过，每天打扫1公里，她已累计义务打扫村道1万多公里——她就是百山祖镇栗洋村吴文连老人。

一把扫帚扫出示范村

1979年，百山祖栗洋村年过花甲的吴文连，发现村庄道路落叶满地，垃圾散落，但却很少有人去打扫，便毅然拿起扫帚、畚箕，义务开始打扫村道。她风雨无阻，每天打扫一座桥、一个停车场、三条小巷，每天打扫两小时，打扫里程约1公里，一扫就是33年，无论是在村里人丁兴旺的年代，还是在村里只剩下几个留守老人的时候，她都一如既往，从未间断，累计打扫村道达到了一万多公里。她说："只要身体允许，我会一直扫下去。"因为吴文连老人的坚持，栗洋村变得干净起来了，同时也影响和提高了全村村民爱环境、讲卫生的意识，栗洋也从一个原来脏乱差的村庄，变成了一个县级卫生示范村、市级生态文明村。

做点简单的事

吴文连这位在农村普通得不能再普通的妇女，有着农村人自有的乐善好施和乐观开朗的天性。命运对于她来说，并非一帆风顺。她本是龙岩村人，

18 岁嫁到邻村栗洋村。在小儿子刚满 3 岁那年，吴文连的丈夫病故，家里失去了“顶梁柱”。一时间，一家老小的生计全压在她一个人身上。有人劝她趁年轻改嫁，她摇摇头，为了三个孩子坚决留了下来。她吃苦耐劳，拼命干活，只为一家老小的生活。

后来，生活渐渐有了好转，子女陆续成家立业，吴文连再也不用像以前那样操劳，两个儿子也很孝顺，一心希望母亲能好好享享清福。可是习惯了劳作的吴文连却干起义务打扫村道的活儿，儿女们担心母亲年事已高、体力不支，几经劝阻，但都阻止不了母亲的行动。

就这样，每天清晨 6 点半，吴文连就起床了，洗漱完毕，扒几口饭，就直奔村里的几条村道、停车场等地，认认真真开始扫地。村里早起劳作的村民都会亲切问声“奶奶早”，她总是笑脸相迎。随着岁月流逝，老人扫地的动作越来越缓慢，但是依然认真、仔细。老支部书记叶宗洪说，平时常常看到她，哪里脏就到哪里去，有时候看到她拔草拔得吃力，就都会劝她休息，她说：“没关系，只要看到环境好，心情就会跟着好起来。”

栗洋村四面环山，山风不时将枯枝烂叶吹到村道上，将垃圾吹到路中间，吴文连路过的时候都会把垃圾拾起来带走。除了扫地，老人还会清理村里的水沟、路边的杂草等，她手上有块伤疤，就是早些年在清理路边杂草时受伤留下的。

老人常说：“我年龄大了，做不了什么大事，只能扫扫地，做点简单的事。”

不打扫感觉不自在

在老人的影响下，栗洋村民风得到了提升，集中存放垃圾、保持居住环境良好卫生，已经成为栗洋村全体村民的自觉行动。村民代表叶永康说：“老奶奶天天义务为我们打扫卫生，我们不能给她增加负担。”以前村里有些人家把垃圾扔到门外，现在村民会主动将门前垃圾打扫。2011 年，栗洋村被丽水市委、市政府评为“生态文明村”。

扫地 30 多年，老人用坏了几百把扫帚、几十只畚箕，这些扫帚和畚箕全是她自己扎的。前些年，村两委想补贴一些清洁费给吴文连，却被她一口拒绝了。她说："给村里打扫卫生，是我自愿的，用的扫帚、畚箕，是我自己做的，不是买的，我不能拿村里的钱。"当有人问及吴文连老人为什么坚持那么多年义务扫地时，这位朴实的老人这样说道："一开始是感觉村里的路太脏了，不扫一扫，实在看不过去。扫着扫着，后来每天不打扫就感觉不自在，就感觉日子少了点东西。" 老人年近百岁的时候，依然耳聪目明，手脚还算利索，这也许跟老人坚持每天扫地有一定关系。

除扫地之外，吴文连一直以来都是村里有名的热心人。老人擅长剪窗花，是村里最好窗花艺人之一。每年的节庆灯会，村里的集体大活动，吴文连都会提前个把月开始剪窗花，能剪近百幅窗花供村里过节使用。不仅如此，村里有喜事要用到窗花，大家请吴文连老人帮忙剪喜庆窗花，她总是乐意接受，从不肯收半分钱。

2011 年，丽水市文明委开展的"我推荐、我评议身边好人"活动中，吴文连被评为"丽水好人榜"——丽水最美老人。2011 年 11 月 18 日，吴文连老人的感人事迹在《处州晚报》刊登后，时任丽水市委副书记、市长王永康对此作出批示：希望全社会向这位"丽水最美老人"学习！

2011 年 11 月 29 日，受丽水市委副书记、市长王永康委托，庆元县委副书记、县长叶青专程前往栗洋村，代表市委、市政府和县委、县政府看望慰问"丽水最美老人"——吴文连，详细了解老人的生活情况，向老人送上慰问金和慰问品。县委、县政府号召全县人民向吴文连老人学习，希望通过弘扬这种无私奉献、热心公益、志愿服务的精神，进一步激发庆元人民朴实、善良、勤劳、无私奉献和奋力拼搏的精神。

吴文连老人于 2012 年 12 月 31 日病逝，享年 96 岁。老人虽已逝去，但她无私奉献的精神永存。

“温暖”的责任

◎县文明办

1988 年，吴初妹的丈夫在收割稻谷的时候右脚不幸被毒蛇咬伤，因地处偏远，交通不便，送往医院救治时毒素已扩散，右脚被迫截肢，但最后还是因毒素扩散无法救治而去世。吴初妹丈夫是婆婆范延珠的独生子，丈夫不幸去世，家里上有年迈的婆婆需要照顾，下有孩子需要抚养。在那之后，吴初妹没有选择改嫁，而是几十年如一日细心照顾着婆婆，现在婆婆年已过百，吴初妹也是 80 多岁的老人。

一夜清醒，担起现下的“责任”

吴初妹和丈夫都是很勤劳的庄稼人，早年靠着种植粮食果蔬和养殖畜牧让家庭渐渐殷实起来，子女相继成家立业，四世同堂也让家里多了许多欢声笑语，夫妻俩也尽情享受着天伦之乐。

但是，就在生活一天天变好的时候，一场突如其来的变故，让这个原本幸福的家庭陷入了困境。1988 年，吴初妹的丈夫在收割稻谷的时候右脚不幸被毒蛇咬伤，因地处偏远，交通不便，送往医院救治时毒素已扩散，右脚被迫截肢，但最后还是因毒素扩散去世。旦夕之间，一个幸福的家庭遭受了“人财两空”的打击，家里留下了 60 多岁的母亲需要照顾，下面还有孩子需要抚养，已过中年的吴初妹瞬间垮了下来，整天以泪洗面，甚至失去了好好活下去的勇气。

在吴初妹最困难的时候，很多人劝她离开村里，去过自己的生活。是去是留，那时的她很纠结。“初妹啊，我知道你现在心情很难过，可能听不进去我讲什么。但是，我要告诉你，我不会成为你的负担，也不能阻止你心里想做的事，如果你自己有什么打算，你就大胆地对我说，只是有一条，你无论怎么做，都要为你的孩子考虑，只要对你孩子有利，我都会支持你……”听到了婆婆这番推心置腹的话语，吴初妹一下子清醒过来。对，她的身上还有一份责任，不管这份责任有多么的不容易，她都应该坚持下去。

她不顾其他亲人的劝说，安心地留在了这个风雨飘摇的家里，谢绝了所有让她改嫁的劝说，抚养子女，照顾婆婆。时光荏苒，自己转眼间变成了 80 多岁的老奶奶，婆婆更是年过百岁。其间，子女多次想让吴初妹带着奶奶到城里去共同居住，但是由于奶奶不愿意离开老家，因此她便一直在村里陪伴着奶奶。

一直以来，吴初妹一直坚持自己种粮种菜，基本上可以满足日常所需。但是风里来，雨里去，实属不易啊。砍柴、种菜、做饭，每天她都要往返于山间、田里、家中好几个来回。到了饭点，她先回家给老人做好饭，然后简单吃几口便又回去继续劳作。她一双手都长满老茧，比村里很多大老爷们还粗糙。她总说，现在还“年轻”，能干得动，多干点活不碍事。我现在还不能闲下，因为我上面还有婆婆呢。

“温暖”的责任，慈孝的赞歌

“妈，快来吃午饭啦”，听到一声呼喊，从门内慢悠悠地走出来一个白发苍苍的老人：“好香，今天是有肉吃吗？”

“妈！有。今天村里有户人家刚杀了猪，你爱吃肉，我特意买了来，已炖得很烂乎了，你肯定吃得动。”说笑间吴初妹便扶着白发老人走进厨房，接着就看到老人家开心地吃起香喷喷的猪肉。

100岁高龄的婆婆，已时刻离不开人照顾。端饭、喂药、换洗衣物等等，吴初妹总是无微不至，精心照料。

“我这30多年过得很充实，很开心，也很幸福。婆婆近年来身体不太好，我要好好陪伴她身边，让她安享晚年……”吴初妹说起这些话时，脸上总是洋溢着幸福、满足的笑容。

我不管她谁管她

——姚友姿照顾瘫痪女儿十七年

◎吴传城

“妈，女儿不孝，您都这么大年纪了，还要照顾我。”2010年10月的一天，在县中医院住院部三楼313病房里，手术后的吴必英对着含泪给自己擦身子的母亲说。

让人感动的是这位66岁的姚友姿老人十七年如一日，细心照顾半身不遂的女儿。

17年前，28岁的吴必英不慎从拖拉机上摔下，导致下半身瘫痪，只能在床上度日。灾难面前，丈夫狠心抛下瘫痪的妻子和年仅7岁的儿子，使原本就贫困的家庭更是雪上加霜。家庭突遭变故，吴必英生活陷入了极度困境，基本生活只能靠年迈的父母艰难地支撑着。吴必英母子俩的饮食起居，都是由母亲姚友姿一手包揽，姚友姿也成了母子俩生活上唯一的依靠。

由于家庭困难，两位老人平时省吃俭用，一点好东西总是省给女儿和外孙吃，他们自己从来舍不得吃。吴必英平时几乎离不开药，村里给吴必英办了低保，这个特殊的四口之家，日子一直过得非常拮据。

女儿瘫痪在床，姚友姿要定期为她擦洗身体，这对身材瘦弱的姚友姿老人来说，是一件很困难的事。为防止女儿长期卧床身上长褥疮，姚友姿每天都会遵医嘱定时给她翻身。每次翻身，姚友姿都要使尽全身力气，累得气喘吁吁。但老人哪怕最累也坚持去做，从没感到厌倦，更从来没想过放弃。“只要她活着，就算只能躺着，我心里也感到踏实。就算活到 100 岁，也还是自己的亲闺女，只要我做得动，我也不会放下她。”

在吴必英心中，最要感激的人永远是母亲。“她都快 70 岁的人了，本来应该由子女照顾她，而如今她还得照顾我，我心中有愧啊。”但姚友姿却说：“我是你母亲，我生了你就得管你，管你一辈子。”

躺在病床上的吴必英说：“如果不是因为母亲和孩子，我也许早就不在人世了。总觉得自己活着对家庭是个累赘，特别是年迈的母亲，既要没日没夜照顾我，还常常要为我担惊受怕。”姚友姿每天帮女儿擦身子、洗衣服、做饭，一晃就是 17 年，几乎每天都重复这些烦琐的事情。

姚友姿说：“大难临头，老公和她离婚，孩子还在上学，她是我的亲生女儿，我不管她谁管她呀？我这个当妈的在一天就要负一天的责任。”

吴必英说，她最大的心愿就是希望自己能好起来，将来能报答父母的养育之恩，看着儿子成家立业，能像普通人家一样过上平凡的日子。

相濡以沫三十载

——九旬老人细心照顾瘫痪妻子30年生动诠释乡村爱情

◎庆融媒

30年前，陈成宗的妻子陈小兰突发脑溢血导致生活不能自理，鉴定为肢体一级残疾。陈成宗数十年如一日，对妻子不离不弃，无怨无悔，悉心照料妻子饮食起居。如今，90岁高龄的他，本属被照顾对象，但面对生活不能自理的妻子，却坚强地、无怨无悔地每天为妻子换洗衣服，还常常把妻子抱到自家小院呼吸新鲜空气，晒晒太阳，聊聊天。在陈成宗的照料下，妻子陈小兰虽然没能站起来，但精神状态一直很好，身上更是干干净净。虽然多年来有人说陈小兰是“拖油瓶”，儿子也担心父亲年迈，让父亲把母亲送到养老院去，但陈成宗却不忍心也不放心，坚信只有自己才能把妻子照顾好。陈成宗不离不弃，悉心守护，用一颗滚烫的心诠释着属于他的乡村爱情。

妻子突发脑溢血，用心守护不离不弃

1933年出生的陈成宗比妻子陈小兰大8岁，经历过战争年代的老人一路走来颇为不易。因家庭贫困，陈成宗直到30多岁才娶妻生子，在过去的年代已经是别人眼中的“老光棍”。因此，陈成宗特别疼爱陈小兰，自陈小兰生育一子后，因考虑到妻子身体问题，便不让其再生育。那些年，陈小兰在家带孩子，陈成宗挣钱养家，一家人日子过得平和幸福。

时光荏苒，儿子成家立业后，陈成宗已到60岁。本想忙碌了大半辈子，

终于可以和妻子安度晚年时，岂料这一切却在一天之间发生了翻天覆地的变化。一天夜里，陈小兰突感身体不适，不一会儿功夫，便倒地不省人事。陈成宗一时慌了神，不知如何是好。老两口一直住在高大村，高大村是五大堡乡距离县城最远的村庄，出村要经过10多公里的盘山公路杉树湾，交通十分不便，村内也没有卫生院。陈成宗只好叫邻居帮忙找车，在大家的帮助下，终于在当晚送进了庆元县人民医院抢救。原来，陈小兰因高血压引发脑溢血，情况十分危急，全靠抢救及时，终于捡回了一条性命。但自那以后，陈小兰便出现了偏瘫、语言障碍、大小便失禁等后遗症，生活完全不能自理。虽然妻子的病给陈成宗的生活带来了极大的困难，但他总是说："只要她在就好。"

义无反顾照顾妻子三十载，诠释朴素乡村爱情

妻子生病以后，往常洗衣、做饭等家务活便落在了陈成宗身上，可是，他大半辈子都是吃着妻子做的饭菜、穿着妻子洗的衣服，没有干过这些家务。于是他从头学起。陈小兰出现嘴歪眼斜的症状，吃饭时容易从嘴边漏饭，陈成宗便把饭菜煮得很烂，一小口一小口耐心地喂着，他只想着妻子能多吃点。他还会经常给妻子按摩手脚，翻身擦身，确保身上不长褥疮。这些照顾对陈成宗来说都不算什么，最令他头疼的是因大小便失禁，妻子每天要换洗好几身衣服，还要擦拭身子，特别是梅雨季节，衣服干得特别慢，常常衣服挂满晾衣竿还没晾干。这种天气，陈成宗便生起炉子细心烘干，决不让妻子换不上干净衣服。陈成宗是一名50多年党龄的老党员，党支部的会议，他都会积极参加。但为了照顾妻子，每逢外出学习考察等活动，他都一概放弃。甚至亲戚朋友的酒席，他也很少参加。有些酒席作为长辈非出席不可，他也要把妻子安排妥妥当当再出门。可以说，自从妻子瘫痪后，陈成宗几乎没出过远门。这么多年来，虽然村里也有些人说陈小兰是个拖油瓶，让陈成宗不要那么费心照顾，儿子也建议把母亲送到养老院去，可陈成宗却斩钉截铁地说："照

顾她是我一生的责任，她口齿不清，她的话也只有我能听得懂，只要我活着一天，就要牢牢守着她一天。”

一路风雨，虽然艰难却也幸福。陈成宗用30多年时间，无微不至的关怀，无怨无悔的行动，生动诠释了“陪伴是最长情的告白”，也谱写了一曲感人的人间真爱赞歌。

我与慈善

WOYU CISHA

慈善是一盏灯，温暖别人，照亮自己。因为，我们在给予他人帮助和关怀的时候，也学会了感恩和珍惜。

我家的爱心助学记事

◎杨贤高

我与丽霞于1989年结婚，一个在机关工作，一个在银行上班，日子越过越红火，1990年养育了一个儿子，并有一个干女儿。我们都是平民人家出身，沐浴在党的阳光下成长，享受到改革开放的雨露，因此，我们想用实际行动回报社会，30年来锲而不舍，坚持爱心助学，让一批贫困家庭的孩子顺利完成学业，用慈爱之心点燃了孩子们的人生梦想。

我的求学之路并不平坦，一路上得到了许多贵人的扶持；而丽霞出生在一个知识分子家庭，父亲是一名光荣的人民教师，从小耳濡目染父亲尽己所能帮助贫困学生，从那时起，她就立志要成为像父亲一样的人——传递温暖、热心助学。共同的志趣成为我们家庭的共同取向。

希望工程结缘畲族小女孩

1993年，我们通过“希望工程”认领了一名贫困学生，是莲都青林村畲族小女孩小蓝。认领当年她是二年级学生，我们夫妻俩趁着假期直接寻访到小女孩家，送去了助学金及学习、生活所需用品，为了增进对孩子的了解，还专程走访了学校的班主任和任课老师，获取了孩子最真实的信息资料。希望自己不仅能帮助孩子解决经济困难，更能让孩子真实地感受到对她的关爱。在一些节假日，我们会带着孩子去探望小女孩，帮助辅导功课，倾听孩子梦想，关注孩子的身心健康。我们像亲戚一样走动，彼此增进了了解和感情。

在大家的共同努力下，小蓝初中毕业顺利地就读了幼儿师范，毕业后在乡村幼儿园当幼教老师。现在已是两个孩子的母亲，一家人其乐融融，殷实而富足。

情系贫困学子接受良好教育

1999年组织安排我到庆元工作，我走遍了所有乡镇和大的行政村，每到乡村都会关心学校和孩子们吃住行等生活状况。在合湖乡校，我要求学校一定要满足孩子们一周一次以上蒸菜需求，让孩子不要吃馊菜；在葛田、后洋坑鼓励村民送孩子进乡校读书。作为联系黄田镇的领导，启动了部里联系贫困学生的结对助学行动，自己与黄田的一名小男孩小炜结对，每学期按时送去助学资金，与小孩作一次交谈，关心孩子的成长。尽管我四年后离开庆元，但我的爱心助学一直延续着。我的爱心助学行动也感染了部里的同事，其中一位同事结对助学一名孤儿，一直资助她大学毕业。在女孩读高中期间，我正在丽水的媒体工作，借助“王老吉助学行动”，为那位小女孩申请了一笔助学金，赞助她完成高中学业。小女孩大学毕业后，回到庆元投身家乡建设。

在庆元工作期间，暑假家人会来探亲，为了让孩子们感受体验贫困学子的家境。2001年7月的一个星期天，特意安排了一次探访活动，当天上午来到屏都岩头看望与爷爷奶奶一起生活的小女孩燕子，得知女孩在2.5公里外的坪洋村，我们一行顶着烈日前去，却不料，小女孩为减轻家里负担，前去3公里外的山拓村帮人串烟叶赚钱，我们一行二话不说又冒着酷暑前去，女孩回家后，我儿子看到挂在床架上满是补丁的百衲衣，好是诧异，奶奶从铁箱里拿出干硬的橘饼分给孩子们，孩子们接来却不愿吃。我们座谈后，送上助学金和提前准备的学习文具、衣服和营养品等，并嘱咐镇里要关心贫困孩子的教育问题。此行，对孩子们是一次良好的体验教育。

在丽水市媒体工作期间，我作为经营支部的书记，也提出开展爱心助学行动，得到了党员们一致响应。2004年我带领经营支部党员们，来到淤上乡校，张黎华、吕剑锋、吴益新、范宁华、叶晶晶、孙碧军、吴雪梅、吴冰草分别与8名贫困孩子结对助学，为孩子插上希望的翅膀。党员们每每收到孩子寄来稚嫩而真挚的感谢信，都会来与我分享。

2022年庆元屏都小学遭受“6·18”洪灾，为重建图书室，我马上捐资1000元，以一点爱心，点亮孩子的未来。

无私助学结硕果

2003年，在庆元团县委的牵线下，我们结对了庆元江根乡的小女孩小聪，因为小女孩的家地处浙闽边际的江根乡，距丽水几百里之遥，交通不便，只能每年按时寄去捐助款、六一儿童节及春节礼物。小女孩很珍惜这份来之不易的学习机会，每个学期都会主动汇报她的学习情况，我们之间这根线始终不断。

2008年小聪凭借自己的努力考上了庆元县城初中后，我们才寻访到所在学校，见到了这位素未谋面的女孩子。那一次，与女孩谈学习、谈生活、谈了很久……还邀请她来丽水做客，希望她走出大山，看看外面的世界。

2014年，小聪以优异的成绩考上中国计量大学，我们专程赶赴杭州看望她，并带去了精神食粮和资金的帮助。2017年，小聪父亲重病来丽水中心医院就诊，我们帮忙联系医生，探问病情，并送去慰问金，请她的家人吃饭，给予家人般的关怀。

2018年，小聪考上了浙江师范大学研究生，我们又到学校看望，鼓励她既要学好理论知识，也要学有专长。功夫不负有心人，2020年顺利考入杭州的一所实验学校，成为一名光荣的人民教师。我们叮嘱她要为人师表，教书育人，把更多的爱传递给孩子们。节假日我们之间都会互致问候，这份亲情不断在延续……

用真诚的心感动了她

2007年5月，丽水日报社等单位在纳爱斯广场组织开展扶贫助学千人结对行动，我们把目光投向了庆元的一个孤儿小丽。当年我们冒着酷暑，驱车200多公里到竹口中心学校看望二年级学生小丽，瘦小的身躯让人心疼，丽霞给她大大的拥抱。送去了捐助款、学习及生活用品。结对后多次去她家里看望，由于小丽小时候是由一对老夫妻领养的，老爷爷生病过世后，小丽与老奶奶相依为命。去她家里时，她奶奶总是很警觉，刨根问底，担心我们会将孙女从她身边抢走似的，然而真心换人心，通过多次接触交谈，奶奶终于放下戒备，变得友好和善了。小丽有一段时间，也表现得很冷漠，不愿和我们主动联系，但我们仍然始终如一、不离不弃，每年春节、“六一”仍会送去精心挑选的礼物及资助款，并逐年递增。

2018年，小丽高考在即，情绪焦虑，没有安全感，我们第一时间给予精神安抚，鼓励她放下包袱，以一颗平常心去面对高考。终于传来喜讯，高考成绩优异，我们的担心终于放下了。为了让孩子能正确填报志愿，我们又一次专程赶往庆元，为她买了新手机，便于她在填报志愿时查询更多信息。与此同时，我们还积极与其班主任沟通联系，在综合考虑各方面因素后，最终确定了填报方案。

9月开学季，我们专程送小丽到宁波高校报到，像别的家长一样，为她置办了穿戴、日常用品，买了饭卡，为她准备了生活费，让她感受到亲人般的温暖。当我们离开学校时，她含着眼泪紧紧地拥抱着丽霞。曾经被我们资助后就业的一名男生，延续爱的传递，特意给小丽寄去手提电脑，让她能自信满满地融入同学间和谐的学习氛围。2018年中秋佳节，小丽给我们各发来一条祝福微信，其中给丽霞的微信如此说：“阿姨，缘分的牵引神奇而有力，让我们不期相遇。与你初相遇的我如此懵懂，只以为身边多了一个路人。却从来没勇气想起那句话：您是我生命中美好的风景。迷惘无助的我曾拒您于千里之外，以为这样您会放弃我，忘记我。善良热心的您却原谅了无知幼稚的我。喜欢您那融化冰雪的笑容和语调，喜欢您那无微不至的照顾和关心，喜欢您那动人心弦的'亲一个''女儿'和'乖'，喜欢您那包容万物的博大胸怀和智慧。八月十五，中秋佳节，月儿姣姣，人儿悠悠。那就说句：节日快乐，身体健康！”诗情画意而又情真意切的祝福让我们很是欣慰，十多年的情意跃然纸上。

四年大学生涯，我们为小丽交付了全部学杂费。

2022年小丽大学毕业，人生又面临着一次关键选择，为了照顾年老体弱多病的奶奶，小丽坚持要回庆元就业，这份孝心值得赞许。可因疫情等多方面因素，参考公务员及事业岗位都没有成功，我们就为她临时就业搭桥铺路，并且解决吃住问题。2023年3月，经过考试，小丽终于争取到一份相对稳定的工作。

爱，激励团队助学

爱具有一种魔力，它会感染身边的人，也会传递给更多的人。丽霞曾经的同事们在她扶贫助学行动的影响下，抑制不住心中的热情，也希望能为社会公益尽一份心，出一份力。2007年5月，丽霞与同事上官菊仙、吕数南、方芳、程浙苏、陈雪飞6人组成“爱心组合”，集体捐助了松阳县赤寿乡的一位小女孩小虹和莲都区泄川乡一名男孩小佳同学。

8月初，“爱心组合”驱车百余公里分别到两个孩子家进行走访。在松阳，他们了解到小虹出生不久便被遗弃，是一对善良的夫妇收养了她并视如己出。不久后，养母因难产而不幸去世，养父因此备受打击，身体一直不好，家庭收入微薄，但还是不离不弃地抚养小女孩长大。在莲都区联城镇花街村，他们找到了与奶奶一起生活的小佳。据了解，几年前，他父亲触电身亡，母亲弃家而去。为了生计，奶奶带着孙子改嫁到联城花街村。面对两个生活和心灵上都遭遇挫折的孩子，大家觉得有义务也有责任为两个孩子送上一份爱心和关怀。

第一次走访，大家就集体捐出两个孩子当年的学费和生活费，并送去了一应学习生活用品。每到节假日，两个孩子更成为“爱心组合”集体的牵挂。2009年暑假，大家还把小虹接来丽水共同生活了十多天。在大家的关爱和鼓励下，小虹初中毕业顺利地考入一所中专继续学习。

2013年2月的一天，小虹给丽霞打来电话，哭着说养父得了食道癌住进了丽水市人民医院，贫穷的家庭根本无力承受这笔庞大的医疗费，怎么办？“爱心组合”知道情况后带头捐款，后又求助媒体等组织筹款。2月底，《处州晚报》“帮办”栏目刊出了“爸，我一辈子做你的女儿！你一定会好起来的！”的报导，引起了社会公众的关注，工行浙江丽水分行率先以工会名义捐款5000元，分行员工也积极献出爱心，社会各界的热心人士也纷纷慷慨解囊，捐款额达到40000余元，为这个贫困的家庭送去了生的希望。在大家的共同努力下，小虹的养父顺利地进行了手术治疗。小虹感动地说：“大家对我的帮助我铭记于心，将来当我有能力时，也要像你们一样去帮助需要帮助的人。”

小虹现在杭州做抖音带货主播，丽霞还不时与她联系，给予精神和生活上的慰藉。

同时结对的男孩小佳，因长期缺乏家庭关爱及无人管教，养成了一些不良的习惯。针对此情况，丽霞和“爱心组合”代表一起赶往联城中学，与老师沟通，协助老师做好小佳的思想工作，让他安心学习，同时经常通过电话进行沟通交流，及时了解掌握思想动态，耐心劝导珍惜当下学习机会，将这个边缘少年拉回了正常的学习生活轨道，得以顺利初中毕业。

爱心助学是一项社会工程，像这些心灵受过伤的孩子，最需要的是关心和爱，需要学校、社会、家庭共同关心，才能使受助者健康成长。

坚持 30 年走在爱的路上

2013 年为了能使爱心助学行动坚持不懈，丽霞在丽水市慈善总会捐资了一万元，建起了“丽霞慈善基金”，2018 年领取首笔红利资助小丽上大学。

《论语》有言“三十而立”，我们在而立之年走上了爱心助学路上。而今，我们不知不觉在这条道路上走过了 30 年。那些结对爱心助学的孩子们，都是从小学二年级开始的，我们用真挚的爱心陪伴着一个个孩子健康快乐成长。有的也曾拒绝资助，有的遇上家庭变故，有的想离开学校，我们深深领悟到，爱心助学仅给予钱是远远不够的，还需要带给孩子希望和快乐，引领孩子健康成长，爱是无私的，爱不求回报，爱就是爱。

人生的付出，收获的不一定是物质，而是思想上的丰盈，孩子们成长带来的愉悦，那是人生最丰厚的体验和幸福。小聪浙师大硕士毕业后，成为光荣的人民教师，让爱传递给更多的孩子；小丽大学毕业后，知道知恩图报，选择回归家乡，对没有丝毫血缘关系但养育自己长大的年老多病的奶奶不离不弃；还有一位学习优异的男生，考入了浙江大学，大学毕业后在杭州阿里就业。他也开始回报社会，资助贫困的学生；小虹在杭州也有一份自食其力的工作；最早结对的畲族姑娘已是一位二孩妈妈，过上了幸福生活……

我们还留着一份爱心慈善基金，继续坚持“爱心助学”之路。2023 年我们从阿迪专卖店买了一批阿迪 T 恤，送给贫困的准大学生。

赠人玫瑰，手留余香。这一缕沁香，它将鼓励着更多爱心人士参与到爱心助学这项有意义的公益活动中来。

一份爱心，坚持 30 年。爱的脚步不会停止，我家的爱心行动还在路上。

讲写做结合　弘扬礼德善

◎吴永德

人人为我，我为人人。我自己的成长过程和人生历程中得到社会和无数人的帮助和支持，我理所应当尽力而为回报社会、帮助他人。十六七年来，我采取讲善话、写善书、做善事相结合的方式，大力弘扬文明礼貌、团结和谐、积德从善的优良传统和美德，传递爱心，积极为社会增加正能量，提振精气神。

讲善课，为夯实友善基础献微小之心

从2006年初开始兼职从事宣讲工作以来，作为一名基层宣讲员、县宣讲名师工作室导师和县“向善”宣讲团团长，我坚持带病工作和宣讲，辅导与带领青年宣讲员一起宣讲。结合自己对党的理论、路线、方针、政策的学习领会，对中华优秀传统文化和传统美德的分析理解，对社会主义核心价值观的把握实践，结合自己修身、齐家、从政、为人处世，尤其是身患重病以后对生活、人生、生命的感悟，不辞辛劳进机关、部门、单位、学校，到乡镇、街道、农村、企业、军营、宗教场所等地方宣讲理论政策、理想信念、社会主义核心价值观、道德品质、文明礼貌、诚信友善、家教家风等主题内容，到目前为止，个人开展大大小小宣讲2100余场次，听众达21.8万人次，工作室学员累计宣讲3900余场次，受众35.3万多人次，受到各级宣传部门的充分肯定和广大受众的普遍好评。我曾获得“全国基层理论宣讲先进个人”“浙江省基层宣讲名师”“浙江好人”“丽水市第六届道德模范”等荣誉称号。

在众多的宣讲中，有几次印象特别深。记得有一年，根据县委宣传部的安排，我到本县几个宗教场所宣讲社会主义核心价值观，我紧紧围绕“友善”这个主题，通过讲事实、摆道理，用通俗易懂和富有感情的语言，与宗教人士交流讲党的宗教政策，希望他们依法依规从事宗教，热爱共产党、热爱祖国、热爱社会主义制度，善待社会、善待他人、善待家庭、善待自己，引起了他们的共鸣，几次宣讲都收到很好的教育效果，本人也起到了“红色牧师”的传道作用。

有一次，县委组织部在县委党校举办新任副科级领导干部培训班安排我授课，我以《青年领导干部要自觉塑造和谐心态》为主题，现身说法，以情感人，用自己亲身经历、工作体会、学习心得、生活经验、人生感悟与他们进行深入浅出的交流，希望他们树立以自律之心对己、以宽容之心对人，以清醒之心对顺、以从容之心对逆，以平和之心对名、以知足之心对利，以平静之心对位、以敬畏之心对权的良好心态，善待自己和他人，善待顺境逆境，善待名利得失，善待权力地位，力争做好人、好事、好官，学员们听得认真，课后反馈好。

写善书，为传播友善美德表分寸之情

著书立说是我人生一大夙愿。通过几十年的学习、实践、积累，从 2014 年开始我先后在浙江人民出版社出版个人专著《争做精神富有的人》《愿人生和美》《在不幸与大幸之间》。丽水市委宣传部、庆元县委宣传部对我个人专著的出版发行给予了大力帮助和支持。前两本书作为市、县党员干部年度学习选读书目。县委宣传部还分别为三本书召开读书会，让我分享写书体会，让读者交流读书心得，扩大了读书学习效果。

《争做精神富有的人》主要阐述每个人要处理好物质富裕和精神富有的

关系，在争做精神富有的人同时，努力帮助更多的人实现精神富有。《愿人生和美》主旨在于倡导和希望每个人都应当自觉追求与自我和悦、与他人和善、与家庭和敬、与社会和谐、与自然和顺，从而实现人生和美。《在不幸与大幸之间》则是通过自己人生经历阐述要正确处理顺与逆、幸与不幸的关系，人生要追求圆满但不苛求圆满，以积极的心态对待不圆满，坦然接受亏缺。乐于做平凡的人，过平常的生活。

宣讲和出书使我有机会接触更多的听众、熟悉更多的读者，我的“朋友圈”越来越大。有的人不仅爱听我讲课，还爱看我的书；有的人在讲堂上主动与我互动，有的在宣讲完毕后真诚与我交流；有的人通过微信、电话等方式与我交流；有的甚至还到我的办公室或者家里深入交流沟通。这些年有不少身患重病，或者生活遭遇重大变故者，主动约我交流如何调整心态、如何寻医找药、如何走出困境等方面问题，我都耐心细致、不厌其烦与他们谈自己身患重病后如何走出逆境的亲身经历和感受，谈自己的做法和心得，并因人因事而异提出一些思考和建议供他们参考。

另外，这些年我还利用微信、微博发表每日有关“修德崇善、为人处世”方面的微感悟几千条给微友们参考借鉴，收获了不少点赞，有的还被微友转发。

做善事，为增强友善能量尽绵薄之力

扬善，仅仅说得好、写得好还不够，还必须知行合一，言传身教，身体力行做得好，行善事。几十年来，我尽心尽力履行岗位职责，努力做到干一行爱一行，敬业精业乐业，能说会写善做，在工作岗位上积极创先争优，先后获得市级优秀共产党员、优秀党务工作者，县级突出贡献人才奖、县第一届“菇乡领军”人才等荣誉称号。

在善待家人和家庭家风建设方面，我特别注重营造和敬的家庭氛围，共享家庭快乐。用心扮演好家庭中各种不同角色，对待妻子，互相尊重，共同商量家庭大事。科学、理性、民主地教育和引导儿子，促进他健康成长成才、立业立家。尊重儿媳，把她当作自己的亲闺女对待。对待孙子，疼爱而不溺爱，用心用情培养其良好生活和学习习惯。对待亲家，我们互相尊重、互相理解，互相包容。十多年来，逢年过节、长假，我们基本上在一起度过，特别是春节，大多数一起共享家庭天伦之乐和幸福美好时光。2023 年 7 月，我们全家一起到新疆进行十几天的集体旅游，共同领略新疆大好河山的美丽风光。2018 年 5 月，我的家庭获得“第十一届全国五好家庭”荣誉称号。

此外，我们一家人也热爱慈善公益事业，用自己微小的善心善行回馈社会、帮助他人。2015 年 6 月，捐款 6000 元推动家乡村级慈善爱心基金创建。2023 年 6 月全家又捐款 20560 元，帮助家乡村级慈善爱心基金做大本金，让其发挥更大的作用。2015 年 5 月，经庆元县慈善总会同意，成立了“庆元永德慈善基金”，这些年累计捐款 5.6 万元，主要用于帮助一些品学兼优的困难学子解决一些实际困难。20 多年来，还义捐为“山区孩子看世界”等善款 8000 多元，为山区孩子增长见识，为灾区人民、为困难群众克服困难尽微薄之力。

人生道路有尽头，爱心慈善无止境。在退休以后的岁月里，我将善始善终把弘扬慈善之德坚持做下去，争取做得更好一些。

梦天助我放飞梦想

◎陈伟飞

初识梦天

我出生在庆元东部的张村乡，父母是庆元土生土长的农民，家中只有一个年岁甚高的父亲打零工赚取收入，所以从小家里的经济条件就较为困难。我的小学是在乡下的村里度过，升入庆元二中后，我第一次真正在县城学习生活，但是由于家乡到县城路途遥远，初中我几乎都是一个人独自生活。每次放学的时候，我总是很羡慕那些有家长接送的同学，而在其中我总是能看见穿着橙色工作服的家长，他们脸上洋溢着幸福的笑容。当时我就想，能在这个厂工作待遇一定不错。后来我在学校旁边无意间发现了这些穿着橙色工作服的人工作的地方，墙壁上写着大大的四个字——“梦天木门”。从此以后，我在周围的耳濡目染中不断加深了对梦天的印象，一个庆元人离不开的企业，一个庆元人为之骄傲的企业。

结缘梦天

在初中我一直努力保持优异的成绩，提前考入庆元中学后，我便从学姐那里听闻了庆中每个学期都会发放的梦天奖学金。当时我就下定决心要考到年段第一，不仅是为了这份奖金能缓解家庭的经济压力，更是为了这份荣誉。

高一的时候我们要学习十门科目，对于很多同学来说，他们只是希望自己能在个别科目上有比较优异的成绩，以便之后的选科。然而年段排名是根据十门科目相加计算的，所以我在每个科目都投入了大量的时间精力，幸运的是，我也确实能学好每一个科目。在新学期开学之际，我终于站上了主席台，拿到了那份用红包装着的梦天奖学金，红彤彤的纸包裹的是这一年对我汗水的嘉奖，同时也是让我继续前进的信心。走下台后，身边的同学好奇地凑过头来，看到我手里的红包露出羡慕的眼神，我想这也许也能激励他们继续奋进。

高二那年我也成功再次上台，一直到高三毕业。那年，我的高考成绩名列年级第一，学校老师告诉我，可以领取高达6000元的梦天状元奖。当时我已前往大学，我的父亲到学校代替我领取了沉甸甸的梦天奖学金。看到照片中白发的父亲站在会堂讲台中央，拿着金额最高的梦天奖学金，脸上洋溢着骄傲的笑容，我想告诉他，他的女儿没有辜负他的期望，也想感谢在最重要的高中时期一路陪伴我成长、激励我前进的梦天奖学金。梦天，梦想即使远在天边，也一定有道路前往。对于曾经在一个只有十个人班级就读的小学生，也许我从来没想过有一天自己也能成为庆元的状元。感谢在一路上每一个给予我帮助和力量的慈善力量，我的初高中学费几乎没有花过家里一分钱，是这些爱的力量让我有了安心学习的底气，也让我内心充满了责任与担当，使我从未松懈、不断奋进。

放飞梦想

梦天集团的创始人兼董事长余静渊先生曾说过："梦天是梦天人的梦天，更是庆元人民的梦天。无论是过去、现在和将来，梦天都离不开庆元人民的呵护，我希望梦天能不断发展壮大，不断地为庆元人民造福。我今天能为庆元公益事业尽一份力，是我的责任，也是对家乡的一种回报。"

余静渊先生作为庆元乡贤，从1989年创业初期的小工厂发展到如今在全国设有1400多家专卖店、产品远销欧美市场的行业先行者，梦天集团的成长轨迹不仅是企业成功的缩影，更是对家乡和社会的一种回馈。从2004年开始，梦天每年捐助庆元中学20万元助学金，2013年起增至30万元，设立“梦天奖、助学金、状元奖、成功奖、希望奖”等项目，奖励成绩优异者，资助家境困难的学生。

随着社会文明建设不断加强，慈善事业不断发展，一定会有更多像余静渊这样创业创新、心怀故土的企业家，他们必定会不断将目光汇聚到家乡的经济建设上。正是因为有梦天集团和余静渊先生这样的企业和企业家，才使得像我这样的学子能够实现自己的梦想。梦天不仅在物质上给予了我极大的帮助，更在精神上激励着我努力进取，不断前行。

未来，我希望自己也能像梦天一样，成为一个有社会责任感的人，用自己的力量回馈社会，帮助更多需要帮助的人。

与善为伴　与爱同行

◎吴清泉

生于和平年代，活在平安社会，过着安稳生活，我们是幸运的，也是幸福的。我们要心怀感恩，回报社会，报答家乡。作为芸芸众生中的一分子——我也应心存良善，传递爱心，力行善事，参与慈善工作，努力以自己的微薄之力扶弱济困，为促进社会和谐、创造更美好生活而尽心出力。

2017 年 8 月，县慈善总会发起给环卫工人赠送爱心礼包活动，我在朋友圈转发活动倡议。我在微信里说，他们“来自最底层，工作最辛苦，收入最低微，地位最低下。在黑灯瞎火的清晨，在烈日当头的中午，在寒风刺骨的夜晚，是他们在街头巷尾忙碌着，为城市带来整洁清爽。感谢有你！”干净的小区，整洁的街道，美丽的花园……都少不了他们的身影，我心怀感恩。

给环卫工人赠送爱心礼包活动，我个人捐款 380 元，发动 81 位伙伴筹得 1705 元。8 月 30 日“掌上庆元”公众号进行了报道，还引用了我的话“这样的活动，很有意义。一开始我抱着试试看的心态在朋友圈发动捐款。想不到，大家对此都很感兴趣，纷纷参与献爱心……”此后举行的爱心礼包发放仪式上，我受到了县里的表彰，获得了宝贵的爱心证书。我的慈善第一炮轰然打响，增加了我从事慈善工作的信心，也激励着我继续爱的旅程。

2018 年县慈善总会举办“千个重残人员爱心包”公益项目，我个人捐款 500 元，组织团队 150 人筹得 2652 元，“个人一起捐”团队获得捐款数额第二名，腾讯基金会配捐1084元，总计捐款达3736元。我获得“个人一起捐”和个人捐款两张爱心证书，照片登上了“掌上庆元”公众号。涓涓细流汇聚成海，慈善靠的就是集体的智慧和力量。

2019年县慈善总会众筹的项目是“庆元典藏四库全书”，我五天七发朋友圈，倡议大家“请您一起捐，共献一份爱，同买一套书，齐圆一个梦”。团队110人次筹得1645元，配捐328元，筹集捐款1973元，其中我个人捐款600元。我在朋友圈里说“感谢有你，亲爱的伙伴！世界因爱而更美好，因感恩而更和谐。”慈善参与文化保护工程，奉献一份今天的爱心，留下一片历史的记忆。

2020年，我首次以学校党组织的名义参与组织“爱心公筷助力抗疫——庆元在行动”，庆元中学党总支团队54名党员教师捐款1225元，为我省援鄂医务工作者送去了来自庆中的“庆元公筷”礼包。建党100周年之际，我参与了“百个红色暖心包”捐助活动，对老党员、老干部、老军人表达尊重和敬意。参与了“心系河南抗洪救灾”捐款，与他们一起共渡难关，对他们表达真诚祝福。

2016年开始，我所在的小山村组织清明节集体祭扫活动。2018年，为了利用好集资结余款，由我组织牵头给村里的老人发放敬老金，五年来发放了70人次共计18000元。2020年开始给考上大学的学生发放奖学金，共发放了8人次，总计7000元。虽然村小人少经济实力薄弱，但只要拧成一股绳，还是可以办成一些公益事业的。2023年，还对困难家庭进行适当扶助，促进村民走向共同富裕。

2021年11月1日，县慈善总会把我们村里的慈善基金纳入县慈善总会基金库统一管理，县慈善总会毛茂丰会长还为我们村基金捐款。我发动全体村民五天就筹集到了7000元，一个月里完成了11000元捐款。2022年，为了达到县慈善总会的配额的最低标准，我又发动村民和亲朋好友捐款。26天里发动 107 人次，累计捐款 34000 元。目前村里的慈善爱心基金总额已达 71000 元，顺利达到县慈善总会的配额标准。县慈善总会给予村里支助，无疑将极大地减轻了村里的公益支付压力，也让更多需要帮助的村民有机会得到爱心支持和慈善扶助。

县慈善总会组织的各类捐助活动，我都积极参与组织发动，主动参与捐款，我个人累计捐款 1800 元，组织团队捐款共计 9000 元。村里组织的两次捐款，我不但耐心细致地做了大量组织发动工作，个人及家人还捐资 6700 元。我深知做慈善不易，“众人拾柴火焰高”，慈善事业需要众人大力支持。我给县慈善总会基金库里的 90 多项基金都捐了款，累计捐款 1500 元(不含本村捐款)。虽然给每个基金的捐款金额并不高，但奉献之心已存，支持之行已在。

2000 年以来，我参加献血 11 次，献血量达 3500 毫升。还参加了造血干细胞捐献登记。我希望自己的鲜血和爱心能流淌到患者身上，让他们战胜病魔，早日康复。在日常生活中，我努力捡拾身边的小垃圾，为洁净环境做贡献。给身边需要帮助的人力所能及的帮助，让他们感受到社会的丝丝温暖，体会到人间的绵绵爱心。今后，我将继续践行“日行一善”，让慈善永驻心间，让爱心永放光芒。

1 元钱的故事

◎吴小娟

2019 年，我加入了志愿者协会。4 年时间里，我和一帮志同道合的伙伴一起一边忙碌生活，一边播撒慈善的种子，在参加的大大小小的活动中，有一件小事让我感触特别深。

那个时候，我县垃圾分类刚开始推广，很多人还不知道该怎么分类，我们在同心新村同心广场为大家科普垃圾分类知识。在活动前，我们走街串巷宣传发动，希望不管男女老少，凡是抽得出时间的都能来参加。在这个阳光灿烂的冬日下午，大家纷纷响应号召，早早的来到了活动现场。为了鼓励大家积极参与，协会还采取了奖励措施。我们先召集大家坐下听讲解，然后让大家轮流上台答题，答对给予相应的奖励。

那天的现场来了一个特殊的参与者，她是这个小区的残障人员，是位言语残障者。也许大家会好奇，言语残障者怎么会答题？我们不用她说话，只要她把五张分类卡片投递到五个对应的分类垃圾桶，就算答题正确。大家都把目光投向她，出乎所有人的意料，她竟然全部投放正确。这让我对她的印象特别深刻，对她的样貌也记得特别清楚。

活动进入一半的时候，我的手机突然响了，有件急事必须要我马上赶回县城，我跟负责这次活动的队长说明缘由，她叫我先回去，我赶紧去公交站等车。

当我打开手包的时候，包里只有100元和最小面值10元的纸币，根本找不到一元零钱。我想向周围的人兑换零钱，但大家都表示没有。正当我焦急万分的时候，晒太阳的人群当中，刚才在活动现场的那位言语残障者站了出来。她从衣服裤袋里摸出一个硬币，递给了我。我马上拿出10元纸币递给她，她摆了摆手，又摇了摇头，坚决地表示她不收。我拿着10元钱，拼命往她怀里塞，但她也固执地打着手语，意思是说她知道我是做好事的人，现在我遇到困难，她也想要帮助我，她摆手示意我赶紧上车。我郑重地将还残留着她手心温度的一元硬币投进箱子，听着硬币掉落的声音，我仿佛感觉到有某样东西正在我心中萌发。

后来我们又在同心举行了几次志愿者活动，我尝试想要找到她，想把一元钱还回去，但同心小区住户来自全县各地，很多人相互并不认识，找一个不知道姓名的人很难，我始终找不到她。

为了感谢那位言语残障者和她的一元钱，在之后的志愿服务和日常生活中，我一旦遇到需要帮助的人，我也像当年的她一样，及时伸出援手。

去年，我在市民广场核酸检测点做志愿服务，遇到一对从曹岭来庆元办事的夫妻，当时正值梅雨季节，他俩做完核酸，路上已经有积水，我看到他们一脸无奈的表情，就问他们有什么需要帮忙。那个妻子这才开了口，问我能不能帮忙买双鞋套，她说出门时穿了布鞋。她说这几天刚好是女人不能碰水的日子，双脚湿了对身体不利。他们说很少来庆元，对这里人生地不熟，找不到商店。

女人拿出一元钱，但我没有接。我立马放下手里的活，用最快的速度，去市民广场对面的商店，购买了几双鞋套送她。夫妻俩千恩万谢，接过鞋套时，又一定要给我钱，我就像当年给我公交车费的言语残障者一样，一个劲地摇头和摆手。看着他们套上鞋套，开心离开的背影，我心里特别欣慰，我把当年一元钱的温暖传递了下去。

在后来的生活当中，凡是遇到一些力所能及的事，我都会毫不犹豫地伸出暖手，并告诉他们一元钱的故事，希望这种小小的慈善和爱心，不断地向四面八方传递，让爱在菇乡大地遍地开花，让一元钱的温暖永久延续下去。

相遇　相识　相知

◎吴裕群

2020 年 6 月，大学毕业了一年的我在好友花花的推荐下，来到了她口中的“福地”——庆元县慈善总会。

“福往者福来，爱出者爱返”这是一幅挂在我们会议室门口的字画，每次经过，随口一念我都觉得很有意思，有往有来，有出有返，这“慈善”是个圆吧。“圆”，团圆、圆满、花好月圆……我恍然大悟，难怪老人总说，做善事就是做好事，这确实是个“好地方”。

小学学圆的时候，我们老师告诉我，想要画好圆就要确定好圆心，围绕中心，才能把圆画圆，才能在人生的大道上一往直前，无所畏惧。我带着新鲜感与热情，以一个见习生的身份，开启了我的慈善之旅。

相遇

2021 年，庆元县微慈善系统平台开始筹划搭建，庆元站处在传统慈善向数字慈善转型的节点上。什么是数字慈善？怎么实现慈善和互联网的更好融合？ 2021 年 5 月，会长毛茂丰带队前往宁波、嘉兴等地区学习先进经验，随后召开了庆元县智慧微慈善系统建设工作会议，对我县智慧微慈善建设工作提出了具体要求，作出了具体安排。结合庆元实际，分步完成微信公众号、浙政钉、掌上庆元 APP 庆元慈善模块的搭建。这是一段忙碌、充实而难忘的时光，真的好希望自己能变成一块海绵，把所有的新知识新经验都吸进自己的头脑里。

2021年9月，县慈善总会“一日捐”启动，“一块捐”“随手捐”的全民捐款掀起热潮。当年，一日捐累计收到捐款145万元，募捐总额创历史新高。在这场全民捐款的热潮里，我和慈善初次相逢，并全心全意投身其中，第一颗“善的种子”，便在我的心里深深扎根。

相识

“一日捐”以及社会各界爱心人士的一笔笔捐款，进账都是公开透明的，但这些善款如何支出发放，都用在什么地方，却很难做到一目了然，这就难免会发生一些质疑声音，“这些钱捐到哪里去？”“这些钱他们拿去干什么？”因此，“慈善”在向善的同时如何取得公众的信任，这是在新的历史条件下摆在慈善人面前的新课题。

2021年8月，县慈善总会选取北京厚普聚益科技有限公司作为合作伙伴，深入开展慈善信息化建设工作。2021年8月19日，第一个网络冠名慈善基金——“傻宝冠名慈善基金”成立上线，“三个一百”计划中，百个冠名网络慈善基金的齿轮开始转动。慈善信息化是对传统慈善的一次革命，它不但让群众募捐公开化透明化，而且能够让每一笔善款的用途来龙去脉一清二楚。

2022年6月18日，这是菇乡菇民们都难以忘记的日子，那是一场庆元出现有气象纪录以来的最大降雨，河水暴涨，山洪突发。我记得，那天我在丽水准备社工的考试，晚上11点多的时候，我接到毛会长的电话，他问我手边是否有电脑？让我思考一下在这场来势汹汹的暴雨里怎么发挥我们慈善的力量。19日零点，“庆元‘6·18’特大暴雨洪灾紧急救援爱心基金”上线，当天凌晨就收到了10多万元的善款。不断上升的捐款数字，是全县菇民的心紧密相连，大家都在尽自己的所能来参与其中。

在这场暴雨中，我见到了自己尚在淋雨还要给别人撑伞的“番茄哥”吴兴军，他的损失达 300 多万元，但当他看到菜农吴传土因受灾生活困难时，自己还掏出 1000 元钱，定向捐给他。我还见到了中国好人蒋增美，她将自己近三个月的“养老金”捐到了县慈善总会。

这是继 2021 年的“一日捐”后，我参与的第二次大型募捐活动。在这些日子里，我和慈善总会的同事加班加点，虽然累得直不起腰，但我内心却感到非常自豪,因为我参与了为每一份爱心服务的行动,我的服务也是一种善行。这时，那颗“善的种子”，已在我内心开出美丽的花朵。

相知

在慈善工作的三年里,“助”系列的慈善活动是我的主要工作之一,在助学、助医、助残的过程中，我遇见了一个又一个给我“浇水”助我成长的人。

2021 年的春节前夕，我们开启了“关爱守望者，共富先锋行”留守老人暖冬关爱活动。

12 月已经是初冬，或许是想这这些毛毯是要盖在山区留守老人身上的，我们的内心也暖洋洋的。那天，我和爱心人士一起给留守老人送毛毯，我们脱了外套，我扛起 8 条毛毯，挨家挨户一条一条分发给留守老人，干得大汗淋漓,我们的公益摄影师林小荣大哥还调侃我看着像个小不点,力气还真不小。

在那 5 天的时光里，我们一起发放了 1800 多条毛毯和 1800 多盒袜子，也让我认识了一帮会亲切唤我小姑娘的“大哥哥”“大姐姐”，有喜爱跑步但更爱做慈善的叶定松,他说做慈善就像跑马拉松,充满热情更让人充满活力;有参加义工活动 10 多年的亚群姐，她用自己的十年如一日实践着“有时间做义工”，给老人洗脚、剪指甲、洗头、剪头发……不是子女胜似子女，我也曾问亚群姐，那些老人有一些自己的子女都不愿意照顾，是什么让你一直都这么的热心肠？“我们也会老，看着那些老人有的只能躺在那张床上哪里都去不了，很可怜，我们多去几次，给他们弄得干净一点，老人家也会舒服一点，好过一点，这点事算不了什么”她这样回答我。就是这样朴实无华的话，这样柔软的内心，温暖着身边的人，他们都告诉我做慈善是一件无比快乐的事情，那种快乐让人满足，这样的快乐一次又一次拨动着我的心弦，感动着我的内心。

2022年县慈善总会正式启动“向善蒲公英”计划，受助的45名优秀大学新生成为第一批慈善接力团，看着面前45张稚嫩的面孔，听着他们铿锵有力的诺言，这些蒲公英在随风飘扬之后，他们会记得自己的家乡记得自己的初心吗？

2023年3月9日下午，我收到这样一条短信“姐姐您好，我看到庆元中学关爱基金有发起一个大病救助，我也是庆元慈善总会资助的学生，母校有同学有困难我现在还没毕业也还没有工作，就尽一点点绵薄之力。姐姐可以用你的名义帮我用你的方式帮我捐一点点”，95个字的短信我看了一遍又一遍，受助者到助人者，这不仅仅是慈善的接力，更是一种感恩的提现。那一个晚上我看着这颗善的嫩芽，心潮澎湃。“福往者福来，爱出者爱返。”这时，那颗“善的种子”，已在我内心结出了美丽的果实。

天空无痕，鸟儿已飞过；水面无波，鱼儿已游过。回望这3年来的工作，在这场与慈善的相遇、相识、相知里，一次次握手、一个个笑脸、一声声感谢汇聚成暖流，浇灌着我那颗名为“善良”的种子，向阳的力量让我无惧黑夜、无惧孤独，成为善良的人这就是我来到这里所寻得的答案。所有美好的相遇是善意将我们紧紧相连，这场慈善之旅，我感受着慈善的快乐，懂得感恩，懂得快乐生活。

你好，慈善，很高兴遇见你！下一站，我们继续……

我与慈善伴行的日子

◎吴继兴

慈是形声字，本义仁爱、和善，引申特指慈父母，对父母孝敬奉养；善会意字，从言从羊，言是讲话、羊是吉祥的象征，本义吉祥，意为美好、完美。慈善，意思是指对人关怀而有同情心，仁慈而善良。慈善是一项活动，释义对人关怀、富有同情心；心地善良。与恶毒、歹毒、残忍、残暴相对。慈是美德，善是根本。

我有一个很好的父亲，他为我们留下了良好的家庭传承。父亲生前担任过村长，能左右手写字，能自己写诗，在他的那个时代已经是个很有文化水平的人。记得老家大厅的座椅靠背上就有“宾客先生多原谅，老实无疑礼欠缺；开水淡茶需自捧，人生难得会会谈”的诗句。

父亲的慈善留给我最深的记忆是挖雪路，以前用电全靠自己村里的小水库发电，发电厂同时还兼顾为村民碾米，当时村里最近的农户家到碾米厂也有200多米，到了冬天大雪会把道路完全覆盖，非常难走，一不小心就容易滑进与道路落差近两米的溪里，非常危险，更别说是挑着担子了。为了乡亲们的安全，每逢大雪天，他都要花大半天时间挖净这段路中间的大雪。有一次，在挖除大雪的过程中，父亲的鞋子被雪水浸湿了，他也因雪水渗脚受寒而病倒，并且病的时间还不短，急得我与奶奶到处求医问药，直到春节后才好转。此外，父亲还有先人后己的宝贵精神。在碾米厂碾米期间，每天早上一直都是先为村民碾米之后才会回家吃早饭，再去做自己家里其他农活，为此还经常耽搁了自己家里的农活时间。

近朱者赤，近墨者黑。与优秀的人在一起时间久了，耳闻目染，你也会变得优秀；与善良的人在一起时间久了，潜移默化，你也会变得善良。

我与慈善伴行，源于2022年5月，记得是7日上午11时许，我接到庆元县国家税务局吴学练局长的电话，大意是希望我担任兰泥村慈善爱心基金理事会秘书长一职，并与在庆元县城工作的同志一起参与兰泥村慈善爱心基金建设。当时我意识到此事情可能会给我的工作、生活带来一些变化，觉得需要与家人商量后再决定。当天晚上回到家里与家人商量之后，得到了家人的支持，于是我接受了吴学练局长的提议，从而踏进了慈善事业的家门。俗话说“久居鲍鱼之肆不闻其臭，久入芝兰之室不闻其香”，人与慈善事业为伍，事与慈善事业相连，心受慈善文化熏陶，受世俗喧嚣躁动不安的心灵就会得到沉淀，人的灵魂提升就有了理想的空间。

自从担任兰泥村慈善爱心基金理事会秘书长一职后，我先践行个人承诺捐赠善款1万元，我明白这1万元对于生活并不富裕的我意味着什么。它意味着我们一家对热心公益事业的理解与支持，意味着我们一家对兰泥村慈善基金建设的理解与支持。

完成善款捐赠第一步后，我便从工作闲暇之隙积极投身于国家慈善政策的宣传，村慈善爱心基金的创建，引导身边人员投身慈善事业，大力推动以“众人举善共创和谐社会、敬老爱幼彰显中华美德”为主题的创建工作。从2022年5月6日经批准设立基金账户试运行第一天开始，基金收到爱心人士善款不断增加，累积资金天天更新：第一天收到吴志亮、吴学练、吴明鑫、吴绍光四位共50000元善款；第二天收到吴志敏、吴绍春、吴杰（景宁人士）、吴兴朋（庆元人士）、痞寐初凡（爱心网友）、周慧伟（龙泉人士）、叶金火（杭州人士）、陶呈辉（庆元人士）、吴绍月、吴继兴、陈延兴（杭州人士）共 61676 元；第三天吴明生、我心悠扬（爱心网友）、刘小鑫共 10510 元；第四天收到吴明时、吴明铨、吴火贵共 17000 元；第五天收到吴绍焕、吴志平、吴小炳、吴绍荣、吴松共 22000 元；第六天收到吴明岳、叶志挺、朱军伟（临海人士）、翠竹婆娑（慈善总会毛茂丰会长）共 33000 元；第七天收到吴明元、吴志澄共 4000 元，七天累计达 198186 元。

到了 6 月 30 日，兰泥村村俗迎神节这一天，成功迎来了庆元县慈善总会庆元县兰泥村慈善爱心基金的正式成立。随着主持人“甘庆军 500 元……叶静 1111 元（慈善总会叶时林副会长以其女儿名义捐赠）……吴学炎 10000 元……”抑扬顿挫的语音传出，现场气氛一度达到高潮。这一天，单日爱心捐赠人数达到 64 人，捐资 61430 元。这时，兰泥村慈善基金数额累计达到 430942.99 元。爱心人士群体广泛跨越了村域界限，有来自县外杭州、义乌、临海、龙泉、景宁的；有来自县内松源、斋郎、合湖、久住洋、横坑、坑底；还有来自我们县慈善总会及百山祖镇政府的爱心领导及爱心企业（丽水恒心房地产开发有限公司、浙江可信竹木有限公司），此外还有一些行善不留姓名的爱心网友。感谢你们，是你们让一个人口不足 700 人的村庄，创造了我县当时村级慈善基金人均捐款额最高、基金资金积累用时最短等多项纪录。步入正轨后的基金理事会工作开展可谓是有声有色，敬老活动丰富多彩，助学力度不断攀升，扶贫助困方式多样。乡贤不遗余力，爱心人士倾情支持，党委政府政策支撑，县慈善总会政策引领，推动村庄面貌发生美丽蝶变。村民眼光变得长远广阔，年轻人创业成就感不断提升，老年人幸福指数归属感不断提高；社会风气变好，邻里和睦相亲，公益事业积极参与，村庄建设大众支持。就我个人感觉思想境界有了提升，眼界得到扩展，心胸得到涵养，思考问题方式有了更多选项。

2022 年 8 月 26 日，第一次奖学助学发放仪式在村文化礼堂举行，虽然当时获得奖学对象只有 6 人（4 人从庆元回村里参加、2 人因本人在外地家长代理参加），我们也做得很认真。基金理事会的吴学练会长、吴志亮名誉会长、吴明岳顾问、秘书处的我、志新、学强、俊青，还有在村的三委干部都参加。我们为奖学助学专门制作横幅标语和获奖证书，安排了座谈，举行了奖金发放仪式。其间，村民的鼓励与获奖同学的感言我还收藏着。村民代表鼓励说："感谢村基金对孩子们的鼓励，借此机会我也想对孩子们说，今天是你们人生的一个新起点，一定要怀着感恩的心，勤奋努力，读好书，做好人。要做一个懂得关爱他人、奉献社会的人，以更好的成绩回报大家对你们的一份厚爱。以后不管走得多远，别忘了你们的根在兰泥"；获奖同学吴俊涛说："我觉得今天这个活动，让我意识到我即将面对新的起点、新的环境、新的挑战，我个人认为我必须抵住诱惑，好好学习，艰苦奋斗，自强不息，勤俭节约，把我们村的优良传统传承下去，做一个有作为之人，为祖国的繁荣昌盛贡献自己的一份力量！还有就是要感谢为创建村级慈善基金而无私奉献的全体爱心人士，感谢村委会的各位领导，为我们颁发这份带着无限厚爱和温暖的奖学金。我们一定用好这份奖金，在今后的学习中不断努力，以取得更好的成绩，学会更强的本领，回报大家的这份爱心。"2023年8月22日，我们基金在我们单位为当年的获奖学子颁发了奖学助学金，奖学层次有了提高，有本科生、硕士研究生，还有博士研究生，奖学金标准也大幅提高。制作横幅和证书，安排座谈，邀请获奖学生发言，奖学仪式与往年一样简朴而隆重。

一个不读书、没文化的民族注定是一个没希望的民族，梁启超的《少年中国说》一文中讲得好，少年强则国强，少年智则国智。希望通过我们的努力，更多的少年爱上学习，更多的老人享受到国家发展所带来的利益，更多的能人参与到慈善事业的队伍中来，全民共富道路越走越宽广。老吾老以及人之老，每每看着村中老人们灿烂如童的笑容，我心里装满甜美；幼吾幼及人之幼，看到一个个手捧高校录取通知书、接受爱心助学奖励喜溢于色的学子，我感到无比自豪；看到接受慰问的老人、孩子明亮的眼神，我心里无比幸福。

偶然低首，胡适先生的“偶有几茎白发，心情微近中年，做了过河卒子，只能拼命向前”之感慨不自觉地涌上心头。路虽远行则将至，事虽难做则必成。我们因善而结缘、以爱为纽带，用慈善的力量，推动共同富裕的高速列车奔向前方！

慈善是一盏灯

——我与“山区夕阳红行动”项目

◎李春梅

2022年12月18日，庆元县慈善总会为更好地推进“山区夕阳红行动”项目，成立了“庆元县慈善总会义工分会”服务队，为本县老年人群体提供各项暖心服务。

“山区夕阳红行动”项目，慈善义工结合春节、学雷锋日、端午节、重阳节等时间节点，在贤良村、张村村、库山村、畲族山根村、同济新村、同心新村、红色村庄——白柘洋村、斋郎村等多地开展形式多样的爱心助老服务活动。通过慈善爱心送餐，为偏远山区留守老人提供暖心服务；通过送电影下乡，丰富了老年人的精神生活；通过开展老年人心理健康教育知识讲座，为老年人普及心理健康知识，促进留守老人心理健康；通过为老人修指甲、剪头发等服务，为老年人整理仪容，提高了农村留守老人的生活幸福指数；通过“小缝小补”服务进乡村，为山区留守老人提供便利，赢得了老百姓的认可和称赞。

从2023年1月11日贤良村开始，一直到12月6日岭头乡结束，历时一年的“山区夕阳红行动”项目取得丰硕成果。全年共开展了37场活动，共走访服务全县19个乡镇及街道；服务117个行政村；累计积分424575分。其中送电影下乡服务6209人次，义诊服务5569人次，家政服务3350人次，为红色老区留守老人送餐服务336人次，修剪指甲服务1176人次，理发服务

3210人次，心理健康、消防安全、防诈骗等各类讲座服务5507人次，探访关爱服务947人次，总共服务26304人次，台账装订成册38本。

榜样力量，引领前行

2023年2月11日上午8时，一群身着红马甲庆元慈善义工服务队30多人，在义工分会会长叶积钦、常务副会长林肖带领下来到淤上乡，为村里的老人开展便民爱心服务活动。一进村就受到了村两委领导的热情迎接。其中一位97岁高龄的老奶奶听说我们今天会来，一大早就洗好脚，等着我们上门为她修剪脚指甲，老人身体很硬朗，耳聪目明，她说："年龄大了，腰弯不下去，脚指甲很厚剪不来了。"队友吴应花拿起剪刀就熟练修剪起来。老奶奶看着修好了脚指甲连连说："现在一下子就舒服多了，你们穿红衣服的真好！比自家孩子还贴心！"

在村干部带领下，我们一行来到溪边另一位独居老奶奶家中，老人年纪大了，再加上行动不是很方便，家里很零乱。海翠马上卷起袖子洗碗、清理灶台，桂芬整理床铺，小红扫地，应花洗衣服，美花给奶奶修剪指甲，亚群帮奶奶梳头，我整理餐桌……半个多小时，家里一下子就变得清爽干净了，老奶奶激动地说："孩子们，愿你们长命百岁，子孙满堂！"

在竹口镇平良村家政服务中，我们询问一位行动不便的老爷爷有什么特别需要我们帮助时，老人欲言又止，只见他脱下袜子，我们惊呆了，脚指甲长得足足有2厘米多了，旁边都陷进肉里了，难怪他说平时走路会疼。沈从兰马上蹲下身去，并安慰老人没关系，我会给你解决。只见她小心翼翼给老爷爷修剪，一节一节地剪，生怕弄疼老爷爷。看着一双脚指甲剪得平平整整，老爷爷激动得眼眶都红了，一个劲地说："你们真好！你们真好！"

在黄田镇黄畲村，家政服务队拜访97岁高龄的抗美援朝志愿军退伍老兵，认真聆听他为我们讲述抗美援朝的战斗故事，并给老爷爷提供理发、洗头等一系列服务。

在安隆村、山头村、月山村……这样的例子数不胜数，沈从兰就是我们服务队脚指甲一把手，从不怕脏不怕累。

在官塘村，家政服务队冒雨走进95岁老奶奶家，老奶奶在门口迎接我们，范亚群牵着老奶奶的手，嘘寒问暖，给她量血压、梳头、修剪指甲、整理房间等等。

听说我参加“山区夕阳红行动”，有位同学曾调侃我：李春梅，你十指不碰阳春水，去山区服务老人这项工作怎么可能做得来？当时被她调侃得面红耳赤。经过这一年“山区夕阳红行动”的锻炼，现在我可以自豪地回答她：我也能独当一面了！开始时我的确不知如何着手，可我身边有一群榜样，天天耳濡目染，不会都难。

“小缝小补”，进乡走村

“小缝小补”是城市、乡村“烟火气”的一部分，百姓需要接地气的生活服务。“小缝小补”体现“大民生”。

在官塘乡横坑村村口文化礼堂外的空地上，村民听说义工们今天来村里服务，一早就挑了一担担破损的铁锅、雨伞、脸盆、塑料水桶等，摆得满满当当。今年68岁的慈善义工毛时龙师傅，原本就是县城小有名气的补锅匠，只见他动作娴熟地敲敲补补，一会儿焊接，一会儿修补，忙时连喝口水的时间都没有。村民怕自己的来不及补，纷纷围着毛师傅，嘴上说着：百年一遇有师傅上村服务，我先来，我的先补。我让各位不用慌，今天我们既然来了，就会为大家补好锅盆。我看见旁边一位大爷拿了很多，就问：“大伯，这些都是您的？”他连忙回答：“不多，就六七个。”看这情形，就知道补锅是山区老人刚需。“这师傅补锅盆技术真好，瞧，这盆补得像新的一样，又可以继续使用，真是太感谢了！”村民边走边说。

由于东部山区路途遥远，山路十八弯，多名义工服务队员要忍受晕车痛苦，叶青姿就是其中一位，到横坑村，看见村民排着长队，来不及漱口，马上擦干嘴上呕吐物，踩着老式缝纫机，为村民们修补起来。“我这条裤子是女儿买给我，太长了没法穿，能不能帮忙剪一节？”叶青姿细心回答大姐，大姐马上露出满意的笑容。

周炉生也晕车，但他到了目的地，搓了把脸就抬来了补鞋工具箱，看见村民王大爷磨损严重的鞋底，他先用挫刀挫，再补上一块皮子。“非常谢谢你们，帮我补了两双鞋，我又可以穿着劳动了。”王大爷抱着鞋子心满意足地离开。

因事制宜，加强服务

“山区夕阳红行动”项目中，理发师傅上可以说是最辛苦了，忙时差不多要站一整天，行动不便老人还要上门理发。所以，会长就先联系各村村长，老人多的村就安排3—4位师傅，老人少的就安排2位师傅。

“山区夕阳红行动”项目中讲座一项，我们也反复调整，争取能更好服务老百姓。去淤上乡、同心新村等地服务，叶小林秘书长提前就与庆元县消防队联系，他们派出专业消防队员来给老人讲解消防安全知识，老人们参与度很高，连带来的小孩子都积极参与互动。在贤良镇石川村，叶积钦会长亲自上阵，手把手教留守老人如何使用灭火器，老人听得可认真了。

年关到了，诈骗电话特别多。在青竹村，我们让在电信上班的义工吴家树给村民讲解一堂防电信诈骗知识讲座。

五大堡乡离县城近，大家喜欢的交通工具是电瓶车，针对这种情况，我们让杨桂芬老师给村民开了一堂关于交通安全知识的讲座，让村民们明白电动自行车上路行驶一定要佩戴安全头盔，装备要齐全，检查刹车是否灵敏，电动自行车应当在非机动车道行驶等等。

慈善是一盏灯，温暖别人，照亮自己。这一年我走遍家乡所有乡镇，看见了我以前从没见过的生活，感触多多，收获多多，这些也是我人生一笔精神财富，不断丰盈自己。当我在无助老人面前感到被需要时，当看到我所帮忙过、服务过的人对我露出灿烂的笑容时，我更坚信当初选择是正确的；我会将更多的爱融入今后的工作中。也期望有更多的年轻人投入这一项慈善事业中来，去帮忙更多需要帮忙的人。正是因为参加了“山区夕阳红行动”项目，我更懂得了责任，学会了感恩。

慈爱善心的点滴记忆

◎胡恒鹏

救火捐赠

1974年我在丽水县下林萤石矿区，正好碰上民房失火，片刻间房子及家产被大火吞噬，灾民一无所有，在大灾面前非常无奈，只见他们不断地揩泪水。灾民的苦难激发了我的一颗善心，事后单位发动大家救灾，我把最新最值钱的羽绒背心衣服捐赠了。这就是那时候的思想境界，心中装有别人，帮助别人是最大的快乐，发自内心，随意而自然，舍得这样做。

送别工友

记得在2005年，工友吴明仁得胃癌病重住进庆元县人民医院，当年他是下岗工人，每月工资仅700元，妻子、女儿早逝，且儿子不在身边，家庭情况特殊，家境十分清寒。看到病床上躺着极度虚弱的工友，友情油然而生。我从医院回家就和家人商量，妻子取来10000元现金，我专门送到医院给他用，当场就跟他家人讲清楚，这钱不是借，是送，不要还。那年代10000元人民币也算大方了，可那是一份工友之情，钱不足挂齿，友情珍重。不久曾经朝夕相处的工友吴明仁离开了我们。多年之后，他的亲戚朋友和我的工友们还在坊间传颂着我当年对待工友的那份真诚工友情。一桩善行旧事，现在回忆起来还是美美的。

慈爱善心的点滴记忆

2008年5月12日汶川地震，我向政和县红十字会捐款500元。在庆元县捐的记不清了。

2024年左溪镇领导和县慈善总会领导推荐我当左溪镇乡贤联谊会副会长，为助力家乡发展，乡贤加慈善，我向左溪镇乡贤联谊会捐款10000元。

近些年来，对于生活过得去的亲戚自然不必关注，但对于体弱因病致穷的亲戚我还是给予关心。有位在景宁县的表亲是低保户，我每年临近年关时均会汇给1000至3000元不等给他们家过年。

2023年村里胡振友房子被火烧了，胡振友一家住无居所，我向村集体设立的专户捐了2000元以表心意。

当上左溪村慈善基金理事会长

2014年，我被左溪村推选为慈善基金理事会会长，我欣然接受，接着我写了捐款倡议书，发动村民勇跃捐赠，并带头捐赠了3万元。

每年基金存款收益15000元左右，此款经村两委根据当年村民生活情况进行分发；一是敬老，给老年人发红包，分60岁、70岁、80岁以上3个档次；二是助学，鼓励莘莘学子努力学习，给村里当年考上大学及研究生的学生发鼓励红包；三是给当年评选出来的特别困难户发关爱红包。每年春晚作为一个特别节目上台列队分批次领红包，挺暖心的。虽然红包数额不大，但所包含的情意不小，敬老、助学、济困凝情聚心效果非同凡响，村级慈善活动传承的是一个村庄的时代风尚。

对这份工作我非常热心，很乐意能为老人、学子、困难户做点事。因为基金收益有限，在困难户多的年份临近春节时，我会发动有能力的村民解囊相助，当然自己也力所能及，众多村民积极响应，于是村里兴起一波波互助互爱热潮。在捐赠工作中，让我印象最为深刻的是胡振民和胡纯民两位乡亲，每次总是很慷慨，让全村乡亲暖心欢颜，同舟共济度春节。

2019 年，因患癌症，经村委会同意，我把这会长头衔推荐移交给胡逢鹏，脱职养病，但对村里慈善事业我还是一直惦念着。

着力著书，抒发历史文化慈善情怀

挖掘历史文化蕴藏，丰富文化生活，这也是我展现慈善的重要一面。民以食为天，文化也是粮食，生活需要健康的文化滋养。退休后我不计任何报酬著书稿 10 部，计 200 多万字（其中有 4 本书已正式出版）。这些书稿我全部日以继夜义务而写，一字一句凝结心血。我不光是写，为了传播文化还送书捐钱。

2015 年 12 月 17 日，向重庆市、江西鄱阳县等全国众多图书馆邮寄捐赠《南宋名臣胡纮》数百本。

2019 年 10 月 7 日，向《荷地村志》捐赠善款 2000 元，定向捐赠到辽宁省安山市等 27 个图书馆。

2020 年为《浙江省松源胡氏谱志》出版捐赠 15192 元

2023 年庆元县委宣传部在浙江人民出版社出版《叶宗留邓茂七起义研究》，为增加发行量扩大宣传，在宣传部出资 10 万元基础上，我捐赠出版费 7 万元，计 3000 册，赠送相关省、市、县宣传部、档案馆、图书馆和全国知名的藏书馆及知名大学图书馆。

此外，我对家乡历史文化的传承也尽心支持：

2017 年村里修建庙宇，传承马仙文化，我向左溪马仙宫庙捐赠现金款 15000 元，石狮子一对 7600 元，合计 22600 元。

2020 年左溪胡氏修建祠堂（中铨祠），祠下宗亲推选我当理事会长，家里以儿子名义捐赠左溪中铨祠修缮款 35296 元。

平心而论，如果将义务无偿写书的这些精力放到赚钱心思上去，可能会赚到一笔可观的劳动回报，但以无偿写作的方式行善，人生也挺有意义。

履职扶贫发善心

1997年我当选县政协委员后出差到竹坪村，看到大部分村民还住在破旧民房里，生活艰难。由此我想起了上大学时所心念的“人民送我上大学，我上大学为人民”这一初心，于是我用自己所学的知识，以一名政协委员的身份，对庆元县东部地区资源、环境、经济、人口进行了认真调查研究，最后写成了一份4万字的调研报告，引起了全县上下的重视。随即相关部门相继开展后续调研，县政府陈建波副县长组织相关部门和乡镇书记开会进行专题大讨论。当时县政府大门口放了一块红纸写的标语牌，标语内容用了我报告中所写的“对东部要动脑筋、动感情、动真格”。于是县委、县政府采取措施，出台下山脱贫政策，惠及广大山区贫困农民。

另一份报告是：1998年6月13日至6月22日庆元连降暴雨，造成全县1万多处山体滑坡及隐患，威胁1万多居民生命财产安全。我把这一灾情写成书面报告送到县政协，然后县政协修改后转市政协，市政协转报省政协，省政协专报分管副省长章猛进。随即章猛进带队专程赶往庆元察看灾害现场，迅速下拨救灾资金，拉开庆元县地质灾害防治工作序幕。接着，浙江省地质灾害防治工作现场会议首次在庆元召开。

而今人们在说，庆元县一个个下山脱贫脱险移民小区的建立，工作走在全国前列，与我慈心善意所写的相关报告不无关系。

技术扶贫展慈爱

2004年，虽然自己家庭经济状况已有所改善，但兄弟和六亲九眷还是很困难，于是教他们打钻，记得首先联系到的高利润水井交给他们打，工程款如数付给他们，当年他们就还清了购买设备的借款，开始赚钱。现在弟弟他们都成了杭州有车有房族，后来对于堂弟，表兄弟及给我开钻机的人，先是设备由我购置给他们一半股份，使他们也慢慢改变了贫困现状，他们大都成了有房有车族。

2016年我因人老有病，需要动手术，于是决定彻底退出我苦心经营多年的打钻事业，留点时间开始安度晚年，最后结束时我决定把我自己所购的18台钻机全部无偿赠送给原来给我开钻机的亲人及朋友，谁开的钻机资产就送给谁，明确表态废铁也归他们自己，仅一天时间就把18台套钻机资产权全部处理完毕。

现在他们已经能够自己各自找业务经营钻机，有一门技术和钻机设备，继续活跃在钻探施工市场，培养了一支钻探技术队伍，为他们找了条生计之路，解决了一些就业问题。平时碰到老家的人，听到说得最多的一句话是“你带了很多人”。

要想他们摆脱贫穷，那就要教他们挣钱的方法，教他们知识技术，有专长就有脱贫门路。正所谓“授人以鱼不如授人以渔”就是这个道理，这样的做法才是真正的帮助他们。

善行古范

SHAN XING GU FAN

当善行成为一种文化、一种传统、一种信仰，并深深地植根于人们心中的时候，它就会成为推动社会文明进步的重要力量。

“廊桥县令”杨芝瑞

◎吴丽娟

此刻，我正从家中阳台靠西边的窗户望出去。

松源河两畔，嫩绿、浅绿、青绿、雏鸭绒绿，大片大片的绿，从石龙山顶绵延至山脚，从石龙街延伸到江滨路。鳞次栉比的绿，此起彼伏。

在绿与绿之间，有一抹红，格外惹眼。

赭墙灰瓦，轻轻挑起的檐，是隐匿在浙西南小城庆元最有辨识度的建筑物——咏归桥。

春日的暖阳照在我身上，也照在我目光的落脚处，从历史那头缓缓走来的咏归桥上。恍惚间，一种轻盈与厚重叠加的错位感，将我的思绪拉得很远。

这座古老的廊桥，其实有过很多名字。元大德十年（1306 年）首建时，人们以地名命名她，称她为“贤兴桥”。之后，也有称她为“护龙桥”“北门桥”的。到了明代的天顺年间，桥被河水冲毁后，知县沈鹤以龟石为梁再兴，才以“咏归”为名。

而我，每次过桥的时候，总喜欢牵着稚嫩的女儿的手（以前是牵着儿子的小手），告诉她（他）这座廊桥的另一个名字——杨公桥。

翻开厚重的《庆元县志》，关于杨公桥和杨公的记载可谓是浓墨重笔。杨公桥简介 213 言，知县杨芝瑞亲笔撰写的《复建咏归桥记》247 言，《六隘记》404 言，台州进士陈函辉的《杨公桥记》540 言，倪元璐的《杨大夫记》676 言，还有与杨芝瑞同为姑孰（今安徽当涂县）人氏的周之德所写的诗歌《九日补天阁吊杨公》等。

当我逐字逐句去阅读这些竖排的繁体文字时，眼前总能浮现出一些模糊而又清晰的场景：一个面目清癯的中年人，在松源河畔认真地勘探地形、诚恳地与百姓对话……

杨芝瑞是明崇祯十三年来庆元担任县令的，那之前的咏归桥已经被洪水吞噬了四次，老百姓过了近六十年渡河无桥的日子。杨知县到任的第一个月，就有士人、百姓前来县衙磕头，祈请他主持兴修咏归桥。而杨知县并未第一时间答应这件事情，他起身向百姓作揖致谢，并答复道："请之诚善也，但政有缓急，治有标本。方今寇警验动，桑土之谋未备，衣之计尚疏，未遑此也。姑俟之。"他感受到了庆元百姓请求的诚恳，但作为一个有格局有谋略的知县，他认为当时的庆元城边患频发，当务之急是要制定预防寇患的计策，民生民心安稳之后，再来考虑修桥事宜。

之后，他一刻也未敢耽搁，竭力修缮城池，拓宽道路，训练乡勇，重修六隘，亲自上阵擒获、斩杀盗贼，在极短的时间之内便平定了边患。他还不忘修筑堤坝、开垦良田，修缮仓库和监狱等。一时间，庆元城内各项废弛的事务都得以复兴。

百姓看到这样一个雷厉风行、时时处处考虑民生的好知县，心中大为感念，再次祈请杨知县修复咏归桥。这一次，杨芝瑞没有推辞，而是欣然答应。他说："桥梁也是国家政务的一部分，我被委任治理这片土地，如果不尽快思考如何抵御灾害、防备祸害以及一切有利于老百姓生计的事情，怎能不心生愧疚？"

杨公考虑到这座桥屡建屡毁，并没有像其他人一样归咎于河怪，而是觉得以往造桥可能考虑得并不够周全。于是，他亲自勘探地形，与专业人士合力规划，并带头捐赠了五十两纹银（据考证，崇祯年间一个知县的年俸禄约四十五两纹银）。杨知县的义举感染了城中百姓，大家纷纷乐捐，很快筹集了造桥所有费用和材料。

1643 年初夏，廊桥开始了第五次建造。当年秋末，长二十四丈、宽二丈一尺的两座廊桥，以双虹之势重新屹立在松源河上。两桥共计廊屋十九间，桥中央还设立了一座高大的楼阁，旁边还设置了小蓬莱，让星光溪和松源河交汇的地方变成一个鱼嘴的形状，以此来减少水患对桥的攻击和伤害（其功能类似都江堰）。至此，涉水跋涉了 50 多年的庆元百姓，终于又可以便利地在松源河两岸自由通行了！百姓、乡绅为铭记知县杨芝瑞的功德，遂将廊桥更名为“杨公桥“。

380 多年过去了，如今的咏归桥已经不复是杨公当年修建的模样（之后又重建了两次，仅存了双虹靠石龙山的那一部分）。而杨公的事迹，却一直在廊桥之乡的庆元口口相传，人们甚至亲切地称他为“廊桥知县”。

杨芝瑞在庆元任知县的时间虽然只有短短三年，但他应该也是极其喜欢庆元,喜欢咏归桥畔的风景的吧！毕竟,这里有他兢兢业业洒下的智慧的汗水。在县志中，有他的一首诗歌——《石龙潭》。“龙潭碧影静涵虚，龟石浑疑洛出书。更羡清秋明月夜，一泓深处漾芙蕖。”杨公笔下，清秋明月夜的石龙潭，宁静而美丽。而咏归桥与巨型的龟石，更是被杨公以“洛出书”的典故赋予了美好的寓意。

坐在窗前，背对着石龙山，我翻阅县志，在键盘上敲敲打打差不多要一整天了（中间陪女儿睡了一个长长的午觉）。此时此刻，已经是甲辰年清明的夜里了。雨水滴滴答答，打湿了落地窗。我透过布满水珠的窗户，又一次回望隐匿在雨夜中的咏归桥，心中充满了对杨公芝瑞的崇敬。

我和我的孩子们说，在今天这个特殊的日子里，我们除了要缅怀祖先，也应该去感恩对这座城市贡献最大的人,感恩古往今来那些能够为这座城市，为我们的国家留下宝贵精神财富的先贤，先烈。是他们，成就我们的城市、我们的国家如今的美好与安宁。

新中国成立前庆元慈善事业简况

◎吴引年 朱克金

自古统治阶级为了施行“老有抚养，幼有所长”的“仁政”，对鳏寡孤独，疲癃残疾的人，也举办了一些慈善事业。我县也设有育婴堂、养济院、泽漏园等，根据历史资料及访问遗老，在此将育婴堂、养济院等作一简介，以资借鉴。

一、育婴堂

早在清初乾隆年间，我县就在北门石龙山下建有育婴堂一所，初名施孤会，由义士朱君相捐助田租四十把，为收养之资。后因“堂宇湫溢，租息甚微，田没于水，屋亦颓废”(光绪版《庆元县志》)。

至清道光二年二月董事吴登云等首倡重建，得到知县乐韶大力支持，並带头捐廉乐助，改建于埜塘巷口官基(今下宅巷口)，道光三年三月竣工，更名保婴会。这次建筑，规模较大，“堂宇廊房，仓廒井灶，规模宏备，为邻近冠”(《光绪县志》)。道光十年知县吴纶彰又捐廉倡率，复造乳房一栋，上楼下房共12间。设要孩衣裙40套。光绪初，改为保婴局，不久改为育婴堂，至民国十七年改称救济院，下辖育婴、残废二所，育婴所设在院内。残废所设北门石龙寺边。（陈国钧《庆元县情简编·社会救济》）此后曾在育婴堂正屋设城镇第一、二、三保国民学校、动员委员会、田粮管理处等机关。但大门侧房仍有人居住，负责收养弃婴事务，解放前热心地方公益人士吴家恕、姚文林、姚文鉴、姚定封等都曾主持过育婴堂事，农民姚立益、姚逢吉母等曾住堂收婴。

育婴堂拥有相当租产，还有部分资金，租产向附近寺庙庵堂僧人劝募拨入，资金除部分由当时知县乐韶、吴纶彰倡导捐助外，大部分向群众劝募所得。计有枋租2500余把，硕租170余石，合税306亩7分5厘余，现金1400余千文，设董事会董理其事。至民国三十六年尚有田产340亩，每亩年收息租1石，除完赋外，尚有200余石，由基金管理委员会保管使用。

二、养济院

养济院又称存恤，旧址在县治东隅上仓，明嘉靖十四年知县陈泽将其贸价筑城，改建于县北石龙寺左（今党校址），自明历清曾四度重修，系由乡绅殷富捐资，政府支持为收容生活无靠的孤老残疾人而建立的。俗称孤老院。

据查，养济院置有田产约一亩二分，坐落拱瑞堂陈路下。俗称“丐丘”，每年可收干谷千斤左右。设主持人1人，俗称“丐头”。民国十七年改称残废所，由县救济院管辖，当时尚有残废人26人，每人月发食米15市斤，还按大、小口每月发给八角、四角另用钱，收容人数限为20人。还规定外来乞丐到县，必须先到孤老院联系挂钩，未经许可不得任意在境内乞讨，否则就将其驱逐出境。住院乞丐规定每月旧历初一、十五二日在城镇范围内可以向住民乞讨两次，春节期间，住民见孤老院的人来乞讨，必须给他比平常乞丐多数倍的施舍，平常施舍一般用羹匙，而对孤老院人都用升、斗，春节还给以黄粿、年糕等。出城乞讨则次数不在此限，施舍亦照常规，不必多给。

养济院（孤老院）建筑结构与寺庙无异，柱子、门槛都漆以赭红色油彩。民国八年县知事江宗濂修葺一新，并竖有碑文，因址在松源溪边，民国十二、廿一两年两次洪水，院址被冲坏，到解放前几年只剩下五六间破旧平房，也无人专管，终沦为乞丐住所，所以群众索性叫它为乞丐收容所了，今松源镇北门村的吴某曾当过孤老院主持人，土改后“丐丘”分给北门村人耕种。

三、漏泽园

漏泽园是官家设的丛葬地，因战乱死亡尸体无人认领或衾贫无葬地者，由官家丛葬于此。据《汉书·吾丘寿王传》称周朝的德泽“上昭天，下漏泉”。漏泽园之名即源于此。又有人说这个制度起于宋代。我县自明万历至清末共有9处漏泽园。这些漏泽园分布在城内社稷坛、济川门外、丰山门外、薰阜门外，安定桥、上仓樟树坪等地6处；在竹日村西北、东南各1处；在四都铁山1处。有的由知县置，但多数是热心地方公益事业的慈善家施舍场地设置的。

四、停棺所

停棺所在北门外石龙寺右（今党校附近），建于何时，已无可考。清咸丰七年里人姚冠率侄文玑、文登等重建。停棺所是为一时未择有葬地或客死异地者暂时安置棺木的处所，因地近咏归桥，民国十三年修理咏归桥时曾用来堆放木料，后来一些在公园坪被枪决的罪犯的棺木也放置于此。

此外在后田街尾的桑园（现酒厂址）也设有停棺所。民间则一般都将未安厝的棺木停在山上待葬，未有固定地点。

父子义行著乡里

◎纪江明

吴俸（1555—1626），字介卿，小字仪阳，庆元大济村人。吴俸的父亲吴道揆，因承包庆元三都田地和山林，成为庆元县“首富”，明代胡辅撰写的《明故冠峰温九公行状》记载：

……公讳道揆，字汝制……邑西三都地，素饶矿而邻于闽，俗奢惰，不乐本业。及矿匮，而俗犹，故井落萧然凋敝。公力陈当道，尽驱垄断，使缘南亩。不数年，官有租，室有余。公籍亩而窖藏亦渐满，岁时发粟……思修齐据拮，积累致资巨万……（庆元县政协文史资料《大济古村》）

吴道揆乐善好施，义行著乡里：出资200余金购买寺田，助筑县城城墙，后还田于寺；董理县学迁建，并捐田36亩入学田；出资将县城经山头洋、安溪至福建政和腰岭界的40里羊肠小道，拓宽成便道；建造双门桥、攀龙桥、马夫人庙、吴氏中宅祠；以小青砖筑庆元县城至大济村2.5公里的金甃驿道和村中2公里的金甃街。

吴俸以茂材（德才兼备）推荐入太学。明万历十八年（1590），授山西都事，后转辽东“抚夷”，负责安抚少数民族工作，有治绩。

明万历二十九年（1601），吴俸从东北到海南岛，任琼州府抚黎通判。琼州府以往都是督捕兼抚黎事宜，明万历二十九年，两广总督戴耀奏请朝廷，专设抚黎通判一职。《万历琼州府志·卷九·名宦》记载：

吴俸，浙江庆元人，本府通判。琼自万历二十年以督捕兼管抚黎，至二十九年，添设抚黎通判，以俸领之……

吴俸成为琼州首任抚黎通判，专管黎民事宜。黎民居山中，以洞穴或茅屋为宅。黎民民风彪悍，叛乱之事时有发生。《古今图书集成·方舆汇编·职方典·卷一三九〇》记载：

三十年（1602），剿平可森等生黎。按《儋州志》：万历三十年，可森、可誓生黎捉人入峒，匣取财畜。督备百户林栋奉州牌开匣，被黎杀死及军兵数十人，副总兵邓钟同抚黎通判吴俸督汉兵剿平之。

吴俸对待黎民剿、抚相济，以抚为主。平定黎民叛乱后，两广总督戴耀在火蕉村建水会城，置守御千户所，调兵把守。吴俸在水会城积极开展“抚黎”工作，清雍正九年（1731）版《广东通志·卷四一·名宦志》记载：

……俸承马矢剿定之余，开示信义，招抚黎人，黎出听招者数十峒，愿输纳者数百顷。

招抚黎民入城后，吴俸又投入城市建设中。明代王弘诲的《水会所平黎善后碑记》记载：

……遂议筑水会城，置守御千户所，为万千年不拔之基……宪使林如楚、副总兵邓钟、抚黎通判吴俸相继踵至，规画善后，不遗余力。若留戍守，兴屯田，勾军伍，稽亩籍，创公廨，伐山开道，东通万，西通儋，渐次疏通。又设巡司以备讥察，立墟市以通贸易，建乡约以兴教化，竖社学以训黎庶。时届王正诸峒蛮，扶老携幼于新城，观灯玩彩，熙熙然快睹升平气象……（《古今图书集成·方舆汇编·职方典·卷一三九二·广东黎人岐人部艺文》）

吴俸在水会城里建文庙，设立社学，并从琼州府学请来秀才教学。《古今图书集成·方舆汇编·职方典·卷一三七七·琼州府学校考》记载：

水会社学。明万历二十八年（1600），军门戴耀平黎马矢，立水会城公署。三十一年（1603），抚黎通判吴俸创建文庙、两庑、明伦堂。设社师，训黎童，置学田赡之……

吴倖还以通判的身份兼署琼州府所在地琼山县事。《广东通志·卷四一·名宦志》记载：

……署琼山，有积案，连年不决者，即时昭雪。禁革浮耗，令悬钲署门外，有擅增分厘者置法……

吴倖首先清理琼山县积案，平反冤假错案。同时，摒弃婚丧嫁娶之陋俗，引导百姓养成崇俭的民风；革除历年胥吏擅自增加的徭役，减轻百姓负担。处理政事公正严明，不畏权贵，清廉自守，不徇私情。

琼山是琼州府治所在地，珍珠、沉香等物产丰富，民间历来有贿赂官员以谋私利的习惯。吴倖早晚提醒自己“不敢一钱自欺”，即不以任何借口收受哪怕一两贿赂，因而深受百姓爱戴，当地黎民有歌颂：“人道我公清如水，我道公清水不如。”

吴倖以太学生授官，深知学校教育的重要性，《广东通志·卷一六·学校志》记载：

琼山县儒学，在府学西……二十五年（1597）飓风作，堂舍悉圮。署县通判吴倖捐俸修建……

因为卓有政声，清雍正九年（1731），广东总督郝玉麟纂修《广东通志》时，将吴倖收入“名宦”。不过，当时吴倖虽政声卓著，却遭到了“谗言”。《广东通志·卷四一·吴倖》记载：

……后以左迁去，士民裹粮赴开府恳留。时有同官督捕亦同日渡海，士民送倖者载道，而某无一人，可以知贤否矣。

《万历琼州府志·卷九·名宦·吴倖》记载：

……后以左迁去，士民裹粮赴上保留。时有同官督捕者亦同日渡海，士民扶老携幼送吴者载道，而彼无一人。此可以识人情矣。

“左迁”，指降低官职。“去”，指离开。吴倖勤政为民，清廉刚正，却因“谗言”而遭黜降。不过，群众的眼睛是雪亮的，吴俸辞官离开海南岛渡海时，琼州府官员、士绅和百姓纷纷前来送行，人太多，把路都堵住了。而同日离岛的同僚督捕，却无一人搭理。

明万历三十二年（1604），吴俸已50岁。虽遭小人诋毁降官，但吴俸心中坦荡，他干脆辞官回到了大济老家。

吴俸居家20余年，接过父亲“尚义”的衣钵，1996年版《庆元县志·人物》记载：

吴俸回乡后，主修宗谱，倡建文昌阁、济川门，立傩会社田，鼎力桑梓建设。

明万历三十六年（1608），吴俸出资建造文昌阁。文昌阁位于小济盆地，济川溪畔。文昌阁供奉掌管文运、功名禄位的文昌帝君神像，吴俸在济川溪水尾建文昌阁，既有对大济文风长盛不衰的祈盼，又有关锁大济水口，使村庄藏风聚气的愿望。文昌阁建成后，庆元知县陈钟琩、教谕徐应亨等官员和文人纷纷前来祝贺，并作诗唱和。

文昌阁在清康熙二年（1663）进行过一次重修和扩建，之后一直存续至20世纪60年代末。每年二月初三和八月初三，大济吴氏在文昌阁举行祭祀文昌帝君仪式，以激励子弟悬梁苦读。文昌阁也成为庆元县文人、学子心中的圣地，每到文昌帝君诞辰日，他们纷至沓来，顶礼膜拜。

善行古范

◎鲍世东

从善如流，是我们中华历史文化中一种重要的维系社会关系的道德风尚，她像一盏明灯，高悬于人们的心灵时空之上，导引着那些在困境中无助的人们走出困境前行的方向。这样的风尚，贯串在我们的历史长河中，史志中有大量我们先人的善行义举的记载，这些事迹，足以成为今天我们一笔精神财富和行为觇标。

庆元大岩村《范氏家谱》序言中有这样一段记载："范武子蠡，又寓居于吴，既而为越大夫，相勾践霸越灭吴。灭吴而返，遂乘轻舟浮于五湖，越王命工以良金写范蠡之状，而朝礼之，环会稽三百里以为范蠡地。范蠡忽一日，使人取妻子而去，变名易姓，适齐为鸱夷子皮，耕于海畔，父子治产，齐人闻其贤，以为相。既而归相印，之陶为朱公，朱公以陶居天下之中，诸侯四通，货物所交易也。乃治产积居，与时逐而不责于人，十九年之中，三致千金，再分散与贫……"

范蠡（前536—前448），字少伯，华夏族，楚国宛地三户人。春秋末期政治家、军事家、谋略家、经济学家和道家学者，越国相国、上将军。被誉为"慈善鼻祖"，尊称为"商圣"，他帮助勾践兴越国，灭吴国，被封为上将军。功成名就之后急流勇退，化名姓为鸱夷子皮，遨游于七十二峰之间。期间三次经商成巨富，多次把自己的家财分给需要救助的人。

为民办事，为民办实事，向来就是古人为官的座右铭，在范源《蔡氏家谱》中记载了这样一段话，说："蔡寿基公（蔡襄）任广东镇守巡按监察御史。时福有泉州洛、阳二姓造桥，海深潮涨，经年不成。公以济人利物为分内事。乃斋沐祷于天地，潮退现出石块八十四（实六十四）墩，得采石以造功成，遂名"洛阳"。这段话中的"乃斋沐祷于天地，潮退现出石块八十四墩，得采石以造功成"显然有民间迷信成分，"洛阳"二字的理解也有出入。但是关于蔡襄在泉州主持造洛阳桥的记载却是史实。真实情况是这样的：

洛阳桥位于福建省泉州市东郊的洛阳江上，洛阳桥是我国现存年代最早的跨海梁式大石桥，是世界建桥梁筏形基础技术的开端，是我国历史上四大名桥之一。

未有洛阳桥之前，洛阳江"水阔五里，波涛滚滚"。人们往返只能靠渡船过渡，每逢大风海潮，常常连人带船翻入江中，所以人们为了祈求万无一失地平安过渡，就把这个渡口称为"万安渡"，据《泉州府志》记载，旧万安渡是北宋庆历初郡人李宠甃石作浮桥，桥也因此称之为"万安桥"。但是浮桥又很容易被江水冲毁，百姓深受其苦。

时任泉州郡守蔡襄（1012—1067），带领当地民众，于北宋皇祐五年四月至嘉祐四年十二月，花了六年零八个月的时间，耗资一万四千多两银钱建成洛阳桥。

洛阳桥的建成，为古时福建、广东人民进入北方提供了方便。为了纪念洛阳桥这一旷世工程，也为了感激蔡襄利人济物的义举，人们事成后在桥边为蔡襄塑像以示纪念。

类似范蠡、蔡襄的善行，在我们的古时庆元也不少，被记录在《庆元县志》中。

历史时期，我们庆元是一个"深僻幽阻，舟车不通"，与外界几乎隔绝之地，但正是这样一个山高皇帝远的地方，再加上庆元城防屡修屡废，让盗匪山寇有可乘之机，福建寿宁、松溪的匪寇经常性地前来侵扰，烧杀掠夺，无所不为。为保平安，筑城隘设防，就成了首选的防御手段。据县志记载，万历辛巳夏至壬午之冬，庆元知县杨芝瑞，主持重修县城，耗资“大约赀以千金为概”，“邑人之捐输与取于库者仅及其半耳”，官方修城，百姓出资，竟“及其半”，这真可谓是众志成城。

除了城防外，还曾有隘的修筑，比如棘兰隘、马蹄隘、乌石隘等，庆元史上共有六隘。修筑时也是群情激奋，官民合力，事成后也真起到作用，棘兰隘修成后，“是年冬，贼果千群至”，官民拒隘防宁“相持两昼夜，贼汹汹猕引而上，斩其六级馘，遂他去……”（《庆元县志·艺文·六隘记》）终于保住了庆元一个阶段的平安。

设防保安这样的大事，众人鼎力相助，在所不辞；关乎百姓的行止桥梁、道路的建设，古时人们也是奋勇争先。

松源河历史上“凡游宦之车马，市民之携挈，行旅之担荷，越是溪者，唯伐竹代渡而已。至于春夏涨浮奔流，跳浪争趋，疾渡者，有蹴踏倾覆之患”，可见，在没有桥梁的情况下，松源河就成了古时两岸人民出行的天然屏障，为此在政府的带领下，百姓“遂捐资抡材，鸠工伐石，邑之民士，欢趋乐助。”不到一年工夫，“长跨若干步，横架四十一间”的大桥落成，“师儒来游来歌，恍若‘风乎舞雩’之咏”，于是题桥名为“咏归桥”。（《庆元县志·艺文志·咏归桥志》）这就是咏归桥的来历，官民合作的硕果。增胜、便民，一举多得。

无独有偶，修杨公桥（今已无存），也是一方百姓与官员的义举，县宰带头，“搜橐中俸金五十两以为之倡。”百姓跟随“邑之挥镪乐助者，翕如也。”在官民协同下，当年一座“横卧于绝壁危渊之间，栋宇庄严，丹彩宏丽”（《庆元县志·艺文·杨公桥志》）又增胜又便行，以县太爷之姓命名的杨公桥就这样落成。

过去，人们对修桥的意义，另有一方认知“津梁之设，又所以补天地之气机，聚山川之秀气而大有文运，岂仅系一方之利涉而已。”（《庆元县志·艺文·建角门桥志》）所以，修桥就更有了官民别样的动力。类似的事例又比如康熙十一年修角门桥，程维伊“捐数岁之俸，以为邑人倡，诸绅衿父老不谋同辞，各效厥力。”（引文同上）县太爷自掏腰包，“以为民倡”，百姓“各效其力”，足见我们先民行动的自觉。

修桥是这样，修路也是如此。

当年的磨手岭是“庆达闽之要道，尤陡峭而入云际，自下而上积九百余丈”，庆元望族姚园“縻费一千八百两有奇”，独资修磨手岭，将险峻的山岭由二尺拓宽为五尺，并筑石阶，“化险巇为坦途。”（《庆元县志·艺文·修磨手岭暨建亭阁记》）且建大士阁亭，为行人遮风避雨，提供方便。独自耗资一千八百多两白银，今天我们无法准确换算其价值，但近三千米的盘山陡峭曲径，从两尺拓宽至五尺，其费用绝对不是一个小数目。这样的义举，难能且可贵。

由此看来，每个社会成员，之所以行善，不是简单地出于做好事的动机，而是个人承担对他人的社会责任，以及利用慈善去建立维护人与人之间的一种社会关系。所以利人又利己的事，古人出资出力，不惜代价，乐此不疲，而专门利他的行为也是如此。

康熙前期，由于“兵燹”，百业待兴，经由各方多年的努力，“百废俱兴”，“独学舍阙如”，学生“借民舍或僧寮道院”等处凑合上学，为此，兴办学舍刻不容缓。康熙三十六年，庆元教谕胡玠“从生门拮据三十金付首事为之倡”。接着“多士之好义者，咸鼓舞从事矣，多寡各输其志。……”（《庆元县志·艺文·续成庆元学舍记》）又，知县谭正坤，面对松源书院“岁入不敷”情况，“爰以入官银一百五十两嘱明经姚涵增置粮田七十祀，稍补不足。”（《庆元县志·艺文·增置书院田记》），可见，兴资办学，历来是我们的优良传统。

明清以来“民俗溺女之风未尽，胎娩之余，弃之如尘土”。弃婴事件极为常见。为此，仁人义士，多方筹措，屡废屡建育婴堂。义民朱君“相捐田以实经费，以资育婴堂费用”。不但官民捐资，社会各界也鼎力支持。石龙山下一育婴堂，连庵僧也出手相助，“送庵中余产总计枋租二千五百余把①，硕②租一百七十余硕，合税三百零六亩七分五厘余，养婴之需”。由于各方出资助力，结果使育婴堂无论在规模还是经营上，都上了档次：“辛卯春乞壬辰夏，添收遗孩二十五口，连前共二百二十口零。”（《庆元县志·艺文·育婴堂记》）大大缓解了弃婴的危害，从而救助了多少无辜的生命。在物质相对匮乏的古代，能倾囊齐心抚养他人弃子，如果没有一份爱心，是绝对做不到的。

古籍中善行义举，古风古范，灿然在目，今人读来，于心戚戚，值得细心玩味。史实说明，一个人只要诚心为他人有了慈善付出，总会有树碑，或有立传，不是在人世上，就是在心田里。

注：

①把：过去稻田面积计量单位，一手秧苗插下的面积，约十二平方米。

②硕 dàn：容积计量单位，同“石”，十斗。

明清庆元的慈善概况

◎姚　绥

一

我国是世界上最早倡行与发展慈善事业的国家，慈善思想源远流长。先秦诸子百家与随后的佛家、道家都对慈善有过精辟的阐述。譬如，儒家讲“仁爱”、佛家讲“慈悲”、道家讲“积德”、墨家讲“兼爱”。各流各派虽在表述上不尽相同，然义理相近。都蕴含着救人济世、福到为民的人道理念和道德准则。

有史以来，许多的慈善活动都是在官方的主导下进行的。为此，政府还特别制定了慈善制度和设置了一些慈善机构。例如，隋唐时期的仓廪制度；两宋时期的福田院和居养院；明清时期的养济院和育婴堂等。慈善义举薪火相传，已凝成一种乐善好施的观念和行为。在慈善意义上的恤老慈幼、扶贫帮困亦成了中国人约定俗成的道德规范。

庆元县较早的社会慈善机构是成立于明代的养济院，位于县治东隅上仓。明嘉靖二十四年（1545），知县陈泽（广东南海人）主持修筑庆元城墙时，需搬迁一些房屋，在民众的捐助下，将养济院迁建到县城北的石龙山下（今生态公园内）。明崇祯十七年（1644），知县阴佑宗（四川内江人）；清乾隆六十年（1795），知县戈廷楠（河北献县人）主持对均因遭受台风、洪涝毁损的养济院进行了两次大修复。

处在石龙山下的养济院，由于长期受自然灾害频繁侵袭，造成院田荒芜，庭院颓垣败壁。清道光二年（1822），知县乐韶（云南普洱人），在庆元绅士的请求下，同意在县治东野塘巷口（今下宅巷口）处重建，并更名为育婴堂。除收养孤儿外，同样收留一些鳏寡孤独和残疾之民。乐韶在《育婴堂碑记》中称："绅士请以野塘巷口官基为建堂之址，查照金华县成案，通常定章，各宪可报。前后共捐钱若干缗，田若干亩，并捐割寺院余产若干亩。始事于道光二年二月，讫道光三年三月上浣日而落成。"

营建前，乐韶召集庆元绅士吴登云、吴登瀛、吴昌兴、王勋、姚驹、姚镜泉、叶之茂等人商议成立了董事会，参照旧章，为育婴堂制定规条十六则。乐韶对诸绅士告曰："抚养黎元者邑宰之任也，修举废坠者绅士之功也。今欲建造育婴堂于野堂巷口，此仁德之事，诸君宜勉行之。"并亲自带头捐廉乐助，买官项田一百七十把捐助。要求绅士们为育婴堂募捐。吴登云等起而对曰："婴孩有堂以怀之，不可无食以养之，石龙山下故址前车之鉴也。"绅士们纷纷慷慨解囊，集腋成裘。其中吴昌兴捐田十亩，捐纹银一百两。官府授予他"情殷怀幼"匾额表彰。

二

育婴堂虽已落成封顶，但尚未完成，室内还有许多工程需续建。而此时，乐韶接到上峰通知，即将调往兰溪县任知县。临走时，他嘱托继任者完成他尚未竣工的育婴堂剩余工作量。接任知县者黄焕（广东雷州人，1823年起任），莅任后不负所托，非常重视育婴堂的后续建设。召集育婴堂董事吴登云等人前来议事，并在原拟的十六则堂规上增加了给米、给钱；领养、收养二条作补充规定。道光五年（1825）五月，知县黄焕在其撰的《育婴堂记》中称："庆邑育婴堂久废，前任晓园乐君摄篆之初，他务未遑，即以斯举为急急，倡捐乐助，不数月而堂成。”

清道光八年（1828），黄焕调离庆元。道光九年朱瀚（江苏常州人）、陈文治（云南人）赴任，一年内二任知县，因任期短暂，没有什么作为。道光十年（1830），继任知县吴纶彰（广东肇庆人）对育婴堂又进行了一番大改造，他在《重建育婴堂记》中称：“庆邑向有育婴之所，岁久颓废。前任乐公韶，慨然兴举，进邦人士而谋之，咸踊跃乐从，择地诹吉，制甚精严。后黄公焕复添堂规二条，区画章程，视昔更详且备。”

吴纶彰带头捐俸银，鼓励社会各界捐助。用所得善款兴建了乳妇房一栋，以及廊房、仓廒等一系列工程配套设施。增添了老弱妇孺们的新衣服和被褥，使育婴堂更加完备、更具规模。对剩余捐款，增置田产，以裕永久。育婴堂建设完美收官后，吴纶彰开心地说：“乐韶倡而创之，黄焕补而续之，余又扩而充之。”

时隔46年之后，清光绪二年（1876）五月，庆元发大水，城内水深丈余，育婴堂毁损。知县史恩纬（河北宛平人）对育婴堂进行了重修，收容了为数不少的孤儿、残疾和鳏寡孤独人员。

三

庆元旧社会弃婴、溺婴的恶习甚为普遍。为了防范杀婴，官府及慈善人士一方面告诫劝阻，一方面由育婴堂予以救济。为了有效遏阻有些人的溺婴行为，朝廷颁布了各种法令与措施。庆元《育婴堂规条》规定：允许用领养童养媳来救济女婴，对孤儿们应视如己出；领取女婴为童养媳者，配合诸事有本堂分照为凭，生父母不得干预争执；女婴成长，生父母要相认者，准许其到堂查明姓氏籍贯；生女之家，苟不能割爱仍愿领回自养者，堂方同意；若已被人领作义女、童养媳等，不许给还；有媒人能将堂养女孩说合与人领做女、媳者，每人赏钱一百文等。

明清时代，伴随着商品经济发展和文化交流的影响，公益慈善事业同时得到进展，慈善观念得到社会各阶层的普遍认可。士绅、商民纷纷参与慈善活动，以捐谷赈灾、修路建桥为主要内容的个人慈善活动踊跃。清嘉庆年间，家住后田街头的民间义士吴昌兴，为人质朴敦厚，热心公益。从嘉庆四年至嘉庆二十五年的21年间里，在本县范围内共主持修建桥梁7座、道路5条、凉亭5座，其中后田街头通往东区的尚义桥和石龙寺前的护龙桥均系他独力出资营建。清嘉庆十六年（1811），庆元知县鸣山（满洲正白旗人）奉旨兴建额称“乐善好施”石牌坊，立于后田街头的师公桥边，以旌表吴昌兴的义举。

漏泽园，是古时官设的丛葬地。凡无主尸骨及家贫无葬地者，由官府出资丛葬，称其地为“漏泽园”，创始于北宋元丰年间。明朝天顺四年（1460），明英宗朱祁镇诏令全国郡县皆设漏泽园。漏泽园的措置同养济院、育婴堂等是社会重要的日常福利机构。其中涉及粮食、经费等拨发，因此漏泽园的措置多由朝廷和地方政府颁令实施，存在基本的设置程规和管理办法，是一个制度体系完善的福利机构。

明万历元年（1573），庆元知县劳铭彝（安徽怀宁人）对漏泽园重建。至清末，全县共建有漏泽园9处，分布在城内、后田、大济、竹口等地。由官府和热心地方公益事业的慈善家出资或施舍场地。捐助是明清慈善组织经济的主要来源，尤其是到了清代，捐助慈善活动成为一种风尚。参与群体广泛，当官的捐廉银、士绅捐房产、地主捐田地。

四

社仓，古代为防荒年而在乡社设置的粮仓。社仓积储官粮，以备灾荒救济之用。旧时，庆元县仓储只有官仓两处，一处在县城内官仓巷，称“常平仓”。另一处在九都竹口，称“竹口官仓”。此外，还有“预备仓”，设五所。庆元原本只有官仓并无社仓，乾隆二十三年（1758），浙江巡抚杨廷章向朝廷奏章，朝廷准奏，时任知县陈春芳（河南郑州人）奉文在各主要乡镇建置了社仓14座。由庆元县官府主导，设立董事会。通过劝募捐筹，储谷贷放，把粮食借贷给百姓，并规定历年春夏出借，秋冬收回。

庆元县洪涝比较频繁。据清光绪版《庆元县志》记载：从明代永乐十四年（1416），至清代光绪二年（1876）的460年中，共发生大洪水30多次。造成人员伤亡，田舍冲毁。旧时候，一旦出现天灾，断了收成，家中没有余粮的百姓，马上会沦落到饥民的行列中。在饥肠辘辘下，社仓及时开仓赈粮，救济饥民，帮助走出困境。

古代，出现了不少由私人创办慈善设施的故事。如，南宋著名理学家朱熹，深知民情。曾说："天下国家之大务，莫大于恤民。"南宋乾道七年（1171），闽北地区洪水泛滥，饿殍载道，饥民骚动。是时朱熹正闲居在福建崇安县（今武夷山市）开耀乡五夫里，他并没有救灾职责，但却多日奔走考察灾情。他一边向朝廷上书救灾，一边在开耀乡五夫里创办"五夫社仓"，帮助解决百姓灾年生计问题。该社仓开创了南宋救荒的先河。为纪念朱熹这个惠民善政，后人将"五夫社仓"改称为"朱子社仓"。

明清政府颁行谕旨饬令，鼓励支持慈善事业发展，民众纷纷响应。庆元县许多人的善行善举，已被载入清版《庆元县志》。慈善是一种美德，当别人遭遇坎坷时，它是躲避风暴的港湾，是带来慰藉的星光。

乐善不倦　子孙秉承

——记乡绅姚鸾及其子孙事迹

◎吴起田

我国慈善思想与慈善活动源远流长，宋元以后，特别是明、清两代，民间慈善事业的发展臻至繁盛，内容丰富，善人善事层出不穷。清朝时期，庆元上仓有位乡绅姓姚名鸾，字和声，县增广生，恩授征仕郎，候选直隶州州判。庆元民间称其为姚氏“伽蓝太公”，仁慈善良，一生尚义疏财，行善不辍。他父亲及四个儿子均为儒生，也深受儒家文化影响。姚鸾及其子孙仗义行善事迹，散见于清光绪版《庆元县志》《松源古镇》《庆元姚氏总谱》等文籍之中，现简要集录于此，以飨读者。

古时，天下郡县设立节孝祠，以表彰封建妇德。嘉庆十年（1805），庆元节孝祠在文昌庙后，历久摧颓，无从修葺，需迁建。关于资金问题，教谕、训导正在为难之际，在座中的姚鸾毅然说：“两师以黄公之心为心，生独不能以师之心为心乎，师且勿忧，生请肩其任”，后又说：“生之心，师实启之，师之事，生代承之，何必以资不出己为芥蒂。”姚鸾力挺而出，献白银八百八十两[①]，新建节孝祠于武庙旧址。1807年，修济川门外道路，捐银二百二十两。

1809年4月，庆元知县吴源(沆),山西进士,卒于官署，宦橐肃然，清廉而口袋无余钱。姚鸾赙资三百两银，送其灵柩回原籍。姚氏宗谱中知县谭正坤记载：“姚生之为人，圭璋自律不履公庭，则吴公之于姚生，非有往来之交也，姚生之吴公亦非有结纳之私也，而独于其归，为殷殷者盖其尊敬……”姚鸾与吴知县非亲非故，是其善义所然。

1812年，五都番墺村（现址为松源街道同德新村）对面建积善亭，筑亭前通济桥，砌道路，姚鸾共费银二百四十两。

到了道光四年（1824），处州府城建试院，其独捐洋银三百元。1825年，置社义仓，倡捐稻谷四百石[②]。1826年，处州府修郡学，又独捐洋银九十元。

1830年，收养弃婴、溺婴、孤儿及收留一些鳏寡孤独和残疾之民的育婴堂，养育经费紧张，姚鸾出银三十两以助育婴堂费用；县重建无彊堂（县衙朝会和喜庆祝贺的场所），姚鸾首先倡捐银五十两。

1831年，江南遭水荒，姚鸾奉文捐款赈饥，倡输洋银十元；处州府城修通济浮桥，又独输钱四十千文。

庆元城西有座太平桥（即杭桥，水门桥），为附近居民过往必经之道，曾遭多次水火之患，屡建屡坏屡修。乾隆年间架木重修，至1832年已有四十多年，桥已破败不堪，行人只能蹑手蹑脚艰难通过。县衙官员们提请知县主持建新桥，知县初来乍到，着手筹划，又限于财力。时年89岁高龄的姚鸾老人闻知此事，仍主动请缨，担此重任。随即吩咐长子出资聘请师傅，开工建设，九月动工十月成梁。木板加宽加厚，往来者安心，行人莫不欢欣鼓舞。

至创宗祠、修族谱、建婴堂、造渡船累捐银七百三十两，凡是掩埋枯骨（尸骨），修寺庙无不乐施。2023年7月的一天，笔者路过洋心古楼庙时注足观看，正殿于2005年重建，殿前走廊尚存清代建筑。仰望走廊房梁，一行繁体字依稀显示："城内钦予议叙州判职衔、恩授征仕郎九旬寿□姚鸾，男国学树德，孙监生成、监生园、庠生绪、业儒冠、业儒青，曾孙含璧、含玠、含瑗、含瑄、含鑑，乐助银壹拾两正□寿双全”字样，其中姓名为红色，其它为墨色，有两字被白涂料所覆盖已模糊不清。

姚鸾生于清乾隆九年（1744），终于道光十三年（1833），寿高九十，毕其一生广施善义，积善成德。知县吴纶彰赠以“熙朝嘉善”匾额，知府宪刘荣玠以“乐善不倦”嘉之。他不仅本人不惜厚资，博施广济，还特别注重教育子孙后代，传承慈善之德。

“父也乐善，子也克承。”姚鸾长子姚树德，国学介宾，例赠修职郎。品行端庄，疏财仗义，修无疆堂建太平桥，捐田租以备修葺；平险道，筑孤坟，善行卓著。知县赠以“光前裕后”匾额。其子姚成、姚园、姚冠均克承父志。

姚成，号缵堂，国学生。热心公益事业，爱帮助他人；关心照顾父母，让父母感到幸福和安心；重义轻财，荒年缺粮时将自己仓库所存粮食平价出售，有德于乡里。知县吴纶彰以“德并善明”表其门。

姚园，上舍生（监生别称），仰承世德，力行善事，凡扶危济困，无不毅然为之。1826 年，庆元城西二十里的磨手岭，为当时庆元至福建松溪县重要通道，高耸入云，特别陡峭，自下而上九百余丈，有的路段仅二尺③左右宽，攀登者如猿猴般一步一顿，行走艰难。岭的尽头有座亭，屡经修葺，又倾圮，不堪憩息。姚园聚集工匠，开凿险隘，砌以石块，将道路拓宽至五尺；在岭上建大士阁，外翼作亭，取名“世美”；在亭前凿井而水不足，又用三百余丈竹管引亭后石缝间泉水，宛转进入厨房，为过往行人喝茶解渴之需。砌岭，造阁，建亭，解渴，计费白银一千八百余两，茶田八十把④。

姚冠，号鲁儒，附贡生，恭谨宽厚，尤善承祖训。1856 年，同侄文垲等捐资重修节孝祠，又捐田租十八把，用作春秋致祭和修整之用。次年，率侄文玑、文垲、文坊重建停棺所。遇到收成不好的年份，即将仓库中所存粮食平价出售。由于多行善举，得到人们盛赞。

咸丰二年（1852），重建节孝总坊，姚鸾曾孙姚文垲（字含玠，增贡生，东阳县教谕）与其叔姚冠首先倡捐，并邀集亲友吴惠、姚树檀、吴滨、季占云、王登朝、季占衔禀请知县李家鹏发印簿，酌量劝捐，购买坊基，在丰山门内建总坊。

姚鸾，是个地方慈善之家，终生参与地方公共事业建设，所花资金数不胜数。光绪版县志对他老人家有赞语：“品端行洁，志善心慈，本立道生，不吝辑谱建祠之费；安人修已，何惜筑桥济渡之资；独输黉序之工，以昭景仰；慨送回棕之助，用报花封，怜峻岭之崎岖，平除恐后；阐幽光之潜德，建祠为先；庙貌聿新，囊无不解。康衢平坦，金所必捐。艺林传仗义之名，婴院感推仁之德。千箱米谷归诸公社之仓，五亩耕田尽作烹茶之举。……”今观其谱牒，后裔繁昌，人才辈出。

注：

①此句原文“嘉庆乙丑建节孝祠费金八百八十两”中“金”字意思：指资金，货币，银币，文中其他已译成现代汉语的句子也类同。清嘉庆年间（1796年后），清政府允许百姓使用白银。上文中除洋银，输钱四十千文（铜钱）外，其他捐资为白银。两为重量单位，银两为当时称量货币，也是清朝通行的主要货币。

②石：音dàn，古代重量单位，一石等于120市斤，即等于60千克。

③丈、尺：中国常用长度单位，1丈等于10市尺，文中所指的尺为市尺。与现行国际标准长度单位换算：1市尺等于1/3米，1丈即为3又1/3米。

④把：过去稻田面积计量单位，一手秧苗插下的面积，约12平方米。

庆元县社义仓积谷管理概况

◎景　运

仓储之设，历代有之。最初是为了救荒，以后军国之需亦有仰给于仓储之资助。因此在旧社会对济民救荒方面是曾有过一定的作用的。

据光绪版《庆元县志》记载，早在明初洪武间知县余源清就在城内建东仓、一都建南仓、六都建北仓、八都建西仓，县东官仓巷建中仓，其后惟存中仓，余仓均废。至嘉靖二十五年知县陈泽将中仓改称常平仓列入预备仓数内，仓址由官仓巷改设县东仪门外主簿署旧址，又在竹口公署建竹口官仓，万历八年知县陈九功仍将县东官仓巷中仓旧址重建仓廒，匾曰“预备”。故当时在城内的预备仓有 2 所，一在仪门外主簿署旧址，一在县东官仓巷，这三所统称官仓至清乾隆二十三年知县陈春芳又奉文建社仓、清代在南门建有上仓社仓、大济张鉴弄口设有大济社仓、后田万寿庵内有后田社仓、五都光福寺内有金村社仓、还在二、三、四、六、七、八、九都各建一所，全县共有社仓 14 所。清同治四年清理时，全县官仓存谷有七千零十四石六斗，社仓有存谷二千七百零一石。官仓与社仓积谷来源于各省、州、县事官与地方殷富捐助，如清代知县蔡烜、吕懋荣、林步瀛、汪斌等都曾助捐储谷。官仓由官吏承管，择徭户殷实者充当仓夫。社仓先设社长，后立董事。官仓积谷多用于军需与赈恤，社仓则用在青黄不接时以年利百分之二十息谷借贷给贫困户，有时亦将陈谷粜卖。因此在放贷时必须建立一套管理制度，笔者现将解放自亲身所经历的社仓管理情况，作一简单介绍。

社仓又称社义仓，贮存的谷称社积谷，又称地主积谷。我县自乾隆二十三年建仓以来，由于管理失当，挪移侵蚀，至道光间谷石无存，仓廒倾废，道光六年又输谷贮仓，易社长而立董事。同治四年复又整饬，劝捐列册移交，内经官盘封锁，外选董事管理出入。民国仍沿旧制，40年代初由县政府委派董事八名，组成积谷仓管理委员会，负责全县各乡镇谷仓管理工作，在夏季择日贷放，冬季收回，开放与收回期间所有工作人员办公及膳食等费用均在息谷内开支。

困难户借谷时，先由乡（镇）长召开保长会议，再在各保召开保民大会，采取自报公议办法，当众讨论，认真分析家庭人口，劳力等情况，据此确定借谷数量。通过后再造具名册，报乡（镇）政府审批。核定后再定期开放，一般在一二天内即可放贷完成。放贷期间上下午下班时，都要写好临时封条，由全部在场委员盖上私章，将仓门当众封好，启封时也要全部委员在场，当众开启，以昭慎重。如有舞弊情况，轻则撤职，重则查处。

1941年笔者任城厢镇长时，城内南门社仓曾发生过有两个委员未经众面私启封条借谷舞弊的事。我会同县府主任秘书与民政科长亲临现场检查属实，县府即将社仓管理委员会解散，社董全部撤职。此后即由各乡（镇）自行组织管委会，由乡（镇）长兼主任委员，放贷社谷工作交由乡（镇）自行办理，直至解放。

学校 学田 书田

◎季嘉钧

办学校，育人才，历代都是非常重视的。官办、民办，有兴不辍。即便是史传“焚书坑儒”的秦始皇，也只是禁止儒生以古非今，诽谤朝政，仍然实行“书同文”“行同伦”“设三老以掌教化”“欲学法令，以吏为师”的政策，不是全盘否定教育的作用。西周是我国学校的奠定时期。置“国学，在王城内。”据《礼记》《大戴记》及《周礼》记述：西周国学盖由前代学制发展而成，分大学和小学。教育内容为：“礼、乐、射、御、书、数”，合称六艺。小学以“书、数”为主，大学以“礼、乐、射、御”为主。古代大学、小学的区别，并不在于入学者的年龄差别，而主要体现在教学的内容上。西汉，教育事业有新的发展。汉武帝于元朔五年（前124）置博士弟子员（太学学生）五十人。这一举动，在中国教育史上，乃至世界教育史上都有重要意义。“学、校”是汉代官学的通称。“汉制：郡国曰学，县道邑侯曰校，校置经师”。古代小学分公私两种。官学有四门小学、内小学等；私学有书馆、义馆。私人教学在汉代颇繁盛。主要对象是青年和儿童。小学第一段是蒙学，一般称“书馆”。

“义学”，义馆，义塾的别称，即免费的私塾。“私塾”这个名称出现也很早。《礼记·学记》：“古之教者，家有塾。”一直到现在都还这样称呼。学校又称“学堂”，是西汉时地方初级学校，以后历代沿用。唐代是专业学校的奠定时期。如“书学”，是唐宋时培养书法人才的学校。“律学”，古代学习法律的学校。“算学”，培养天文、数学人才的学校。宋朝到清朝，私人或官府设立讲学的地方叫“书院”，属地方初级学校性质。

在我县，私塾历来就有。如设在城内上仓的“桂香社学”、城内东隅的“儒效社学”、太平桥附近的“兴贤社学”、大济的“济川社学”、竹口的“神童社学”等，历经兴废。明万历二年于县城西隅兴贤坊建“松源书院”，后又曾建于学后，四度迁建。清乾隆七年在城东丰山门外文庙之左建“对峰书院”。嘉庆十七年改建文庙明伦堂前旧屋为“松源书院堂”（即现在庆元中学校址的一部分）。康熙三年，在城隍庙右侧建“育英庄”，城北建“储英庄”。但这些书院、学庄，并不是把学生都集中在这里读书，而是考试、讲学的场所。《县志》曾记：“课试生童每年定于二月初甄别，先期告示城乡，以便区乡士子来城应试。此外以每月初一为官课，十六为师课。如各生童来与甄别者，准其随课附考，至十二月停课。”这样的考试、讲学就在书院里进行。

光绪二十八年（1902），改全国省县书院为学堂。当时的《钦定学堂章程》规定，初等教育机关分为三级：蒙学堂、寻常小学堂、高等小学堂（后两者为官办）。庆元县废科举后创办的小学校，实际上是以士绅民众捐租集资为主。据资料记载，宣统三年兴办的逢源高级小学，由举水人吴怀德主持。大泽蔡祖西在竹口创立竹镇高、初两等小学校。大济人吴汝域在大济集款垫资，倡设村中小学。这些都是开办较早的小学校。又记：“民国元年，蒲潭人吴国深兼任蒲潭村小学校长。荷地人吴桂芬任荷地初级小学校长。竹坪人胡绍虞，首倡东乡教育，开办竹坪两等小学，身任校长八年。”可见当时比较大的村、镇都办起了高等或初等小学校了。

清末民国初，在西方资本主义教育影响下，废科举，兴学校。民国初沿用清末学制。当时的教育部规定：“小学校四年毕业，为义务教育。”但没有实行。“五四”运动后，全国掀起以学制改革为先的教育改革运动。1922年，当时北洋政府教育部制定新学制：初等小学校四年，高等小学校三年，中学校四年，大学（包括理科六年或七年，大学院不定年限）；另外并行的有实业学校，师范学校等专业性质的学校。民国四年，我县还举办过县立小学教员讲习所，培训师资。民国二年，成立县教育会，吴逢年、姚墟、姚文林、田庆澜等人曾先后分别担任正副会长。“五四”运动以后，学校的体制学制，教材教法，基本上采用欧美资本主义国家的一套。我县因地处偏僻角落，接受新事物较慢，许多学校还是“私塾式”的。

办学校，就得有基金。在封建社会里，地租是依靠土地所有权而获得的收入。地主阶级靠封建地租剥削农民，学校、寺院以及桥、路等社会事业也靠地租来维持。因此，旧时学校都置有田产，以田租的收入作为学校的经费，最早在《三国志》中已有记载。宋仁宗时命国子监及兖州各置学田，至神宗时遍及各地。明清分府学、州学、县学为三等，各置学田，以补助廪生及学中经费。学田的来源主要有四个方面：

一、捐款买田，以田租收入作为办学经费。如“育英庄”，初办时，“买有后田街尾塘围一所”，又买“租田五十把”。“储英庄”，开始也是“买田大租共贰百把”，至光绪年间，育英、储英二庄共计实收大租五百四十九把（干谷）。吴怀德办逢源小学时，捐常年重租200把于学校。

二、寺庙庵堂拨部分租田给学校。清同治朝，知县吕懋荣写的《置松源书院田租记》中记载，由各寺庵拨入“新田租有贰千贰百肆拾陆把陆斗（水谷）”。不过由于情况变化，有的田被洪水冲毁，有的田租因荒年收不来，实际收入不可能这么多。民国以来至解放前夕，许多寺庵已废，寺庙改为学校，庙产田也改为学田。如三济乡上际学校，原是胜因寺，有田170多亩，还有大片山场，也就变成校产。

三、士绅民众集资。如三都岚后人周楠，民国七年时，曾“慨捐墨银五十元”。建设模范国民学校。竹坪胡绍虞“垫银洋279元以维持学校的开支”。以当时情况来说，设置学田是最好的办法，办学经费来源稳定，寺庙田产又较多，有利于发展教育事业。

四、税收，也好像现在征收教育附加税。《宋史·食货志》（下七）：“崇宁二年……十月，诸路官盐、酒直，上者升增线二，中下增一，以充学费。”这部分经费当然是用于官办教育方面。从历史上看，办校经费主要是靠群众集资，设置学田，使教育事业成为群众的事业，这些做法，今天仍有参考价值。

奖学制度，在旧社会也不同程度地采取措施。“封建社会地主官僚，于所有田地中拨出一部分，以地租所得，作为族中子弟读书的补贴，谓之书田。”（《辞源》）如清代我县的育英、储英两庄，田租收入除祭祀开支，完粮外，将田租卖出后的款项作为助学之用。曾规定，参加科举考试的每名考生，先付给银三两作路费（以后改用银洋贰元），余银等考完后按名次分配奖励。《庆元县志・赋役志》儒学经费项下规定：“县生员科举路费银叁拾伍两贰钱捌分壹毫玖丝捌忽；府生员科举路费银陆两；会试花红银叁两伍钱贰毫捌丝。”按人均分，奖助考生。《外赋》：“学租银壹拾陆两陆钱叁分。（每年征输解司转解学院赈给贫生之用）。”各宗族中，书田是普遍设立的。庆元俗叫“书灯”，可能是给读书人资助灯油费用的意思。宗族中的大房、支房各有“书灯田”，用以奖励、资助子弟读书。每年春秋祭祖时，给“有功名”，也就是有学历的子弟多几双馒头，以示鼓励。如北乡黄坛季氏宗族规定，小学毕业（作中秀才论），在各分支房里可享受十担至几十担的“书灯租”，其中有一房，高小毕业八十担，初中毕业也八十担；高中或师范毕业（相当于举人）的，可收全族书租一百担，叫作“吊祠堂”；大学毕业（作中进士看待）的，连续三年“吊祠堂”，收入租谷三百担。各支房自己的“书灯谷”同样奖给。季立高中、大学毕业曾吊过四年。在这一年，还要大开祠堂门，猪羊祭，拜祖宗，悬挂联匾，大宴族人，荣耀之极。城区吴、姚等大姓祠堂都有同样族规，如城内吴氏大一公祠，大学毕业可吊全祠租一年，约五百把（每把 16 市斤），吴锡泽大学毕业，曾吊祠租一年。由于时代不同，奖助子弟求学目的不同，但这样重视知识，重视人才培养的好传统还是应当发扬的。

民国庆元的慈善往事

◎姚　绥

一

民国时期，军阀混战频繁，灾荒不断。作为中国历史上一个动荡不安的时期，社会经济发展缓慢，城乡贫困严重，救灾与扶贫工作成为当时最重要的社会问题之一。

民国十七年（1928）五月，国民政府第64次委员会审议通过在各地建立救济院方案。5月24日，内政部正式颁布《各地方救济院规则》，要求各省、市、县政府依据规定在其政府所在地建立救济院。宗旨是以“教养无自救力之老幼残疾人，并救济贫民生计”。要求各地救济院需统一规范，因地制宜，整顿旧有机构及增添新的救济机构。

庆元县遵从国民政府指示，于民国十七年（1928），将清代创办的育婴堂改称为救济院，隶属于县政府民政科。救济院下辖育婴、残废两所，对鳏寡孤独、残疾人、孤儿等采取收容救济等措施。同时，慈善事业也逐渐发展壮大，在这个时期，许多有识之士积极参与到扶贫救灾的公益活动中，为当时社会的发展与进步作出了贡献。

姚隽（1917—1952），字德生，后田后碓村人。1938年，中共庆元县委第一任书记施平发展的地下党员。“白皮红心”，曾任庆元县城厢镇镇长、后田小学校长、庆元商会会长、县救济院院长等职。任救济院院长时，对所收积谷和募捐款项勤加管理，使孤贫老残得以生存。主持地方救济事宜，颇有口碑。

姚文林（1877—1947），字西山，城底南门村人。清末廪生，博学多才。民国六年（1917）被选为县教育会会长，民国十一年（1922）当选为县议长。嗣后，又被选为浙江省议员，历任省咨议局咨议等职。与“七君子”之一的沈钧儒及社会名流阮存性等共事，并结为深交。在庆创办云鹤小学，兴办县图书馆，积极参与公益，对本县教育及慈善事业多有建树。庆元还有许多热心公益人士，博施济众，义薄云天。因篇幅所限，未能详尽。

二

庆元县自明、清、民国以来，出现了较多的自然灾害，有水、旱、虫、雹、台风和地震。灾害频繁，水灾尤甚。每逢灾年虽有赈恤，但杯水车薪，难得其惠。

民国二十一年（1932）六月十七—十八日，庆元大雨滂沱，特大山洪暴发，来势汹涌澎湃。松源溪两岸堤坝溃决，溪水泛滥；城底、后田、大济、星光、五都、八都的跨溪所有桥梁均被大水冲毁；农田坍塌无数，沿溪民屋摧毁，有人员伤亡；到处断壁残垣，满目疮痍，不忍目睹。时任庆元县长黄士杰（浙江松阳人），急电向浙江省政府禀报洪灾祸患。省政府主席鲁涤平即派省民政厅厅长吕苾筹赴庆视察灾情。

吕苾筹（？—1939），字蘧荪，湖南益阳人。曾任国民政府秘书长、行政院秘书长、国民政府文官处文官长。民国二十年（1931）十二月，任浙江省政府委员兼省民政厅厅长。

吕苾筹及其随员风尘仆仆来到庆元，在八都、城底、后田目睹灾后凄惨状况，深表同情。后田灾情更甚，不仅堤坍屋倾，更有人畜溺亡。吕厅长走访慰问灾民，并表示会将情况及时向省政府汇报，请求拨款赈恤。并鼓励后田灾民要树立信心，同舟共济，抗灾自救，重建家园，民众深受鼓舞。吕厅长返回省城后，立即请示省政府下拨给后田修建堤坝银圆三千元。这笔拨款在当时还算是相当可观的数目，但对于重建溃决堤坝还是杯水舆薪。灾后，民众集议构筑新堤坝方案，一致公推德高望重的庆元商界知名人士姚建封负责筹建工作。

姚建封（1874—1941），字定泉，清末廪生，后田姚家村人。开设“源昌”商号，经营百货、布匹等商品；公道守信，生意日盛，遂成庆邑巨商。民国七年（1918），成立庆元县商会，被推为会长，连任两届。平生好善乐施，曾一度主持县救济院等公益事业，无不慷慨解囊。一直热心地方慈善事业的姚建封义不容辞着手筹建工作，并慷慨捐助银圆一千元。在他的带动下，社会各界民众纷纷踊跃捐款，连贫困无钱的农户也以大米等农作物捐助，为筑堤施工奠定了基础。

同年秋季，松源溪后田段堤坝开始施工，聘请本县江根乡著名石匠吴传绅承包工程。吴传绅细心勘测设计，在无任何机械设备排水下，率领团队认真施工；以潜水清基，以手工破石，以蹚水砌筑，以苦干加巧干的坚强意志；历经数月，于次年春季完成了长 500 余米、高 5 米、底宽 4 米、面宽 2 米余，以及堤坝护坡等砌石工程量总数达万多立方米，耗银圆 1.1 万元，成为彼时庆元县城最大的防洪工程。堤坝经验收，以坚固的质量标准赢得了民众的好评，体现了江根石匠的高超技艺。

人们为了感激吕苾筹厅长对灾情的关怀和支持，纷纷要求将新堤坝以“吕公堤”冠名。吕苾筹为人一向虚怀若谷，闻讯后谦辞道：“新筑堤坝工程全赖当地民众所为，省政府所拨款项并非本人捐助；作为政府官员理当投身效力，岂能追名逐利，盗名窃誉！”吕苾筹坚决反对这一冠名，但至今人们还是以“吕公堤”称之。

三

民国时期，在社会、经济、科学十分落后的情况下，传染病、寄生虫和地方病广泛流行。庆元民众经常遭受鼠疫、霍乱、天花、伤寒、痢疾、猩红热、白喉等10多种急性传染病的肆虐，传染病的流行造成大量人口死亡。民国二十七年（1938），庆元县政府为加强养老、育婴、施医、救灾等社会救济事业，设立了诊疗所，后改称卫生院。并在竹口、荷地租用民房设立卫生分院，进一步改善医疗服务举措。

民国三十五年（1946），庆元县成立中医药业公会。救济院特别开设了施医所，中医药业公会轮流派驻中医一至二人到施医所为院内人员免费看病；由医生在处方笺上加盖医章，病人到指定药店拿药，月终药店凭处方笺向施医所结算领款。民国年间，庆元城底、后田中药店分别有同和堂、寿人堂、瑞生堂、延和堂、三瑞堂、王济生堂、同德堂、天裕堂等；有名中医姚含芳、吴朝升、吴安仁、林松亭等坐堂行医；他们医术高超，救死扶伤造福四方，演绎了真挚醇厚的浓浓乡情。

民国时期，许多外国人在中国创办社会慈善事业，他们兴办社会慈善事业的动机和目的各不相同。有的是为了在中国立足，借慈善事业来取悦中国人；有的是出于帝国主义文化侵略的需要，以办慈善事业来欺骗中国人；但也有相当一部分外国人确实是本着人道主义精神，把慈善当作一种国际性的救援事业来实施，是真心实意来帮助中国人的，对于发展民国时期的社会慈善事业起到了一定的促进作用。

清光绪二十四年（1898），基督教牧师奔德（德国人）以慈善事业名义，在后田街尾设立传教公所，传教由县城扩展到八都、竹口等地。民国二十五年（1936）后，又陆续在城底、八都、安溪等地建立耶稣教堂。新中国成立后，基督教曾一度停止了活动。1982年中共中央颁布《关于社会主义时期宗教问题的基本观点和基本政策》庆元基督教的活动始又恢复至今。

清光绪二十七年（1901），天主教神甫戴丝伦（法国人）来庆元传教，在后田大坂洋村建立天主教堂。民国九年（1920）至二十三年（1934），天主教会神甫范国昌（美国人 ）在后田大坂洋天主教堂内开办私立普爱小学，免费提供贫困家庭子女上学，学校于民国三十八年（1949）停办。

四

庆元县寺庙诸多，民国期间佛教界、道教界以“大慈大悲为本普渡众生”，主张悲悯，扶贫济困。提倡布恩施惠；以施粥、助葬施棺等多项善举救助了许多弱势群体。大济卢福神庙、西洋村西洋殿等寺庙有抽签问药服务。药签在签条上写有药物名称，写有用量及其适应症状的签文，是民间寺庙借用所谓“神明”之力来诊疗疾病。并且以占卜、签诗等象征性操作，提供一种宗教疗法开展慈善活动。尽管有人认为这并不与现代科学所切合，但在当时的环境条件下为促进社会稳定也发挥了一定的积极作用。

历史以来，慈善救助大致可分为三个方面：政府赈灾、宗教施舍，民间捐助。在当今中国，政府救助明显占据领导地位。不可否认，灾难面前政府作用是巨大的。

慈善是中华民族的优秀传统公德之一，它既是一种个人德性意识，又是一种社会文化行为；它既发乎于情愫，又行之于礼度。中华民族有史以来慈善一直与社会进步相伴，也一直与人类和谐相伴。

月山李氏太婆的积德故事

◎吴德生

月山村，唐朝时候称金乡，居住着从中原迁移到来的金姓族人，他们带来了先进的中原文化，合理布局修建屋宇，开荒种植，发展生产，从此家族兴旺。

举溪河流原来是从半月山毛竹林下穿过，金姓人家是居住在溪流的西面，如今还有姓金人遗留下来的建筑遗址，保留的遗址格局，规范工整，房屋园圃，鱼塘道路，可想当年是何等的繁华，那样的气派景象，实属是不一般。

月山吴氏始祖吴诩，出生于公元 997 年，居住在松源南门上仓弄，5 岁时父亲吴伉病逝，母亲李氏嘱咐儿子要守孝三年，幼年的吴诩，尊其母教，虔心守孝。

其间孤儿寡母不免有着受到外人歧视的感觉，待三年孝满，李氏遂带着年方 8 岁的儿子，以及佣人，于宋景德元年，公元 1004 年离开上仓弄，迁居到举溪东面的半月山竹林下安身。

此处正是半月山的中心位置，正好有一块空地可建造房屋，建成后称之为东庄，是块风水宝地，因为吴诩的叔叔吴随早已在落岭下村居住了，当时叫枫岭根，亲人相距不远，相互有个依靠，来回走动也方便。

吴诩和母亲李氏就此安心居住下来，李氏专心教子，因为李氏为人勤劳善良，与人厚道，金姓族人也就善待其家人，并且互有来往，相安无事。

随着岁月流逝，吴诩慢慢长大，家族也逐渐发展。

有一天，听说有仙人会经过此地。繁荣富有的金乡族人高兴极了，整个村庄打扫干净，家家户户摆上香案，瓜果糕点应有尽有，金姓族人衣着靓丽，静候仙人的到来。东庄吴氏也一样诚心在等待。

时过正午，一位衣衫褴褛，浑身溃烂的乞丐正往金乡村口走来，可村口有栅栏挡住去路，乞丐费尽力气才攀爬进去。

乞丐进了金乡村里的时候，村上的人正在等候仙人到来，不料想，仙人还没到来，反而先来了这么一位烂乞丐，村民都不肯接待，更不愿施舍，还有人在骂，你这个烂乞丐，早不来，晚不来，偏偏在我们大家接仙的时候来，快点给我滚出去，大家都感觉到很扫兴，很不吉利，众人一气之下，就把烂乞丐推到村口栅栏之外了。

乞丐无路可走，只好绕路来到李氏居住的东庄家门前，善良厚道的李氏一看此人，顿时倍感心疼，就问，你的身体怎么会烂成这样？这怎么了得呀！有什么方法能治好你的身体？乞丐回答李氏说，我的病我自己倒是有药，只是缺少一剂药引子。李氏说，需要什么药引子？乞丐说，只需一只三年老母鸡，把它杀了，用热水烫去鸡毛，将鸡汤炖药，用烫毛汤把我身上溃烂部位擦洗一遍，服下鸡汤炖药，我的病就会好。李氏说，我家里正好有一只下蛋的三年老母鸡，可以给你配药治疗。李氏就按照乞丐所说，一一照办，杀了老母鸡，用鸡汤炖药，烫毛汤留给乞丐擦身。乞丐用烫毛汤擦过身体后，溃烂马上就好了。李氏吩咐佣人把乞丐擦过身体的烫毛汤倒到溪里去，乞丐说你先别倒，等我明天走了之后，你再把汤水倒到溪流上方去。

次日，李氏依照乞丐的说法去做，当时天就黑了下来，雷声大作，倾盆大雨，不久山洪暴发，山上泥石流滚滚而来，不一会就堵塞了半月山下的河道，山洪大水冲出另外一条河道来，将原来从竹林下穿过的举溪举向西面，形成了如今绕着半月村庄的溪流。

举溪村从此而得名，事后知道，那个烂乞丐就是仙人的化身，来试探民间善恶真伪。

李氏太婆慈悲善良，方得仙助。她教子有方，使之单口之家，形成旺族。

不久之后姓金人慢慢退去，直到明朝延祐年间，姓金人就把全部产业转卖给了吴姓人，在契约上只提出，吴姓人要为金姓人在半溪洋屋后山的一穴祖坟永远管业。

忆民国时期的捐资兴学

◎郑　琪

民国33年（1944）是浙江“教育年”，全省各地掀起办学热潮。当时庆元县县长吴醒耶，是个热心教育事业的人。他一面按照上级指示，大力开展民众补习教育，采取强制入学手段，全县乡、村学校都办起民众夜校，一方面有计划地在全县范围捐资兴学，使庆元县教育顿然改观。

我当时在庆元县政府教育科担任督学，曾追随吴县长历遍全县31个乡（镇）经办此项工作，兹就回忆所及，略述捐资兴学始末如下。

一、捐资对象：

1. 提拨荒废寺庙租产；2. 提拨迎神赛会及灯会等公有财产；3. 提拨氏族祠产或春秋醮祭祀租；4. 殷商、富户、热心教育人士私人捐献等项目。

二、捐资办法：

1. 组织临时县政视察组，由县长亲自率领组员下乡工作。组员由县府各科室挑选干练人员七人充任。

2. 下乡时间由县长临时规定，巡回视察。每乡（镇）工作时间以二日为度。

3. 视察项目：重点是倡导捐资兴学；其次是宣扬政令与处理其他偶发事件。

县政视察路线先赴北区各乡，次为东区，三为南区。

1944年秋，县长虽然已作出了这一规划，而思想上不无顾虑。因为当时县长本人对八都杨家的一些行为早已心怀不满，口和心不和，平时处事对杨家毫不买账。惟恐到八都会暗中遭受阻挠，不利于工作的开展。曾与我私下谈及此事，因而我曾专程到八都乡校去了一趟，与校长吴藻研讨怎样争取有利形势，变阻力为助力。吴校长在八都乡青年中有一定威望，而且是杨家信任的人。商谈结果，富有成效，总算不负此行。

县政视察组于8月某日离县，先步行至五都乡，下午即展开工作，次晨召开群众大会，宣达来乡任务和晓谕目前国家形势等。下午召集乡内干部（乡、保长，乡、保校校长）及地方热心教育人士以座谈方式进行会议。首先提拨元宵灯会会产，次为乡绅富户亲笔签字捐献现金，数达一万三千余元，为首者捐献五千元（以实物比价。当时国币贰百余元可买稻谷一担，即一百斤），可说第一炮已经打响。当即交由基金保管委员会处理今后事务。

第二日到达八都，驻八都乡校（即槎溪中心小学），校长即将事先准备好的一份扩建乡校计划书，并附建设新校舍平面图面交县长，吴阅后甚感兴趣。次日上午举行大会，下午继开乡干及士绅会议。首要任务，当然是倡导捐资，充实学校基金。真是大出意料，杨明先生带头开笔，捐献一万元，还谦称："仅对乡校尽一点绵力，尚望在座诸公慷慨输将。"因之全乡殷富者相继解囊，六千、五千，少者亦三五百元。该乡预计建四个教室，一个办公室的经费一下就有了着落，县长即与杨某握手称快。

八都这一喜讯，不胫而走，促使素来热心地方教育事业的黄新、竹口两乡人士不甘落后，都捐献了巨款。黄新乡助万元有吴明阶、吴赞襄等三人。竹口乡助万元者有二户。竹口乡校有了这笔巨款收入，即将校舍修整一新，还添置了设备。迄今历时四十余年，地面的"三合土"尚不见有什么损坏。就是当日捐资所得的效果。

竹口乡校，松源镇校（即原来的第二、第一中心小学）常年经费是编列县教育经费预算项下开支的，在此次捐资中又将迎神赛会田租产悉数拨充乡校与保校经费。如大泽、崔家田、枫堂等保校的经费问题就是这时解决的。

竹口区三济、四源、黄真、黄田、高垟五个乡的情况大致与八都、竹口相同。唯黄真、黄田两乡所属各村迎神赛会租产较多，计有二百余石（每二石五斗为一亩），拨充乡校或保校基金。所认捐的现金除高垟六千余元外，余均上万元，多数用之修理校舍和添置校具。

北区九个乡的视察任务，历时十九天，计捐献各校现金十二万余元，迎神、寺庙、会众田产三百余石。使各校基金及修葺经费基本上有了着落。全县在这一年都掀起办学热潮，有 11 个乡、40 个保借捐资兴学的东风，办起了乡中心学校与保国民学校，全县比前一年共增加了 51 所学校。使庆元教育有了新的起色。

（摘自《城乡事——教育、司法档案寻访记》，2023 年浙江工商大学出版社出版）

庆元古代慈善人物

◎县史志研究室

清光绪《庆元县志》、民国《庆元县志》的“清正”“仕绩”“笃行”“尚义”“善良”等条目，收录了宋、明、清时期乐善好施、急公好义的慈善人物。具有姓氏众多，城乡分布等特点。

宋

吴懿德 字夏卿。嘉泰二年（1202）进士，英州教授，知玉山县，改知新会县。时邑民狃于讼，濒海多盗，县不能制。懿德至，实心抚字，民感盗靖。邑例，新令至，有给由钱。受诉谍者，有醋息钱，一切罢去。仕族之流寓，与茕独颠连者，春贷以钱粟。夏多瘴病，和药以施之。廉介有声，进广州通判，未任而卒。卒前二日，书于册曰：“平生薄宦，身受冻饿，一念不欺，一介不取。”尝祀晋刺史吴隐之于县东，邑人以其廉介无愧，遂合享焉。详见《新会县志》及《浙江通志》“介节”下。（清正）

明代

吴　潭 字源洁，简重雅博。弘治乙卯（1495）领北京乡荐，授常德节推，通判吉安府，咸有治绩。少在诸生中遇迁学，出廪助之。时有乡人赍金输税过咏归桥，遗金于水，其人欲赴河死，潭力阻之，携之同归，揭债以赠。失金者得不死。论者谓其今人古心。尝有心病，形甚癯，忽途遇一叟授以二丸，旋失所在，始知为神，潭服之愈。仕常德时同中贵监造藩王府，余金千数，欲共隐，潭不从，随白于部，其清介如此。（清正）

吴　纪　字正纲。由恩贡选授江西瑞金县知县，倜傥宏博，经济裕如，捐俸浚渠，以资灌溉，民咸享其利。后因亲老告终养归里，瑞邑父考遮留塞道，立德政碑，志去思焉。（仕绩）

吴希点　字乐真。练达勤敏，由岁选余杭教谕，升福建连城知县，政简刑清。再任广东惠来知县，凡有疑狱，判断如神，吏民咸服。后卒任所，合邑赙之归里。子懋修，廪生，弘光时授兵部司务。三藩军兴，曾佐闽耿戎幕，后以事失利，知复明无望，遂隐居不出，以好行善举终其身。（仕绩）

吴　文　由岁贡选授上海丞。以节爱称，致政归里，有不给者辄周之。寿七十终。（笃行）

吴伯龄　岁贡生。性敏好学，动必以礼。正德间，市失火，龄拾得金髻，诘朝访还其人。通判汀州，有政声。及归，行己端洁，为一邑表望。（笃行）

吴　禋　纯恪寡言，由明经出佐宿州，二年即谢政。养亲以孝闻，宗族有贫者周之。家居三纪，不干有司，为乡评所重。（笃行）

叶仲仪　西隅人。正统五年庚申（1440）大饥，仪诣阙，输粟一千五百石助赈，诏旌义民。十三年戊辰又饥，仪仍输粟五百石，表赐冠带。授七品散官，赐宴大宫殿。后建学，偕弟仲玉、侄汝宽助金三百两。祀忠义。（尚义）

吴彦恭　六都芸洲人。正统庚申同叶仲仪各输粟一千五百石，表旌义民，祀忠义。（尚义）

周公泰　周墩人。成化十四年戊戌（1478），大祲，纳粟一千石赈饥。有司详其事，表旌其门，祀忠义。（尚义）

吴克礼　西隅人。朴素自持。正德时上粟，例授冠带，捐金二百两，砖

砌县道。县令陈泽旌其门曰："尚义"。祀忠义。（尚义）

叶　荷　东隅人。秉性浑厚，尚义好施。九都竹口街衢崩毁，独捐资砖砌，往来颂之。祀忠义。（尚义）

吴叔寅　慷慨乐施。市失火，拾得钗环，次日访还失主。万历二年（1574）饥，田租悉蠲不取。祀忠义。（尚义）

王继滔　字东源。秉性慷慨，通晓大义。万历三十六年（1608），捐入上漈田大租四十石，以备修葺学宫之费。其子锡俸，官仙居训导，诚敬感人，训士有方，一时士林宗仰，亦积善余庆之应。（尚义）

吴　溥　少业儒，以古道自期。有族侄逋粮受刑，溥以白金一百五十两予之，侄废业以偿，溥不受。年七十亲友有为寿者，溥曰："吾少不显扬，老无树德，安敢言寿。"醇朴谦厚，其性然也。舍田四十亩入胜因寺，寺僧如怡共荐焉。（善良）

清代

吴之勋　字增福，北乡人，增广生。早失怙，善事母，孝思不匮，尤能独力建祠。无善不举，睦族笃友，里族咸尊其为人。（孝友）

吴登赢　号仙洲，邑贡生。秉性毅直，博通典雅，日事诗文，至老尤勤。且居家孝友，遇地方义举，孜孜不倦。所著有《群书精华》《经余汇参》等书，惜未梓行问世。（文学）

吴为霖　字甘泉，邑廪生，底墅人。性洒落，工书法，邑中美举每乐赞襄。训导俞以"文行真优"嘉之。（文学）

吴　滮　字望庐，大济人，岁贡生。好读书，博通经史，性鲠直，奖善疾恶，无少诡随。尤好义急公，凡地方善举，踊跃从事，不避嫌怨。里居授徒，造就有方，一时名士，皆出其门。（文学）

吴　江　字宗海，望庐君之胞弟也。生姿颖敏，植品端方，好读书，至耄不倦。设帐数十年，从游甚众。咸丰庚申（1860）膺恩选，知县汪斌赠以“经明行修”匾额，亲旌其门。举凡采访节孝，修辑志乘，捐置社仓等事，无不实心襄理。（文学）

季　森　岁贡生之剑子。姿敏慧，性静默，学问渊深，家庭设帐，游其门者皆一时知名之士。尤热心教育，曾捐资协办竹镇学校，亲执教鞭，循循善诱，迄今诸生犹纪念不忘。（文学）

陈子彦　字芸圃，岁贡生，二都黄冈乡人。姿学兼优，为一时冠，古今融通，为乡里重。好排解，喜修路，人咸称之。（文学）

姚文垲　城东人，增贡生。署分水县学训导，诚敬感人，多士钦佩。丁丑岁，知县史恩纬聘为修志总校，日夜莅局，悉心考核，不遗余力。凡地方公益慈善事业，无不踊跃襄成，乡邻德之。（文学）

季学康　郡庠生。居家孝友，不妄言笑，好善乐施。邑建角门桥、修整文庙皆首出重资，事兼总理，分毫确当。邑令罗聘宾筵。年七十，检各佃欠券毁之，人称长者。（笃行）

田　登　邑庠生。为人循谨，不事纷华。邻里贫乏者无不周恤，且尊师重道，义方训子。（笃行）

姚太岳　郡廪生。秉性端直，有古儒风，教授生徒，至耄不倦，一时名诸生多出其门下。子必选，中年雄于资，能以色养。岳殁后，捐己田四十把入报德堂，备中元荐亲之需。（笃行）

姚又辉　邑庠生。谨慎持己，不事干谒，友爱弟侄，人无间言。且佐修文庙、城隍庙，两涉寒暑，勤力忘劳，教谕丁葵以“定力长才”奖之。（笃行）

姚　鹏　邑庠生，东隅人。孝友慈爱，笃实率真。教谕程以“孝友可风”奖之。疾将危，嘱其子孙曰：“予提白金千两，里有义举，汝曹见即勇为。”子庠生树嵩、增生树时捐社义谷一百石。孙贡生修，又遵嘱倡建宗祠，纂修族谱，

助资修造文庙、城隍庙、文昌宫、育婴堂暨桥、亭、道路，可谓象贤绳武。邑令黄给以“克绍箕裘”匾额。（笃行）

姚　涵　字国柱，邑贡生，后田人。小心谨慎，慷慨周急。长兄洙物故，侄芝旋亡，抚孤承恩，延师训读，代理家务，丝毫不苟。且修理文庙不惜余囊，首先倡捐，兼董其事。知县鸣暨朱、王两学师赠以“秉公倡善”匾额。（笃行）

吴来雍　字颖元，城内人，郡庠生。持己矜严，接物平恕，和睦乡里，善解人纷，且喜倡修亭路。足迹不入公庭，惟专庭训，子孙并入胶庠。邑令李以“推惠睦邻”奖之。（笃行）

吴飞云　字从峰，邑增生。性直量洪，不汞仕进，遇邻族有力乏者，以时周恤。乾隆壬辰（1772），兴修文庙，量力捐资，董理不懈。北门桥倾，人多病涉，力为倡修，以济行旅。年臻古稀，读书不倦。（笃行）

姚　驹　增广生，东隅人。持身谨严，秉性和易，佐修文庙。邑令鸣予以“功翊胶庠”匾额。继修城隍、文昌诸庙及捐造育婴堂，董理其事。奉文置社义仓，捐入谷五十石，可谓急公好义。（笃行）

叶之茂　字松涛，岁贡生，东隅人。浑厚和平，言笑不苟。佐修文庙、文昌宫及董理育婴堂，矢慎矢勤。（笃行）

吴应凝　邑庠生，上管人。事亲克孝，每逢雨雪暴作，奔墓号泣，人称纯孝。且谊切枌榆，平时建桥修路，荒年平粜接济，毫无德色，远近嘉之。（笃行）

吴应寿　上管人。清洁自爱，厚亲族，睦乡党，凡里中修道路、建桥梁，无不首倡乐成，人咸称其乐善不倦。（笃行）

吴东坦　字楚厚，后田人，国学生。正直耿介，急公好义，督建马侍郎庙、登云桥及宗祠，疏通赵公水堰，不辞劳瘁，至公无私。（笃行）

吴建盛　西隅人。醇朴尚义，修砌角门岭及棘兰隘路各数百余丈，舍租入祠，荐祖置业，为兄立嗣。凡桥亭义举，无不乐输，乡里称焉。（笃行）

吴恒晶　字昆山，大济人，邑增生。幼失怙，事母以孝闻。兄丧明，服劳尽职。性尤好善，捐田以佐宾兴，平粜以济荒岁。凡地方善举，无不慷慨乐施。知县吴赠以“德厚流光”匾额。今孙文渊、文斌克承先志。（笃行）

许汝明　字振郎，竹口人，耆宾。性孝友，好施与，敦本睦族，捐租入祠，修桥砌路，悉力赞襄。知县吕赠以“年高德劭”匾额。孙作舟，岁贡生，多行善举，克绳祖武。（笃行）

姚廷铨　字秀升，后田人，太学生。禀性温厚，凡遇善事，输捐乐成，知府陆以“嘉惠桑梓”，恒以“义同输粟”额嘉之。（笃行）

丁可富　字水璘，中村人。秉性孝友，慷慨乐施，凡亭庙桥路诸义举无不勇为。（笃行）

范绍文　邑庠生。为人公正，倡修亨利桥、梧桐亭，悉心董理。（笃行）

姚　冠　城内人，号鲁儒，附贡生。性长厚，尤善承祖训。捐节孝祠祀田，建停棺所，岁歉平粜，多行善举，乡里称之。（笃行）

范登云　南阳人，邑庠生。秉性豪爽，慷慨仗义，凡修造桥亭，无不多方赞助。（笃行）

吴其睿　字有临，后田人，邑庠生。性毅直，善属文。凡修建桥亭、岭隘诸善举，靡不踊跃赞助。知县陈以“秉正堪嘉”额表之。（笃行）

蔡克奎　竹口人，邑庠生。居心长厚，地方善举无不踊跃赞成，尤笃友爱。兄早卒，抚侄成立。寿至八十六岁，人称积德之报。子国隆庠生，国钧职员，均善继志。

吴美仁　字里宜，西隅人，邑庠生。为人乐善好施。城西患于水，独力修水碇以捍之。岁饥减价平粜，实惠在民。子廷谦，列成均；孙逢源，明经。

吴廷桢　字访岩，城内人，郡庠生。淹通经史，指示后进，历历如数家珍，游其门者道味盎然。性尤好善，减价平粜，勉为其难，贫民咸赞颂焉。孙继藩，以军功由司务长升军尉。

余荣森　清庠生，后田人。持躬严正，志行不苟，凡地方公益善举，无不乐为赞助。为人外温厚而内刚方，里居课徒，以端品立行为先，从游者咸敬惮之。子炳光，邑廪生，克承先志。

杨德炳 八都槎溪人，国学生。性慈祥，精医理，为人治病，不受酬资。力谋公益，如施棺会，如龙桥下淤路、文昌阁皆其首倡。清光绪二十六年（1900）岁荒，倾囊运粟，贬价以济穷黎。知县纪朋陵以“好善乐施”匾奖之，邑绅姚文林为作家传赞扬尽至。

吴俊彪 字腾万，邑庠生。博通经史，殚见洽闻。道光壬辰（1832年）修志，与叔庠生升阶，岁贡大新，荫职履祥，同赞其成。生平轻财急公，凡桥梁、驿路邮亭均踊跃输将。子铣文，候选从九。孙肇洲、肇丰，克绍前徽。曾孙引年、卜年、甲年均头角峥嵘。

许希仁 字象山，清庠生，竹溪人。性醇谨，行端方。募建阜梁桥，协办高初小学诸大端，不遗余力，任劳任怨，亦所弗辞，为北乡办事之能手。（笃行）

余　槐 字德三。少好读书，工文艺，屡受知于督学诸公，为明经领袖。邹令募建书院，即出白金五十两，为诸生倡，兼董其事。遇岁饥，煮粥赈济，活者甚众。（尚义）

吴宗贤 字继孟，邑增生。厚重简默，慷慨慕义，独修西门外路二十余丈。佐修文庙，首先捐资。县令唐若瀛赠以“品重璠玙”。乾隆四十七年（1782）城市绝籴，往松买米平粜。县令王恒赠以“倡义惠人”各有匾额。（尚义）

吴昌兴 国学生，后田人。见义勇为，修宗祠、造春亭，凡桥亭道路，或独力建造，或捐入粮田，计需资三千余两。知县具详各宪，已奉旌表建坊。道光二年（1822）建育婴堂又捐田十亩，纹银一百两。知县乐详请督宪帅给予“情殷怀幼”匾额。今其子体人多行善举，亦能善承父志。（尚义）

姚　鸾 字和声，邑增广生，时年90岁，城东上仓人。尚义疏财，嘉庆十年乙丑（1805）建节孝祠，费金八百八十两，邑侯刘种桃、教谕吴江有记。

十二年丁卯，修济川门外路，费金二百二十两。十四年己巳，邑侯吴沆卒于官署，廉橐无余，赙资三百两，运柩回籍。十七年壬申，建番壥积善亭及筑亭前通济桥并砌该道路，共费金二百四十两。道光四年甲申（1824），郡城建试院，独输洋银三百元。五年乙酉，捐置社义仓谷，倡输四百石。六年丙戌，修郡学，独输洋银九十元。是年又命三孙园，砌甃磨手岭上，建世美亭、造大士阁，舍茶田八十把，通费金一千八百余两。县令黄焕有记。至创宗祠、修族谱、建婴堂、造渡船，累费七百三十金，举凡掩枯骨、修寺庙，无不乐施。七年丁亥，绅耆举报有司详其事，各宪核看，具题吏部议奏，奉旨依议，钦予州判职衔。知县吴纶彰赠以“熙朝嘉善”匾额。十年庚寅，复出资三十两助育婴堂经费。十一年辛卯，江南水荒，奉文捐解赈饥，倡输洋银十元。本岁郡城修通济浮桥，又独输钱四十千文，府宪刘荣玠以“乐善不倦”嘉之。（尚义）

叶邦馨　国学生，东隅人。赋性纯良，持躬克俭。里有艰于婚葬者求之，无不乐助。且若修道建亭，舍地建社义仓，暨独造打鼓岭观音堂，美不胜举。尤可嘉者，每遇岁歉首倡减价平粜。邑令黄以“尚义可风”额表之。（尚义）

周增松　一都人。乐善好施，独修濛淤岭二十余丈。孙永福，监生，复建濛淤亭，并捐滩塆田四十把，永为茶火之需。邑令乐以“恻隐为心”，黄以“好义裕后”叠予奖励。（尚义）

姚树德　城内人，介宾。品端，疏财仗义。修无疆堂，建太平桥，捐田租备修葺，平险道，筑孤坟，善行卓著。知县黄赠以“光前裕后”匾额。（尚义）

吴新成　字泰然。家本中人，而生性乐善，修西关外路至野庄，出己资百余金，重建弦歌坊，修顺济行宫，砌石龙山岭，并建亭于山面。凡善举恒孜孜不倦，邦人皆尊崇之。子邦瀚，入国学；孙逢年，增广生。

吴美金　字在镕，恩贡生。秉性严正，品学兼优。居家力崇节俭，至地方善举则慷慨解囊，储积谷、置书院、筹宾兴、修志书，胥捐重金以倡之。

其他公益，无不乐输。子有杰、有书，贡生；有勋、有钦，入国学。

吴有杰 字步周，例贡生，美金长子。能世济其美，家业倍增，而善量则更恢弘，凡有劝募，首屈一指。历充同善堂、育婴堂董理，添产业、节虚靡、广养额，实事求是，群论推崇。尝督造公署，资不给数百，即独力捐足之，其慷慨有如是者。邑中旧有平粜，减价太甚，为富户累。有阴图朘削贫民者，而杰始终泰然，行仍其旧，穷闾尤感颂焉。子四，朝梁、朝树、朝英，援例入雍；朝珍，庠生，皆乐义急公，能世其家。

胡绍虞 住竹坪，邑庠生。平日疏财仗义，尽心公益。首倡东乡教育，开办竹坪两等小学，身任校长八年，不支薪金，尚垫银洋二百七十元以维持之。

吴怀德 字作鳌，举水人，国学生。善理财，富甲东乡，递年减价编户分粜，凡慈善类，乐于解囊。光绪壬午（1882），修砌步蟾桥，下通寿宁大路，捐洋百元。甲辰结砌白鸽塆岭，捐洋三百二十四元；后遭水复修，捐洋一百五十八元，舍重租四十把，值银二百两，为递年划剎之用。戊戌岁歉，出资运米，耗蚀洋三百八十五元。造濛淤桥，捐洋百元。宣统三年（1911），兴办逢源高等小学校，捐常□重租二百把，值银千两。邑侯王寿颐赠以“德隆垂裕”匾额。寿七十五终，葬日，合村设祭，沿途拜颂其德。子二，文涛游庠；文茵，成均。孙四，传诗、传礼、传芳，入国学；传芬，高小毕业。

姚　菁 字育梓，玉田人，清国学生，加捐县丞衔。急公好义，遇岁歉辄减价平粜，为玉田领袖，凡桥梁道路无不慷慨输捐。有传见《艺文》。子华封，清邑廪生，绰有父风。

季作豪 字永益，七都桃坑人。独缘建造阴阳桥及蓬桥，筑桥共九所，约费二千金。知县吴纶彰、程庆森先后赠以“急公好义”及“名重德谊”匾额。寿至八十二终。

季　斌 字显荣，七都桃坑人，县丞。乐善好施，咸丰八年（1858）建筑黄坑隘（即今之黄坑关），助钱八十千。同治三年（1864），处郡修城，输洋一千五百元，郡主清安以修城输捐功，奖赏其子廷模、廷楷、廷恩、廷槐各六品衔。四年饥，雇夫往太（泰）顺百丈口运米接济，费银千余元。七年，施舍文庙租八十把，田坐大济，土名双关垄。八年，造角门岭桥，助洋五百元。彭知县赠以“世德□□”匾额。

吴步洲　七都黄坑人，监生。倡捐社谷，惠及乡里。知县梁安甸赠以“质直好义”匾额。

范昭时　二都南阳人，例贡生，终年七十三岁。平生俭约自处，忠厚待人，乡里排难解纷，无一字入公门。迨家道裕如，常悯人贫苦，减轻佃租，施粮食，里人德之。虽未读书，聊解文字。晚年好行善事，凡道路凉亭，倾囊佽助。村之下流有亨利桥，光绪三十年（1904）被洪水推流，独助千金，外捐或滞，首先垫用，迨告厥成，改名保安桥。后连生五丈夫子，皆谓积善之报。长子春芳，少而岐嶷，弱冠游庠。次子友瑜，三子有琳，能守能创。四子有（友）琊，恪遵父训，乐善不倦。五子有理，高小毕业，现任村里委员会，守正不阿。弟兄岁多而友于甚笃。民国十九年（1930）三月廿六日，而保安桥迭被烈风吹倒，使无继起者为之慷慨提倡，则是桥工程浩大，安能成事？乃友瑜独挥金一千，而友琊等亦凑成一千。村人被其感激，亦皆踊跃资助。顷刻间，即南阳一村助款亦达四千金，曰是桥之成，可指日待。爰是鸠工庀材，任劝募，任监督，任会计，分任进工，不计十月而工程已竣。《易》曰：“积善之家，必有余庆。”诗曰：“宜尔子孙，绳绳蛰蛰。”是真昭公积善之报也。宜清前县主何文耀赐匾曰“乐善知贫”，丁良翰赐匾曰“望齐□社”，汤赞清赐匾曰“白衣名士”。有试而誉，实至名归，复何愧焉。

范绍光　二都南阳人，国学生。生才数月，慈父见背，躬承母训，恂恂在乡，俭约自持。及长承父余志，济困扶危，与世无争，于筑桥造路善举，倾囊输助。生二子，长尚升，次尚璋，均纳粟国学。清光绪三十三年（1907），造保安桥，提助一千元，乡人羡之。

周肇文 号大生，久住洋人，清季纳粟国学。奉县委任庆景保卫团团总，并任底洋联合村里委员会，于地方办团练、办学校，首先提倡，任怨任劳。江前知县募捐图书馆，助金百圆，举报省长沈，奖给徽章一座，以旌尚义。

叶远发 斋郎人，年68岁。善乐不倦，不讲居积，家道小康。每年两子菇山赚入余资，即施舍各村道途凉亭之用，村之邻近东西南北，履险如夷，皆言全仗此君之力。如己力不足，则四方劝募，涓滴归公。佥谓此人不可多得。

吴德茂 荷地人。疏财仗义，宗族之有贫乏者多赖周恤。民国八年(1919)，同善堂募款，德茂慷慨捐助，知事江宗濂赐匾曰"乐善好施"。尤热心公益，民国十一年建筑金石桥。是桥为通闽浙要道，德茂独任劝捐，奔走庆景之间，栉风沐雨，不辞劳瘁，桥赖以成，至今人咸称之。

吴文茵 一都举水人。家小康，生平急公好义，凡遇善事或公益，踵门叩请，无不慷慨相助。瓯海道尹黄庆澜赠以"热忱慈善"匾额。后嗣传芳、传芬，继志述事，亦绰有父风。

吴 珣 字开郁，一都举水人。少读书，及长，对于事理咸多通晓，后因困于环境，迫于家政，未能遂意进取。惟赋性沉毅，勇于任事，凡遇地方善举，如兴办教育均能尽力扶助，以俾成功，曾经省长褒奖以三等奖嘉祥章。后历任举水区立初小暨高小校长，民国十一年选为第二届县议会县议员。现今子孙繁昌，亦由其好义所致云。

吴传礼 字秉衡，一都举水人。少读书，通文理。后投笔经商，克勤克俭，惟性好施与，见义勇为。如营修桥路及一切慈善事业，凡有所需，均慨予无吝容，本邑同善堂曾受其功不少焉，事闻省长，授以二等银色褒章。兹嗣续绵绵，均露头角，人咸称其为积善之报云。

吴传诗 字秉庚，一都举水人。性聪颖，好学能文，科举停后，家居读书。村中多事，常以排难解纷为己任，且乐为善举。如建筑步蟾桥，诗力为多。且热心教育，曾任举水区立高小校长有年，本邑同善堂经费亦受其惠。县令江宗濂呈省，授以二等银色褒章，以为尚义者劝。

周　楠　三都岚后人，清国学生。为人秉性忠厚，好尚施与。民国七年（1918）时建设模范国民学校，慨捐墨银五十元，江知事宗濂曾以“泽被菁莪”匾额颜其庐。

余世球　好善乐施，周恤邻里。曾独力重修咏归桥，至各道路凡有建修，不惜重资。（善良）

叶作遴　北门人。赋性忠厚，志存周急。雍正三年（1725），北门火灾，遴亦被患。族邻有遭难者，先给米谷并出白金按户分散。后迁居东门，闾里感其醇厚，咸称长者。邑令邹儒访闻，赠以“忠厚传家”匾额。（善良）

吴邦勋　郡庠生。好义轻财，桥亭道路多所倡修。乾隆四十九年（1784），岁饥，乡民乏食，勋贷百余金往龙、浦买谷以济，人佩其德。嘉庆元年（1796），覃恩赐八品顶带。（善良）

刘春华　家贫好善，至老不倦。倡修枭桥及角门桥，至今来往人咸感之。（善良）

吴兆桂　笃性友爱，多乐义举。倡修梧桐岭并建甘霖堂，复捐租五十把为茶火需，往来称羡。邑令熊赠以“光前裕后”匾额。子星海，亦以孝义闻，举宾筵。（善良）

季上机　黄坛人，庠生。好施予，尝捐田入神农社，并竹溪文昌阁、寨后岭头亭等处。乾隆三十年乙酉（1765）夏，里族被火，机户给粟一斛，所济甚众。明年松溪李源村火，济给灾户亦如之。（善良）

田联沼　竹口人，监生。为人乐善好施，尝施棺板，有死无所归者受其惠。乾隆十七年（1752），邑令邓观以“情深济物”表之。（善良）

叶德赐　台湖人。赋性诚实，志存周恤。遇年饥，俭以自奉，煮粥济人，乡里德之。（善良）

姚　匡　字国俊，国学生，后田人。惇谨浑厚，乐善好义。嘉庆五年（1800），独建喜鹊坳岭亭一座，便人休息。又念茶火无资，亭侧复造房屋一栋，为管亭人安寓，并舍入田租六十把，为茶火需，行旅往来，人多利赖。（善良）

杨茂赞　西溪人。壮岁丧偶，家虽小康，义不再娶，寿臻耄耋，目见四代。且独建村桥，往来人无病涉，乡里德之。（善良）

邵文元　姚村人。行端性朴，乐善不倦，里中桥路无不倾囊修葺。且义方有训，子安仁，入国学；友仁、体仁俱入庠序。邑令乐以“品重南金”，黄以“望重乡评”叠予嘉奖。（善良）

吴起元　后田人。性慷慨，处事勤谨，持己待人，悉归谦恭。凡有义举，罔不乐为。他如倡修榅坳岭，凿石七百余丈，经理城隍庙，不辞劳瘁，城乡善之。（善良）

张明裕　黄沙人。忠信待人，义方训子，且劝资婴堂社谷，捐修桥路邮亭，无不乐成。邑令乐以“圭璋品望”奖之。（善良）

刘　璩　字温庭，五都人，郡庠生。赋性浑厚，处事公平，且情殷义举，倡修桥亭道路，无不倾囊相助。儒学沈以“儒林模范”赠之。（善良）

吴望烈　邑耆宾，大济人。秉性浑厚，好善乐施，知县莫赠以“品重乡评”匾额。子墉，国学生，克承父志，遇岁歉，减价平粜，且输社谷、修道路，一切义举，咸乐赞成。邑令黄以“谊重枌榆”褒之。又捐租入育、储二庄，以佐宾兴之需。士林咸重焉。（善良）

姚　成　城内人，号缵堂，国学生。急公好义，善体亲心，赞襄义举。岁饥减价平粜，有德闾里。知县吴纶彰以“德并善明”表其门。（善良）

蔡化龙　字邦佐，朱坞人，太学生。性和厚，尤好义，凡建造亭桥诸善举，慷慨乐输。知县范赠以“硕德望重”，吕赠以“克绍箕裘”匾额。（善良）

姚远声　字和斋，国学生。嗜学不倦，尤好义。输社谷、修社庙，倡建集义桥，捐田以备修葺。知县林步瀛奖以“见义忘劳”匾额。（善良）

吴肇珍　字开业，例贡生。性毅直，尤尚义。凡桥亭道路诸善举，无不

踊跃乐输，乡里称之。（善良）

余光通 高漈人。为人忠厚，尤仗义急公。凡修岭建祠及倡修会馆，悉心董理，乡闾重之。（善良）

吴家齐 字登堂，后田人，国学生。幼失怙恃，知自检束。尤急公好义，凡地方善举，无不乐施，岁歉减价济饥，乡邻德之。（善良）

范绍光 南阳人，国学生。性慷慨，好施予，凡里中桥亭道路，无不捐资倡修。弟绍荣，亦多行善举，乡里称之。（善良）

范润荣 南阳人。有古风，秉性豪爽，慷慨仗义。凡修造桥亭，无不多方赞助。子孝德、元泰，国学生，均克承先志。孙缵声，列庠。

吴美韶 字学礼，城西人，国学生。为人恂恂儒雅，亲仁善邻，地方善举，量力输捐。足不履公庭，而训子则有义方。子廷梅，邑庠生。

吴美琛 字荆山，城内人，增广生。为人品行端方，善青囊术。前经理义渡桥，屡被水流，改建其地，行者德焉。陆广文汇报介宾，赠以“渊源家学”匾。子烜，入邑庠。

练达情 字茂选，后田人，廪膳生。为人诚实不欺，排难解纷，不惜劳瘁，凡地方善举，及可以成人之美者，无不委曲求全。子四经入泮；纶等，并学校毕业。

姚文兰 字素轩，城东人，廪膳生。为人和易，长于言语，亲戚故旧有故，辄为之排难解纷。兄弟九人，聚处一庭，从无诟谇声。地方善举，则量力输助，并未闻有难色云。

吴焕辰 字为龙，城内人，邑庠生。为人急公好义，董理社义仓，劝捐积谷。前修邑乘，采访不遗余力。凡地方义务，无不竭力赞成焉。

瞿嘉耀 字德明，国学生，三都竹山人。为人诚悫，孝弟力田，家法整齐。造崎岖之路，修来往之桥，筑亭建庙，并踊跃输捐。厥弟嘉辉，友爱之深，有姜家同被风。子三，并列成均。

周曰庠　字新民，玉田人，附贡生。父礼，附生。父殁，两弟俱幼，而提携教诲，均庠身任之。且尤多行善举，如倡捐集义桥，董理社义仓，不辞劳苦，至公无私。子四，书、文游庠，典、瑾毕业，俱有声庠序，克承先志。

吴登扬　隆宫人，监生。举动端方，公平正直，且乐善好施，凡里中桥梁、道路、庵堂、庙宇有败坏者，罔不踊跃为首。清林县主以“一乡善士”额赠之。子凤池，不改父道；宣统二年，乡里公举为自治议员；民国二年（1913），复选为县议员，并曾任国民小学校长。

刘焕章　隆宫人，监生。禀性质朴，讷言敏行，勤俭治家，遇地方善举，无不乐施。清何知县赠以“忠厚传家”匾额。

吴广传　隆宫人，邑庠生。处世公平，言行不苟，修道路、造桥梁无不慷慨是尚。梁知县以“光前裕后”额赠之。

余朝美　四都高漈人，清太学生。为人醇谨朴诚，遇善举奋勇直前，不避风霜雨雪，邑中桥亭道路赖以成事者甚多。终年五十有四，远近为之悼惜。迄今子孙蛰蛰，人咸以为积德之报云。

蔡旅康　字福畴，中济人，贡生。性敏好学，博览群书，工书法，善咏吟。办理十都社谷，施棺舍药，修筑桥路诸善举。邑侯蔡烜以“德泽流芳”表其舍，梁安甸以“克襄义举”匾其居。四代联堂。享寿七十有二。墓记详《艺文》。

周桂攀　字瑞斋，北乡人，贡生。器宇恢弘，好善不倦。岁荒歉，恤贫赈饥，视为急务，至如育婴救生，尤乐而行之。同治间，县尹刘以“必有余庆”，吕以“积厚流光”先后增额，表厥宅里焉。子之桢，入邑庠，能继父志。

周之桢　字景福，山头砻人，庠生。琴书自乐，势利不趋。凡岁遇荒歉，则恤贫济急，疏财重义，不苟言诺，尝以季布自期。子邦，髫龄游庠。光绪末叶志求新学，由东京早稻田大学博物科毕业。

郭国瑷　下沈人，监生。为人慷慨，乐善好施。医宗和缓，救济甚多，且董理北区育婴会，不取薪金。独力建祠，砌修道路，乡里咸高其义。

范荣亮 字忠亮，国学生，后田人。敦厚笃实，乐善好义，凡有公益，靡不赞成。尤知务本，捐资倡建祠宇，宗族亲之。陆、沈两师举乡饮，以“望重宾筵”额赠之。子绍基，增广生，轻财仗义，克承父志。

吴鼎勋 字训泰，邑庠生。增生维镛曾孙，孝友之英孙，郡庠士来雍子也。青箱世业也，萃于一庭。凡有善行义举，悉力赞助，至今人咸称之。子俊彪，亦蜚声庠序，学师沈镜源以“衣德绍美”，并附跋语旌其庐。孙铣文，候选从九，亦善继志。

胡国光 字廷献，青竹人，太学生。幼失怙恃，甫长成，力持门户。凡遇慈善事业，力行不怠，乡里戚旌，咸交推之。林邑侯以“怡裕可风”，申知县以“协襄义举”额其间，其见重于当道如此。子自枋，读书游庠，能世先志。

王汝霖 字宗火，甘竹山人，国学生。秉性公正，好善乐施，输社谷、修桥路、造庙宇、起凉亭，种种善举，咸乐赞助。知县梁安甸匾曰“一乡仪表”，知县申祜匾曰“克襄义举”，教谕陆寿民匾曰“慨助修黉”。建筑濛淤大桥年已八旬，犹偕各缘首同往募捐，知县何文耀匾曰“耄老犹勤”。享寿八十有六。

吴一林 字廷臣，三都陈村人，庠生。年十九入泮，丁父艰，□修养，募集社谷、建造路亭，举凡地方公益罔不乐为。清光绪四年（1878）知县梁安甸，九年沈懋嘉后先赠以“克襄义举”及“勤襄造士”匾额。

姚　远 字日初，国学生。赋性孝友，宅心慈良，凡地方公益无不乐予完成。清光绪二十年（1894），时见乡间多溺女恶习，倡设拯溺会，于五漈下以拯溺女为名，广行劝导，乡人重之。终年七十有七。

吴登国 七都黄坑人，监生。赋性和平，好施与，乐善举。知县曹缘皋给以“积厚流光”匾额。

吴其中 字履庸，后田人，太学生。赋性孝友，宅心仁慈，事寡嫂、抚孤侄，毫无德色。修路造桥、施棺舍药，百般善举，类皆首先提倡。子四，长律声，丁酉拔贡；禹声、先声、文声俱入邑庠。蒙孙步舆，郡庠生。迄今后嗣繁盛，蜚声学校，洵为善良之报云。

叶枝铭 七都吾田头村人，清国学生。年少失怙，而待人接物即如成人。性至孝，居家奉母氏吴，凡事均能曲意将顺，善体亲心。至对亲旌邻里，尤能济人危困。终年七十有二。

周兆书 三都岚后人，清国学生。素行端方，赋性敏慧。其平日处乡里间，乐善好施，尤啧啧为人所称道。惟享寿祗六十有一，人咸惜之。

周锦堂 三都岚后人。为人端谨，品性温和。平日好行善事，而对穷苦贫人尤喜施与，行之了无吝色，人多贤之。

吴汝棫 字作人，增广生，大济人。秉性正直，轻财重义。对于地方慈善事业，多能赞助以底于成。如施舍八都棘兰隘观音堂茶租二十把、二都兰溪桥观音堂茶租六把，为烧水烹茶之资，以济行人渴。并倡捐书院，以惠学子；佐修文庙，以重孔道；经理社仓，以备荒歉。至各善举靡不类此，斯不过举其荦荦大者。所以邑侯梁安甸赠以“克襄义举”，沈懋嘉赠以“劝学贻谋”，何文耀赠以“一乡善士”，汤赞清赠以“善行可嘉”等匾额，以表其居。有清末叶停止科举，唯恐儿童失学，即出款垫资，倡设村中小学，以为贫寒子弟读书之所，尤为人所难。子五，长应箴，增广生；四应行，邑庠生；次三季，俱善承父志。孙以良，浙江省立第十一初级中学毕业。寿八十有三，犹耳聪目明，无疾而逝，人咸以为积善之报云。

王汝德 字宗思，甘竹山人，国学生。生平孝亲睦邻，人言无间。因艰子息凡造寺宇、修桥路等善举，无不踊跃乐输。年近五旬，迄为得子，寿至七十有三，复又见孙，此真所谓为善之报。知县谭嘉玉赠以“孝友家风”匾，用志善善之意云。

胡明廪 苏湖塘人。赋性淳厚，凡有善举无不赞助，如砌路、造桥等事尤乐捐输。民国八年，捐助同善堂，知事江宗濂旌曰“乐善好施”。子应镕，任本村保卫团团总，凡事见义勇为，亦有父风。

胡应武 苏湖塘人，清国学生。平日持躬律己，品行端方，而且赋性慈祥，乐于为善，如建祠、修桥、筑路等事靡不躬为倡捐，以底于成。民国八年，同善堂募款，尤能解囊慨助，赞襄美举。知事江宗濂奖以“乐善好施”匾额颜其堂。

范继熊 字尚朋，二都南阳人，清增生。好学不倦，只缘牵于家政，不暇进取，然地方公益多资助焉。没日人咸惜之。

周正枝 二都久住洋人。治家节俭，义务慷慨，劝助善举，量力输捐。遇亲戚朋友有故，必力为排解，费工费本，总不吝惜，必使双方和好如初而后已。卒年 67 岁，邻里闻耗，往往泪坠。

慈善诗韵

CISHAN SHI YUN

每一个慈心善举，都如同优美的诗赋，串连起无数爱心，绽放出璀璨的光芒；每一首慈善诗赋，都恰似一股暖流，穿越灵魂深处，永远在我们心中流淌。

庆元慈善赋

◎陈永生

庆元慈善，自古崇演。予观县志，“民俗朴厚，士风修整，忠孝义烈，以及山林隐逸代有传人”“务本业，崇节俭”。施行“仁政”，秉持“老有所养，幼有所教，贫有所依，难有所助”，对鳏寡孤独，疲癃残疾者，明朝始设“养济院、漏泽园、停棺所、育婴堂”。诚乃慈心洎天地，善行贯古今也。

慈善者，扶弱济困，积善成德，奕世载美。庆元慈善总会，始立乙酉之年，至乙巳，慈善之绩，硕果累累，感四时之造化，铭历代之精英，记廿年之勋迹。遂作斯赋。其辞曰：

庆邑菇乡，八闽邻邦，百山菁翠，万里成荫。松水善兮湛恩波沛，龙山高兮永惠风清。大慈如日月，光天地而有形；上善如雨露，润万物于无声。

若夫地有贫壤之处，人有危困之时。仁者爱人，于道心惟微之时，人心惟危之境，闻其饥寒为之哀，见其劳苦为之悲。庆邑同仁，素重赈灾好义之举，无分远近亲朋，勤公益，扬善声，此济世之情，善莫大焉。

至若慈善总会，体大思精，嘉其智者创构，仁者践行。健全机构，党建引领。广泛发动，扩面骤进。数届接力，厚积薄发；怀同竹节，志展鹏程。安老助孤，助残帮困，助学育英。应急募捐，激以慈恩；精准扶贫，共富点睛。品牌与慈善同台，微信和网络共赢。

执爱行远，积善躬耕。慈善举措，开拓创新。“个十百千万”[①]，成慈善体系。

村级基金，始于青竹，邻村跟进，逾于百村，乡镇勃兴。

善如植草，春光无限；慈若化云，雨露有情。“三百工程”②，诸多慈善基金，仁声被于黎庶；“四千伙伴”③，护佑弱群，德泽加于孤贫。风雪经年，迎春晖之暖意；寒暑廿载，洒沛雨之甘霖。至若慈善平台，融为一体，纪纲惟新④。慈仁慈心，应圆方则处顺；善意善举，随日月而焕明。携仁抱义，遐迩是膺。

是众者，源于悯，发乎心，蕴之知，施之勤。秉仁心，彰善举，赓古之行。聚沙成塔，集腋成裘，线上线下，揣心慈善，置脑后利名；集善款以亿计，滴水成河，泽草木，救生灵，受益者数万民。

是众者，执雪中送炭之义，承救人危困之铭。救灾者之难，解危者其急，送疾者以医，奏博爱之琴。以庙堂之慈，施黎庶之惠，令平民以安，得聚落以宁。

是众者，观唐律，赏蓬莱其天近；读宋韵，望仙境则云深。常伴霞光于雅志，堪争岁月而壮心。讲诗经其名赫，毫挥紫气；弘国学而德彰，墨化甘霖。

夫以谋大事而广结善缘，缘满功就；积小善而成大德，德重望隆。善事无分大小，尽心则已；捐款何论多寡，量力而行。但行善事，不求黄雀衔环之报；诚心而为，何图灵蛇含珠之呈。惠他者惠己，善人者善众。乐善好施，既荫儿孙；悦己心性，亦益延年。获誉扬名，何不见贤思齐；善思善为，恰如山岳峥嵘。厚恩施惠，嘉木成林也。

嗟乎！儒者重修身如执玉，积德胜遗金；道者知古今，识后果之前因；佛家敞高怀之慷慨，布施慈心；善门持仁义礼智信，尊三教之经；奉温良恭俭让，崇友爱之丰盈。

“老吾老以及人之老，幼吾幼以及人之幼。”敬鳏寡者以食，暖留守者以褥，所需者所应。帮离黉者以学，系孤幼者以济，所缺者所倾。

夫以吴越贤英，洞宫泽惠，贞姿松筠，馨德兰桂，大道仁心，风吟日新。

鸿慈昭日月，鸟语花香皆暖意；公善著春秋，党风民瘼总关情。

松源善水，泽胜地而繁盛；百山慈岳，安菇乡之太平也！

注释：

①“个十百千万”：围绕“大爱菇乡”县域慈善品牌建设，探索聚力打造共同富裕山区建设时代背景下的“庆元慈善样板”；聚焦推进十大慈善项目，赋能乡村民生共富；聚焦实施三百慈善工程，赋能乡村和美共富；聚焦培育千名慈善伙伴，赋能乡村发展共富；聚焦惠及万名基层群众，赋能乡村聚力共富。

②“三百工程”：“百村慈善基金，百个冠名基金，百家爱心企业”等“三个一百工程”。

③“四千伙伴”：“千名义工志愿连心服务，千名蒲公英爱心接力，千名干部结对困难群众，千名乡贤助力乡村发展”等“四个千名爱心伙伴”。

④慈善平台，融为一体，纪纲惟新：以“县慈善总会、乡镇（街道）慈善分会、村慈善工作站”为平台，汇聚义工服务队、宣讲团、融媒帮、公益摄影师等向善的力量融为一体，组织机构格局新。

《古稀集》——庆元相关诗词分享

◎陈加元

贺丽水市慈善总会换届

丽水风华地，感知种德深。
慈心昭日月，善举济生民。
继往凭先例，开来赖后人。
欣丰好时代，卓越有群伦。

近年来，市慈善总会及全体会员恪守“发扬人道主义精神，弘扬中华民族扶贫济困传统美德”宗旨，围绕中心、服务大局，慈善体系更加健全，氛围更加浓厚，工作更富成效。特别是新冠肺炎疫情发生后，慈善组织、爱心企业、志愿者等慈善力量及时响应，迅速行动，为打赢疫情防控总体战、阻击战凝聚了力量、作出了贡献。

2020年6月30日，陈加元代表省慈善联合总会对大会召开表示热烈祝贺。他说，大会选举产生了第四届理事会，标志着新一届班子扬帆起航，新一届事业迈进新的步伐，希望丽水市慈善总会在新一届理事会的带领下，抓住机遇改革创新，开启丽水慈善事业高水平、高质量发展，砥砺前行，再创佳绩。

重访庆元

百山兹谓祖，浙闽此相牵。
路阻川流远，道通咫尺间。
先天遗本色，后发更娇妍。
如入桃源里，浑然胜似仙。

2021年8月26日上午，省慈善联合总会会长陈加元，省慈善联合总会副会长兼秘书长蔡国华一行来庆调研慈善工作。市慈善总会会长齐育华以及县领导蓝伶俐、黄卫剑、王伟松等陪同调研。

走访庆元斋郎村

斋郎村里访山翁，听说当年刘粟功。
以少胜多杀顽敌，化凶为吉救工农。
翻身不忘源和本，致富更扶困与穷。
红色基因传代代，凡人善举领新风。

陈加元一行来到百山祖镇斋郎村，参观斋郎军旅小镇建设，了解村级慈善爱心基金发展情况，充分肯定了我县在青竹、斋郎等村的示范带动下，创建村级慈善爱心基金领域所取得的成效，并对爱心基金的发展提出了意见建议。

陈加元指出：在共同富裕的大背景下，积极创建村级慈善爱心基金，是一项为老百姓谋福祉的大好事。要充分调动乡贤、爱心企业及社会组织参与慈善事业的主动性、积极性，广泛动员汇集帮扶资源，凝聚慈善力量。要有效发挥村级慈善示范基金的引领作用，提高慈善事业可持续发展活力，助力形成常态化的慈善募捐机制。要着重提升慈善救助精准性，结合当地群众的实际情况，细化救助范围，明确救助条件，扩大救助对象，不断推进村级慈善爱心基金可持续向前发展，提高群众幸福感。其间，陈加元会长一行还走访慰问相关人员，送上爱心善款。

斋郎村慈善爱心基金成立于 2013 年。9 年来，共筹集基金 55.57 万元，其增值部分主要用于本村尊老敬老、奖学助学、扶贫帮困及其他慈善公益事业等，被省慈善联合总会授予“示范慈善工作站”称号。

之江公益沙龙

公益办沙龙，主题最集中。
人人可慈善，处处起新风。
物质同充足，精神共沛丰。
胸怀天下爱，大道古今同。

当今，公益慈善精神和行为已经成为推进社会建设的重要发展力量。但是，面临新时代发展的要求，如何迈进更高标准、更高水平的公益慈善事业，以慈善之手推动共同富裕，成为社会各界公益人面临的新命题。

8 月 25 日下午，2022 年之江公益沙龙活动在庆元县举行。来自全省慈善行业及相关单位的嘉宾共聚一堂，围绕“汇聚慈善力量助力共同富裕”为主题展开全面交流和畅谈 ，共同求解慈善助力共同富裕“方程式”，实现善意力量的最大化。

第七届浙江慈善大会有记

时隔三年不算长，空前盛会又登场。
收成以往成真果，擘画将来好主张。
慈善已开高境界，先行再写大文章。
共同富裕添薪火，大爱浙江兴未央。

2022 年 9 月 2 日上午，第七届浙江慈善大会在杭州召开。会上公布第七届“浙江慈善奖”名单，庆元县慈善总会因发展村慈善爱心基金、助力乡村振兴成效明显，荣获浙江慈善奖“乡村振兴奖”。

绿叶扶花风拂香　春阳唤翠露盈光
庆元诗会慈善诗韵

黄立鹏

重阳喜庆

满堂银发笑颜开，慈善金风幸福来。
志愿寸心深似海，春晖缕缕百花瑰。

青竹重阳

金桂飘香傲菊黄，爱心青竹沐兰芳。
一腔慈善三春暖，化作苍松鹤寿长。

陈永生

助学

助学劝归耕，培林花大荣。
蟾宫堪折桂，彼岸觅新程。

敬老

礼眷夕阳萌，何嫌秋色生？
高歌弘善政，敬老见真情。

济困

高怀同霁月，雅量洽春风。
遇困欣周济，希求共富中。

助医

明眼观沧海，开怀唱大风。
只因慈善助，却病有奇功。

扶残

光照残花艳，慈临枯木春。
古今弘善举，天地溢纯真。

贺五大堡濛淤慈善基金会成立

红绿兼融古画村，菇城秘境后花园。
党旗高举同追梦，生态和谐共结根。
志趣偕流寻富路，世缘相聚话仙源。
昔时已展雄鹰翅，今日当开慈善门。

贺后洋坑慈善爱心基金会成立

玉殿琼楼出绛宫，鹰峰瑞气霭鸿濛。
云龙晓护茶山翠，丹凤高飞梧树葱。
慈善爱心孚众望，真诚大义毓村风。

花枝竞秀须甘露，敬老崇仁立骏功。

重阳青竹之行有感

古今慈善大文章，首创基金育栋梁。
两姓齐心欣敬老，声名远播誉东方。

醉花间·青竹慈善基金会重阳节敬老活动

慈心广。爱心广。开创基金奖。殊礼庆重阳，敬老成时尚。　菊同兰桂放。秋奉椿萱旺。南山不老松，鹤寿心明亮。

千秋岁·青竹慈善

谷幽山翠。弯路芳姿缀。三门漈，珠帘美。浪花喷画稿，飞瀑吟诗醉。其气势，恰如百鸟嘤鸣媚。翠竹环山汇。公益新花蕾。　从慈善，精神贵。爱心知冷暖，老幼尝甜味。堪礼赞，青春似火蓝图绘。

毛昌成

青竹有爱（中华通韵）

——赞青竹公益

青山峡谷赏佳景，绿海竹林映彩霞。
有客为民甘俯首，爱心播撒暖千家。

爱心飘芳香（中华通韵）

——赞青竹公益志愿者服务队

仙境青竹乡梦长，神奇峡谷绿悠扬。
爱心善举众心向，传统公德蕴故乡。

重阳敬老（新韵）

——有感于二〇一五年重阳节青竹村开展了以“尊老敬老，有你有我”为主题的“十个一”情暖老人心活动。

青山总把白头数，竹笑重阳情意融。
敬老尊邻多祝颂，老人好比绿青松。

重阳敬老

秋影柳杉青竹翠，乡亲结伴故乡回。
童年往事笑声美，兄长满头鬓发催。
且以清茶尊长辈，长期伯叔福安来。
青山永驻人为客，尊老之心莫晚徊。

重阳敬老

——赞慈善爱心十周年敬老活动

结伴驱车走故乡，深秋九月度重阳。
风吹竹海如波浪，日照油茶漫榧香。
南眺双苗增景色，东观杨雨带安祥。
家园眷恋挥不去，善举慈心正气扬。

吴旺进

菇城慈善

菇城慈善绽芳华，解困为民暖万家。
美意如流滋遍野，爱心似火映朝霞。
排忧处处温情好，助力时时笑语嘉。
事业腾飞迎愿景，辉煌明日更无涯。

吴复鹏

慈善颂

一

慈善基金证众贤，互帮互助拯平安。
党员干部领头雁，大雅精神媲昊天。

二

时时不忘置平安，利益家国荣万端。
传递爱心接力棒，人间到处尽欢颜。

三

钱物赚难花亦难，用得适所众称贤。
拯急恰似及时雨，救抚灾情恩比天。

四

好人施舍行方便，磊落光明不计酬。
君子有恒时自省，心平气顺少烦愁。

五

科技普及培智能，奖学有序育精英。
人才唤醒苍生力，兴势强国百业丰。

六

物情原本有优劣，不看残缺为叵耐。
困境人皆有不同，能帮则效倾其爱。

七

授惠他人心境畅，群情向善树新风。
救急当政及时雨，润物齐民社稷兴。

八

慈善基金穰壮举，村贤援款腋成裘。

储存发放时空近，事遇危急有济舟。

九

未经困厄不知难，总信雄心胜大千。
不测旦夕灾患至，方明人事贵支援。

十

善行不免有先后，但愿先觉启后觉。
觉醒一朝开远见，浑身康健自惊嗟。

姚传标

庆元慈善光明行·白内障复明公益行动感怀

（1）

朝无春色夜难行，雾里看花影不清。
幸有暖心公益助，老乡噙泪复光明。

（2）

碧草花田色不清，拂晨仅伴耳边莺。
人怀慈念春增彩，医者仁心劫复明。

（3）

发白身先老，眼花心更凉。
余生无日好，万事若鸿轻。
困境有慈善，人间重晚情。
复明如复活，山翠水长清。

慈善四助写影

老

风吹金橘漫山香，缀满枝梢无客尝。
何忍老人空皓首，溪头孤影对残阳。

孤

墙颓屋漏未嫌贫，唯憾长年影伴身。
高咏树鸡当挚友，衰羸家犬作亲伦。

残

夜雨积淤行路难，风摧枯木落花残。
可怜飞鸟折双翼，最是无情天月圆。

困

夜深岂敢扰妻儿，泪竭穷途独己知。
两鬓早成霜雪色，屋空无奈冷风吹。

菇乡孩子看世界

沐露滋花草，承恩出大山。
扬帆看世界，鹏举报乡关。

爱心食堂

设席水云乡，扶筇入食堂。
夕阳无限好，顾惜菊花黄。

乡村理发师

客至烟村里，人忙窄巷边。

剃刀修潦草，牙剪理光鲜。

为环卫工撑起爱心伞

久扫长街天未光，无端冷雨湿橙裳。

高高擎起红伞护，岂忍人间白发凉。

“微慈善”

重重荫映暖心窝，微信传媒汇爱河。

慈善花开香四海，世间美好共讴歌。

善者无疆

母是遮阳伞，父为挡雨人。

普天当子女，大德近乎神。

慈善年夜饭

佳肴满桌笑声传，灯火春窗又一年。

共享团圆除夕夜，举杯芳酒醉心田。

上善若水

绿叶扶花风送香，春阳唤翠露凝光。

云山有路登峰少，碧水无心济世长。

王　军

庆春泽·写在《慈善故事》付梓之际

应羡自身无虑。然爱者明澂，寄怀边户。同富裕需心，慈悲清誉。广济群生，善行渡孤苦。 苍天不问谁主。弘正气为民，赋能些许。居大国先河，谐和相辅。皎月盈亏，世人共欢舞。

吴小娟

慈心

恤孤助寡染朝霞，济困扶危遍地花。
我亦投身行善事，不能辜负好韶华。

善愿

怀仁之士誉声扬，具德之人福祚长。
愿我菇乡皆善地，世间处处洒阳光。

后　记

多年以来，我县的慈善事业取得了长足发展，也获得了许多荣誉。县慈善总会曾先后获得浙江省人民政府颁发的第七届慈善奖“乡村振兴奖”、省品牌社会组织、省慈善联合总会先进集体、先进会员单位等。这些成绩和荣誉的取得，离不开县委县政府以及上级慈善组织的关怀，也凝聚着我县全体慈善工作者的心血，更是广大人民群众和爱心人士无私奉献的结果。在各项慈善工作推进过程中，县慈善总会以“大爱菇乡”为引领，围绕“善行庆元”主题，慈善活动广泛开展，慈善精神深入人心，慈善工作成效显著，菇乡大地上涌现了许许多多感人至深的慈善故事。把这些感人的慈善故事集结成册、编撰成书，真实地反映庆元慈善工作历程，真实地记录庆元慈善背后的故事，进一步弘扬庆元慈善精神，激励当下，传承后世，为推进庆元高质量共同富裕示范区建设贡献慈善力量——这就是县慈善总会编辑出版《大爱菇乡：庆元慈善故事》的初衷。

庆元这片土地孕育了无数善良的人们，他们用自己的言行诠释着慈善的真谛，传递着人间温情，为这片土地增添了许多动人的色彩。时光荏苒，那些无私奉献的善行还记忆犹新；回首过去，那些温馨感人的场景还历历在目。

在本书征稿、整理、编辑过程中，我们每每被这些鲜活的慈善故事所感动。大批菇乡成功人士，功成不忘乡情，用他们的爱心努力撑起菇乡慈善大厦，让人肃然起敬；一个个彰显着人性光辉的凡人善举，更令人难以忘怀。他们或知恩图报、富而为善，或诚实守信、义薄云天，或乐善好施、无私奉献，或敬老爱幼、助人为乐。同时，我们也被许多热情的作者所感动，许多热情的作者，他们既是慈善故事的撰写者，也是慈善故事的亲历者，还是慈善活动的组织者和执行者。他们以慈善亲历者的视角，以质朴无华的笔调，书写着真实感人的慈善故事。是他们的热情参与，认真撰写，不断完善，为本书的顺利出版奠定了坚实的基础。

本书编辑出版，得到了县党史和地方志研究室、县融媒体中心、县文明办、县妇联等单位的大力支持，他们热情主动，不厌其烦，从历年海量的资料中，认真寻找出大量的慈善故事，积极提供给我们甄选，极大地充实和丰富了本书的内容。

本书的编辑出版，还得到了中华慈善总会宫蒲光会长；省政府原副省长、党组副书记，十一届省政协副主席、党组副书记，省慈善文化研究院院长陈加元先生的热情鼓励和积极支持。宫蒲光会长热情为本书作序，陈加元院长欣然为本书题名。在这里，我们要对两位领导表示衷心的感谢！

同时，我们还要对所有为本书出版付出努力的人们表示衷心的感谢！

我们深知，慈善事业任重道远，需要我们继续付出努力，不断加强慈善文化宣传，创新慈善工作模式，拓宽慈善工作渠道，提高慈善工作效率，让更多的人了解慈善，理解慈善，参与慈善，有钱出钱，有力出力，不断续写慈善事业新篇章，为推动共同富裕和社会文明进步贡献力量。

因本书所编内容涉及时间跨度长、范围广泛，兼之作者较多，在编辑过程中难免有疏漏或欠妥之处，敬请广大读者指正。

毛茂丰

2024 年 11 月

图书在版编目（CIP）数据

大爱菇乡：庆元慈善故事 / 毛茂丰主编. -- 北京：中国文史出版社，2024. 8. -- ISBN 978-7-5205-4940-0

Ⅰ. D632.1

中国国家版本馆 CIP 数据核字第 2024VA3623 号

责任编辑：戴小璇　詹红旗

出版发行：中国文史出版社
社　　址：北京市海淀区西八里庄 69 号院　邮编：100142
电　　话：010-81136606　81136602　81136603（发行部）
传　　真：010-81136655
印　　装：丽水明天出版印务有限公司
经　　销：全国新华书店
开　　本：787 × 1092　1/16
印　　张：18
字　　数：240 千字
版　　次：2024 年 11 月北京第 1 版
印　　次：2024 年 11 月第 1 次印刷
定　　价：68.00 元